HOW TO WIN FRIENDS & INFLUENCE PEOPLE

by DALE CARNEGIE

卡內基說話之道

如何贏取友誼與影響他人

戴爾・卡內基——著
亦言——譯

目錄

CONTENTS

第四篇　如何讓他人接受你的觀點・317

作者序

出版緣起

在二十世紀的前三十五年裡，美國出版商出版了二十多萬部各種不同的書，其中大部分都很枯燥乏味，許多則是虧了本的。我說了「許多」嗎？有一位名列全球第一流的出版公司的負責人，最近這樣對我承認說，他公司擁有七十五年的出版經驗，可是每出版八本書，依舊有七本書是虧本的。

那麼，我為何還敢冒險，再寫這本書呢？而且在我寫完之後，你又為什麼要費心去讀它呢？

這兩個都是很值得重視的問題，我會盡力回答它們。

從一九一二年開始，我一直在紐約為商界和專業人士開設教育課程。起初，我只開設演講的課程——這些課程旨在運用實際經驗，訓練成年人在商業洽談和團體中，能依照自己的思想，更清晰、更有效、更從容地表達他們的想法。

然而，經過一段時間後，我發覺到這些人固然深切地需要有效的溝通訓練，但他們更迫切需要的，是在日常生活及交際上，與人相處的藝術訓練。

我逐漸意識到，我自己也非常需要這樣的訓練。當我回想那些年的情況，對自己所缺乏的技巧與理解感到惶恐不安，我多麼希望二十年前我手裡就有這樣的一本書，它將會是一本無價之寶。

如何與人打交道，可能是你所面臨的最大問題，如果你是個商人，這問題尤其值得受重視。即使你是會計師、家庭主婦、建築師，或是工程師，也會有同樣的情形。

數年前，在「卡內基基金會」資助下，所進行的一次調查和研究，有了一項重要發現！這項發現後來又由「卡內基技術研究院」所研究證實。調查結果顯示，一個人經濟上的成功，約有百分之十五是由於本人的技術和智識。而其中百分之八十五，都是出於「人類工程學」，即人格和領導人的能力。

多年來，我每季在費城工程師協會舉辦課程，同時也在美國電機工程協會分會開班。總計約有一千五百位以上工程師，去過我舉辦的訓練班。他們到我這裡來之後，由於多年的觀察和經驗，最後發覺，在工程領域薪酬最高的人，往往不是懂得工程學識最多的人。

我們可以付出每週二十五到五十美元的酬勞，僱用工程、會計、建築或其他專業的技術能力，市場上永遠積滿著這種能力。但是，除了技術、智識之外，如果還擁有能表達自我意識的能力、擔任領袖的能力、能激發他人能力的，那麼他的收入自然就提高了。

約翰・洛克菲勒在他事業全盛時期，曾經這樣說過：「人際關係處理能力，就像糖和咖啡一樣，也是一種可以購買的商品。」他又說：「我願意為這種能力，付出比世界上任何東西都要高的價錢。」

難道你不認為這片土地上的每一所大學都應該開設世界上最昂貴能力的課程嗎？但是至目前為止，我完全沒有看到全美國有任何一所大學，為成年人開設了這樣一門實用的、常識性的課程。

芝加哥大學和基督教青年會聯校曾進行一項調查，以確定成年人想學習些什麼。這項調查花費了二萬五千美元，以及花了兩年的時間。調查的最後部分，是在康乃狄克州梅里登進行，那地方被人認為是典型的美國市鎮，梅里登鎮上的每一個成年人都接受了採訪，並請他們回答一百五十六個問題。這些問題像是──

你的職業，或專業是哪一行？你的教育程度如何？你的志願是什麼？你需要解決的問題是哪些？你如何利用暇餘的時間？你的收入是多少？你的嗜好是什麼？你最喜歡的學科是什麼？等等。

這項調查結果顯示出，一般人最在意的是健康；第二個在意事項則是與人有關：如何理解別人及與人相處，如何讓人喜歡你，以及如何獲得他人對你想法的認同。

舉行這項調查的委員會認為有必要為梅里登的成年人，舉辦這樣的課程。他們努力地尋求有關這種議題的一本實用書籍，卻是遍尋不著。最後，他們去見一位世界著名的權威成人教育專家，詢問他是否有符合這些成年人需求的書籍。「沒有，」那位教育專家回答：「我雖然知道那些成人的需求為何，但他們所需要的這類書籍從來沒有人寫過。」

根據我自己的經驗，知道他的話是對的。因為我自己也花費了很多年的時間，尋求一本在人際關係上實用且有效的書籍。

由於沒有這類書籍，我試著撰寫了一本，並在我開設的課程中使用。就是這本書，希望你也會喜歡它。

為了撰寫這本書，我閱讀了所有我能找到的與這議題相關的資料——從報紙專欄、雜誌文章、家事法庭的記錄、老哲學家和新心理學家等的著作。同時，我還聘請了一名訓練有素的研究人員，花費一年半的時間，在各個圖書館裡閱讀我所遺漏了的資料，研讀有關心理學的大部頭論著、翻閱多種的雜誌文章、探索無數的偉人傳記，試圖找出各時代的偉大領袖是如何地與人應對。

我們讀過各時代的偉人傳記，讀過那些領袖人物的生平記事，從凱撒到愛迪生。至於有關羅斯福的傳記，我就收集了一百多本。我們決定不惜任何時間、金錢，都要找出自古以來，任何人所已用過的，關於交友和影響他人切合實際的意見。

我曾經親自訪問過世界著名的成功人士，盡量從他們身上找出他們在人際關係上所運用的技巧。

從這些資料，我準備了一篇簡短的演講稿，題名為「如何贏取友誼與影響他人」。起初這篇文章相當簡短，後來將裡面內容延伸擴大，現在已是一篇需時一小時又三十分鐘的演講稿了。多年來，我每個季度都會在紐約卡內基訓練機構的成人課程上，做這個演說。

我演說給他們聽，並且要求他們應用在外面的事務和社交上，然後回來訓練班，說出他們的經驗和所獲得的成就。這是一項多麼有趣味的課程！這些渴望自我提升的男女學員，對於這種新形態的實驗課程深感興趣——這是第一個，也是唯一一個為成人所開設的人際關係實驗課程。

這本書的寫作並不是一蹴可幾，而是如孩子般成長茁壯。它是從實驗中汲取養分生長發育，並在數千成年人的經驗中所產生而成。

許多年前，我們把一套規則印在不比明信片大的一張卡片上。到了下一季時，我們印在一張比過去較大的卡片。然後是印一本小冊子，再後是一套小書。每次尺寸、內容，都加以擴大、充實，直到目前，經過十五年的試驗和研究，才出現了這本書。

我們這裡所定的規則，不是理論也不是揣測，但效力神奇。聽起來似乎無法採信，可是這些定例、原則的應用，確實改變了不少人的生活、習慣。

現在就有這樣一個例子——上一次，有一位擁有三百一十四名員工的老闆，加入了這個訓練班課程。這麼多年來，他不加限制，毫無顧慮地驅使、批評、斥責他的員工。至於仁慈、道義和鼓勵，從沒有從他嘴裡說過。在研究這部書中所討論的原則以後，這位大老闆驟然地改變了他的人生觀。他的公司現在受到一種新的忠誠、熱忱與團隊合作精神所激勵。那原本三百一十四個「仇敵」，變成了三百一十四個「朋友」。

他在訓練班課堂上得意地說：「從前我在公司中巡走，沒有人向我招呼，我那些員工們看到我走近，馬上把臉轉了過去，可是現在他們都是我的朋友了，甚至於連外面的警衛，都叫我的名字，向我打招呼！」

這位老闆現在不僅在工作上更成功，還擁有更多的閒暇時光，更重要的是，他在業務上和家庭中都獲得了更多的快樂。

有很多的推銷員運用了訓練班教授的原則，使他們的銷售業績驟然提升。有許多過去無法獲得的客戶，現在也成了他們的新客戶。公司機構的高階主管，不但獲得了更大的職權，而且還增加了他們的薪俸。有一位上季來訓練班提出報告的高階主管說，由於實行了這些定例原則後，他的年薪增加了五千美元。另外一位費城的煤氣公司高階主管，由於沒有領導能力，已要被降職，但在經過這項訓練後，不但挽救了他現年六十五歲被降職的危機，還讓他獲得擢升而提高待遇。

參加課程結束時的聚餐會中，那些太太們對我說，自從她們的丈夫參加這項訓練後，她們的家庭更美滿、更快樂了。

哈佛大學著名教授威廉・詹姆斯曾這樣說過：「如果與我們應有的成就作個比較，我們只是半醒著，我們只是利用了身心一小部分的資源。我們在極限之內尚擁有更多的能源，可是習慣地不加以利用。」

潛伏在你身心，那些你習慣地不加以利用的能源——這部書唯一的目的，就是幫助你發現它、開展它、利用它——那些是你孕育在身心，尚未利用的財富！

「教育，」普林斯頓大學前校長約翰・希本博士說，「是適應生活狀況的能力。」當你看完本書的前三章，如果還不能更好地適應生活中的情況，那麼我認為這本書對你來說是徹底失敗的。因為，正如斯賓塞所說的：「教育最大的目的，不只是求知識，而是實際的行動。」

這就是一本實際行動的書！

戴爾・卡內基，一九三六年

如何充分利用本書的九項建議

這本書告訴你的定律和原則，必須發自內心地去實行，才能生效。

我希望閱讀這本書的人，不用各種方式去欺騙他人。

在這本書裡，我要告訴人們的只是一種全新的生活方式。

1. 如果你想在這本書中獲取最大的益處，就必須具備一個基本條件，這個條件比這本書裡講述的任何定律或技巧更為重要。你一定要具備這個基本條件，否則，即使你花費更多的時間來學習、研究這本書，都不會有任何用處。如果你天生擁有這種才能，那麼，即使不去看書中那些最能夠讓你得到益處的建議，也能夠在生活中創造奇蹟。

那麼，這種神奇的條件是什麼呢?它就是驅使你深入學習的衝動，一種要增強你人際溝通的強烈願望。

你如何觸動這樣的一種欲望呢？那就是要時刻提醒自己，使自己明白書裡的這些原則對於你是何等的重要。你還要為自己做以下的假設：我如果能夠將這些原則應用在日常生活和工作中，那麼我的生活將變得多彩多姿；這些知識將幫助我在經濟收入方面取得意想不到的成效。你必須每天反覆地跟自己說：「我之所以受人歡迎，我所獲得的幸福、快樂，我的價值感，很大程度取決於我如何與他人相處。」

2.把每一個章節迅速地閱讀完，或許你從中得到了一個概念，於是你想接著看下一個章節，我建議你不要這樣做。除非，你是為了打發無聊的時光而這樣做。如果你是為了提高在生活和工作中的人際溝通技巧而閱讀這本書，那麼請你仔細研讀這個章節，因為這才是你最節省時間又能夠取得成效的辦法。

3.在讀這本書的時候，你不妨稍微停下來思考你所讀到的內容。你要向自己提問——我將在什麼合適的時間與地點，如何很好地運用書中的每一個建議。

4.當你閱讀的時候，請隨時手拿一枝紅色鋼筆或一枝紅色圓珠筆，這樣在你讀到一個覺得能夠在日常生活中運用的建議時，就可以在這行字的下方劃線作標記。如果遇到的是對你非常有幫助的建議，你就在這行字旁邊標上「××××」的記號。這本書上遍布像這樣的線條與記號，不但能夠讓你的閱讀變得更有趣味，而且也能夠使你有效地溫習，讓你受益良多。

5.我認識一個在一家大型保險公司工作的人，他擔任經理職務已經十五年了。他每個月都要看一遍公司發出去的保險單，每年都是如此。他這樣做有什麼意義呢？他的經驗表明，這是唯一能讓他記住保險單上條款的方法。

有兩年時間，我使盡全力地寫出一部關於演講技巧的專著，之後，我發現如果我不一遍一遍反覆閱讀這部書稿，就無法將它的內容很好地記住。

因此，你要是想從這本書上學習到能夠長時間有價值的東西，就不能認為簡單地看一遍就夠了。在你仔細地閱讀完這本書之後，每個月要撥出一些時間複習，而且要把這本書放在容易取得的地方，以便可以隨時翻閱。切記，要想把書中的原則變成你生活中的習慣，就必須持久而周密地複習。

6. 蕭伯納曾就學習這件事說過：「如果一個人只是接受教導，他就不會自己去學。」蕭伯納這樣說是對的，因為學習永遠是一個自覺的過程。

因而，你要是想把這本書所探討研究的與人相處的原則運用自如，那就得在相應的時機加以運用。你如果不這樣去實踐，那麼你將很快地忘記你從這本書上學到的知識。因為只有將自己從書本裡學到的知識靈活地運用到生活工作當中，它才會在你腦海裡留下深刻的印痕。

也許你會覺得，將你所學習到的知識時刻運用到你的生活和工作中，是一件困難的事情。你是對的，因為我自己也常有這樣的感覺。就在我編寫這本書時也意識到，要在已經習慣的生活當中實施我在書中的建議，會有相當的難度。例如，當他人讓你感覺不愉快的時候，批評和指責的方式，要比主動去了解對方的想法的方式容易。我們能夠輕易地找出他人身上的錯誤，卻很難找出他人值得讚美的地方。在日常生活當中，談論自己所需要的，比談論他人所需要的事情顯得正常與自然。因此，你在閱讀這本書的時候，千萬不要忘記，你不僅是要從書本裡獲得新的知識，與此同時，還要透過學習新的知識來培養自己新的生活習慣。因為你是在嘗試一種需要時間與耐心，而且每天都要實踐的新生活方式。

因此，你必須經常閱讀這本書，並且把它看成改善自己與他人關係的活用手冊。因為無論何時，你在生活當中都會遇到一些特殊問題，像是如何教育孩子，如何讓妻子明白你的想法，如何平息顧客的怒火，等等。這些都是在日常生活裡經常會遇到的事情，當你翻閱本書，並試著去實施書中的某個建議時，說不定就會有奇蹟出現。

7.這也許是個冒險而又有突破性的嘗試，那就是當你的妻子、兒女，或者同事，在你實施新生活習慣時，找出你違背某個原則時，你要付出十美分或者一美元給對方，作為自己違規的罰款。

8.有一次，在我的訓練班裡演說的人中，有一位在華爾街一家極負盛名的銀行裡擔任經理職務的人，他講到一項對於改進自我很有效果的方法。這個曾經只接受過短期正式教育的銀行經理，現在是美國一位非常著名的理財專家。他認為，他所想到的方法決定了他現在取得的一切成就，以下是他大致的談話內容：

我有一本記錄所有約會時間的記事本。我的家人從來不替我預定週六的約會，他們知道週六晚上是我自我反省和思考的時間。每到週六晚上，我都要把自己一個人關在房間裡，翻看我這一週的約會記錄，回憶所有的討論和談話以及各種會議，我不斷地問自己：

「那一次，我有沒有做錯什麼？」

「我該怎樣讓自己有所進步，怎麼做才是正確的？」

「那次的經驗讓我收穫了什麼？」

每個週六，這樣的反省總會讓我感到很不愉快，可是我卻詫異於自己犯過的錯誤。就這樣，經過了很多年，我犯的錯誤慢慢變少，直到不再犯了。現在，這種自我反省的方法對我來說，比我嘗試過的任何其他方式都要有效，所以我將這種方式堅持了下去。這種方式已經讓我在決策能力和社交方面有了很大進步，我從中受益匪淺。

為什麼不試試這位銀行經理的方法呢？檢驗一下你從這本書裡學習到的東西，是否已經在生活中獲得實踐。這樣做，你將發現自己正在從事一項生動有趣而又重要的學習課程，還會發現在你學習了新的知識後，自己的社交能力隨著新知識的增長而得到擴充與成長。

9.在以上的基礎上，你不妨隨身攜帶一本記事本，時刻記錄你在生活和工作當中靈活運用書中那些建議後的效果，並且寫清楚事情的經過、與你往來的人的姓名，以及這件事最後的結果。在記事本上記錄這些，是有趣而富有意義的，它能夠激勵你在今後的生活和工作當中更加努力。

做到以下幾點，能使你從這本書中得到更多的收穫：

- 養成一種深入探索人際關係潛藏原則的習慣，並且將這一習慣帶入日常的生活中加以靈活運用。
- 在閱讀下一章前，先把本章認真地讀兩遍。
- 當你閱讀這本書時，要經常停下來問問自己，怎麼才能將書中的每一項建議都應用到實際生活中。
- 在你覺得對你有重要幫助的字句旁標上一些符號。

- 每個月都要複習這本書。
- 把這本書當作你解決工作和生活當中遇到問題的活用手冊，一有機會就將這些原則運用到實踐中去。
- 讓你的朋友監督你，每當他們發現你違反某項原則，你就要交出一美元，像遊戲一樣地學習。
- 每週自我反省一次，問問自己這一週做錯了哪些事，哪些地方有待進步，該如何改進。
- 最好再準備一本記事本，用來記錄你的實踐經歷。

前言

戴爾．卡內基的成功之道

那是去年冬天的一個寒冷夜晚，二千五百名男女擠在紐約「賓夕法尼亞飯店」的舞廳裡。在七點半前，這家面積寬敞的舞廳裡已座無虛席。時至八點鐘，仍有一些情緒高昂的男女往舞廳裡湧進。

這個時候，所有的包廂都擠滿了人，晚來一步的，連要找個站立的地方都很困難。他們工作勞累了一天之後，還要到這個地方站一個半小時……這是為什麼呢？

欣賞時裝表演？

觀看大明星登臺現場演出？

不，都不是。他們是看到報紙上的一則廣告，因好奇而來的。那是前一天紐約《太陽報》上，占整幅版面的一則引人注目的廣告。

那廣告是這樣刊登的：

如何學習有效地說話

如何為領導做好準備

老調重彈？是的，但不管你信不信，在這個世界上最為繁華的都市裡，在社會經濟不景氣，以致有二〇%的人依賴社會救濟金生活時，有二千五百人因為看了這則廣告，離開自己的家到「賓夕法尼亞飯店」來聽演講。

這則廣告不是刊登在普通小報上，而是刊登在紐約市資格最老的《太陽報》上的廣告。《太陽報》的大部分讀者是公司高級職員、股東、老闆、企業家等，經濟地位屬於社會上層的人，他們的年收入約在二千至五千美元之間。

他們是來聽由戴爾·卡內基主講的，一個最實用、最新穎、以「有效地說話，以及事業上影響他人的方法」為主題的演講，這個演講是由戴爾·卡內基溝通與人際關係研究院主辦的。

是什麼原因讓這二千五百名企業界人士來參加這項演講研究會的？

難道是由於社會經濟不景氣，人們反而產生了強大的求知欲？

當然不是這樣……卡內基訓練機構在紐約市每個季度都有類似演講，已經進行了二十四年。

在這二十四年裡，已經有一．五萬名以上的商人和工商專業人士接受過戴爾．卡內基的培訓。甚至像「西屋電器公司」、「麥格羅希爾出版公司」、「布魯克林聯合天然氣公司」、「布魯克林商會」、「美國電氣工程師協會」、「紐約電話公司」等，規模龐大而觀念保守的機構，為了自己公司的職員和高階主管的利益，也在公司內部舉辦類似的訓練課程。

這些已自小學、中學、大學畢業了十年至二十年的人，必須再次接受這種專業培訓，很明顯地，我們的教育體制存在驚人的弊端。

他們要學習、研究什麼？這是一項重大問題，為了回答這個問題，芝加哥大學、美國成人教育協會和基督教青年會聯校，曾耗費兩年時間、花費二．五萬美元，進行一次調查。

這次調查顯示出，成年人最關心的是自身的健康情況，其次是想更多地掌握人際關係的技巧——他們想要學習與人相處和影響他人的技巧。他們並不想成為演說家，也不想聽那些不可靠的心理分析……他們想聽到的，是那些能夠立即在事業上、在社交上、在家庭中應用的建議與忠告。

這些方面的知識，就是成年人需要學習研究的嗎？

「是的，」負責這項調查的人鄭重地說，「非常正確，我們正是想為人們提供他們所急切需要的知識。」

但他們四處尋找有關這方面知識的書籍時，卻發現從來沒有人撰寫過能夠幫助人們解決日常人際關係問題的著作。

這情況令人感到為難！幾百年來，有關希臘文、拉丁文以及高等數學的高深著作極其豐富，但這些著作在當前並不受普通成年人的歡迎。現在人們渴求的，是那些指導自己解決日常生活中的人際關係問題的書籍，卻完全找不到。

這就是為什麼會有二千五百人看到那則廣告，冒著嚴寒，抱著急切的心情來到「賓夕法尼亞飯店」聽演講。因為這裡才有他們尋找了很久而沒有找到的東西。

以前這些人在學校裡看了很多書，學習了很多書本上的知識，他們相信只要擁有書本裡的知識就能夠解決生活中的一切問題。

但是，當他們在事業中經歷了數年的困難與挫折之後，他們對於過去所學的那些知識深感失望！他們發現那些成功人士所擁有的知識，並不是從書本上就能夠學到。那些成功人士善於言談，能夠影響和左右他人的行為與思想。

不久他們還發現，如果想做一名大型企業的總裁，人格魅力和溝通能力比死記拉丁文和哈佛大學的文憑更為重要。

在紐約《太陽報》刊登的那則廣告裡保證，參加「賓夕法尼亞飯店」集會的人們將會感到對自己的人生「極有意義」，事實也確實如此。

十八位曾接受過這門課程培訓的人士，被請到主席臺的擴音器前。其中十五名，給予他們每人七十五秒鐘的時間講述自己經歷的各種事情。七十五秒鐘的時間一到，主持人「砰」的一聲擊響槌子，大聲宣布：「演說時間到，換下一位！」

整個演說過程的進行之迅速，就像一群水牛奔跑過平原，而臺下的觀眾們站了一個半小時觀賞這樣的表演。

站在主席臺擴音器前的演說者來自生活中的各個領域：幾名銷售代表、連鎖店高階主管、麵包師傅、商業公會會長、銀行家、保險經紀人、會計師、牙醫師、建築師、從印第安納波利斯專程來紐約進修這門課程的藥劑師、為了自己重要的三分鐘演說而從哈瓦那趕來的律師。

第一位上臺演說的人叫「奧海爾」，他生長在愛爾蘭，只上過四年學，之後來到美國，剛開始從事機械方面的工作，並當過司機。

到他四十歲的時候，家庭成員逐漸多了起來，他沒有足夠的錢維持生活，便改行從事卡車銷售的工作。奧海爾是個自卑感很重的人，正如他所說的，他在走進一間辦公室之前，總會在外面徘徊猶豫許久，才鼓起極大勇氣推開辦公室的門走進去。作為一名推銷員，他是如此地灰心喪志，正想重拾以前的工作，回到機械工廠去時，他接到一封信邀請他去參加卡內基有效說話課程。

奧海爾並不想去上這個課程，他擔心必須與那些大學畢業的人交往，這會讓他感到不知所措。可是他的妻子卻一再要求他去，她說：「這可能對你有些益處……上帝知道你需要這些。」奧海爾聽從了妻子的勸說，來到上課的地方，但他還沒有充足的勇氣和信心走進門，當時他在人行道上站了五分鐘之久才進去。

最初幾次嘗試演說的時候，奧海爾緊張得昏天暗地。但幾週之後，他面對聽眾時的恐懼心理已經消除了，並且喜歡上了這樣的演說……聽眾愈多就愈高興！奧海爾的自卑感和對客戶的恐懼心理從此消除了，月收入增加了很多。現在，他已經是紐約市的「明星推銷員」之一了。

在「賓夕法尼亞飯店」的這個夜晚，奧海爾來到了二千五百名聽眾的面前，他無比高興地講述了自己的成功經歷。全體聽眾被他的故事所感染，不時發出一陣陣愉快的笑聲……在觀眾的眼裡，即使是一個職業演說家，也不會有他那樣的演說效果。

接下來上臺演講的是一位白髮蒼蒼的銀行家——梅雅，他是十一個孩子的父親。他首次參加卡內基訓練課程的時候，發現自己的大腦一片空白，半天都說不出話。現在，他極好的演講口才和幽默感向大家生動地證明，只有擁有與他人有效溝通的技能，才能成為一名優秀的領導者。

梅雅目前在華爾街工作，而在過去的二十五年裡，他在紐澤西州克里夫頓生活。在那時候，他極少參與社會活動，他認識的人不超過五百個。

自從參加卡內基訓練之後，相較於以前，他有了很大的變化。有一次，梅雅收到報稅帳單，看過後，他發現帳單上的數目很不合理，這讓他非常憤怒。要是在過去，他只會在家裡生悶氣，或是對附近的鄰居發點牢騷。但在這件事情的處理上，梅雅同過去大不一樣。他立刻戴上帽子出門，來到鎮裡集會的地方，在大眾面前指出稅單上不合理的地方，發洩他心裡的怒火。

由於這番義憤填膺的言論，克里夫頓鎮上的人們都力勸梅雅去參選鎮參議員。他接納了人們的建議，連續幾週到鎮上各個公共集會場所發表演說，指出當地政府的奢侈、浪費。

當時競選鎮參議員的有九十六名候選人，開票時，梅雅以壓倒性的票數名列第一。就在宣布他當選的這一天，他成為這個有四萬人口的鎮上名人。短短幾個星期的演講，他認識的朋友，是他過去二十五年裡認識的朋友總和的八十倍以上。梅雅從政之後，他的經濟收入和他以前相比，增加了十倍。

第三位演講者，是規模宏大的全國食品製造公會的會長，對著二千五百位聽眾，講述他當初在董事會站出來發表意見的緣由。

由於學會了迅速的反應，他發生了兩件意料之外的事情：一是不久後他當選為該公會的會長，二是他擔任會長這個職位，要求他在全美食品行業的各個集會上發表演說，演講摘要由美聯社刊登在全美各家報紙和商業期刊上。

在學習演說後的兩年當中，他為其公司產品做的免費宣傳，比過去耗費二十五萬美元廣告費做的產品廣告效果還要好。這位會長坦率承認，過去他打電話到下曼哈頓地區，邀請該區商業界主要人物吃飯時，會感到緊張和不安。可是，自從他有了到全美各地演說的經歷之後，現在那些人打電話邀請他吃飯，都會因感到占用了他的寶貴時間而向他道歉。

良好的說話能力，是一個人脫穎而出的捷徑，它能使人成為大眾矚目的焦點。說話能博得別人好感的人，能得到意料之外的功績和成效，那是單憑他的真才實學所達不到的。

當前，成人教育運動風靡全國，本書的作者戴爾・卡內基便是在此項運動中獲得最強大力量的人，他曾聽過或評點過的演講比任何一個人都多。根據漫畫家雷普利的一幅〈信不信由你〉的漫畫，我們知道了卡內基曾傾聽、評點過的演講，有十五萬次。如果這個數字沒有讓人留下深刻印象，那麼換種比喻——這表示從哥倫布發現美洲以來，幾乎每天都有一次演講。或者，可以這樣說，要是所有在卡內基面前做過演講的人，每個人只花三分鐘的時間，接連不斷地在他面前演講，他也必須花費幾近一年的時間，且日夜不停地傾聽，才能把他們的話聽完。

卡內基的職涯充滿了成功與挫折，他的經歷讓人感到驚詫，並且向人們證明，當一個人充滿創造意識與事業熱情時，是能夠成就一種在平時難以想像的事情的。

卡內基出生在密蘇里州一個距鐵路有十英里遠的鄉村，十二歲之前，他不曾見過一輛電車；而現在，四十六歲的他，對世界各地的情形，從香港到漢默菲斯特等遙遠角落，已相當熟悉，甚至有一次，他差點就到達寒冷的北極。

這個在密蘇里州長大的孩子，為了賺取每小時五美分，撿過草莓，割過野草；而現在，他成為了訓練大公司高階主管自我表達技巧的高薪培訓師。

這個曾經在南達科他州西部牧牛的孩子，後來在英國威爾士親王的贊助下，到英國倫敦舉行了他的精彩演說。

他最初六次在公眾場合的演說都失敗了。在那之後，他成為我的私人經理，而我的成功很大程度上要歸功於戴爾．卡內基的訓練。

卡內基在年輕的時候努力奮鬥，就是為了受到良好的教育。那個時候，他在密蘇里州西北部的老農場裡，命途多舛，受盡磨難……他的船具被暴漲的河水沖走，船身被撞壞，年復一年的大水淹沒農田，沖走稻穀。因為瘟疫，家裡圈養的肥豬都死了，牲畜價格持續走低，牛騾賣不出去，而銀行威脅他們，要取消他們家抵押品的贖回權。

因為對生活感到沮喪，卡內基病倒了。他的家人迫不得已，賣掉家裡的田地產權，在密蘇里州華倫斯堡州立師範學院附近另外購置了一座農場。當時，在鎮上的食宿費用每天要一美元，年輕的卡內基負擔不起，所以他只能住在農場裡，每天騎馬往返於學校和住家之間三英里長的路程。在家時，他擠牛奶、砍木頭、餵豬，點著煤油燈，在微弱的燈光下研究拉丁文動詞，直到眼睛疲憊得視線模糊，並開始昏昏欲睡。

即使卡內基到了半夜才睡覺，他也會把鬧鐘設定在凌晨三點。他父親飼養了純種的杜洛克豬，在冬天寒冷的夜晚，有被凍死的危險；因此，他父親將小豬放在籃子裡，再蓋上麻布袋，放在廚房的爐子後方保暖。根據小豬的習性，牠們在凌晨三點的時候，需要進食一次。所以，在那寒冷的深夜，卡內基只要聽到鬧鐘響聲，就會毫不猶豫地從溫暖的被窩裡爬起來，把籃子裡的小豬帶到牠們的母親身邊，等喝完母乳之後，再把牠們帶回到溫暖的火爐旁。

當時，他所在的州立師範學院，有六百名左右的同學，卡內基是少數幾個負擔不起住在學校附近食宿費用的學生之一，所以必須每天騎馬來回，而他沒有適合騎馬的服裝，這讓他感覺有點屈辱。這樣的生活環境讓卡內基產生了自卑感，四處尋找成功的捷徑。他看到學校裡一些同學享有特殊的聲望與地位，比如足球、棒球隊裡的球員，以及辯論會、演講比賽中的優勝者，等等。

卡內基知道自己是個沒有運動才能的人，所以他下定決心要在一次演講比賽上做一個優勝者。為了準備這個演講比賽，他花費了幾個月的時間苦練。往返住家和學校間的飛馳途中，他坐在馬鞍上練習；在家裡工作時，他一邊擠牛奶一邊練習；然後，他爬到穀倉裡的一堆稻草上，滿懷熱情與手勢地大聲演說時事，洪亮的聲音嚇跑了一群鴿子。

雖然卡內基費盡心思做準備，卻是一次又一次地失敗，這讓他失去了勇氣和信心，幾乎要去自殺！但是後來情況慢慢變了，他不止一次地取得優勝，學校裡每次演講比賽都是如此。

別的學生向他請教，經過他的指導和訓練，也取得了優勝！

畢業後，卡內基開始向西內布拉斯加及東懷俄明州山區，從事農業和放牧業工作的人們販售函授課程。

卡內基為此付出了極大精力和熱情，可是卻絲毫不見進展，他失望極了。中午，他回到位於內布拉斯加州阿萊恩斯的旅店裡，因為失望而倒在床上痛哭失聲。他多麼想回到學校讀書，遠離這艱難的生活，但無法如他所願。他決心到奧馬哈尋找別的工作，可是他沒有錢買火車票，所以他搭上了貨運列車，他一路上給列車載運的馬餵食、給水，以抵車資。

到了奧馬哈南部後，卡內基找到了一份為「阿穆爾公司」銷售培根、肥皂和豬油的工作。他負責的區域是南達科他州西部的荒原，它屬於印第安人聚落的畜牧地。卡內基搭乘貨運火車、長途馬車，或是騎著馬在工作的地區來往。晚上他在簡陋的小旅店裡住宿，那裡套房之間只用一塊布簾隔開。

他開始鑽研閱讀推銷方面的書籍，騎騎弓背跳躍的野馬，和印第安人玩紙牌遊戲，還學會了如何收帳。例如，當內陸地區的店主無法支付培根或者火腿的貨款時，卡內基會從店家的貨架上取下十二雙鞋子賣給鐵路工人，然後用賣鞋子的錢付清阿穆爾公司的帳單。

卡內基經常搭乘貨運火車每天行駛一百英里的路程。每當火車停下來卸貨時，他就會趕到市鎮裡，去見三到四個商人，並取得他們的訂單。當火車準備啟動，響起汽笛聲時，卡內基又匆忙地從市鎮趕回來。他跳上火車的時候，車子已經開始緩緩移動了。

卡內基的工作表現非常出色，不到兩年時間，他就把原本排在第二十五順位路線的不毛之地，提升到從南奧馬哈出發的二十九條汽車路線的首位。阿穆爾公司想要提拔他，並說：「你達到了看似不可能的成就。」但他拒絕了晉升並辭職。之後，他到了紐約，就讀美國戲劇藝術學院，並在全美各地巡演，還曾參與大電影的演出。但是卡內基明白自己的條件，知道自己不可能在戲劇表演方面有任何發展，於是，他再次回到了推銷工作的崗位上，為豪華汽車生產商「帕卡德汽車公司」銷售汽車和卡車。

卡內基在機械方面一竅不通，也不情願費心研究，那段時間他情緒低落，過得很不開心，每天都要說服自己去工作。他希望能夠有閒置時間，寫他在學校的時候曾經想過要寫的那種書。於是他再次辭職，決定到夜校當老師來維持生活，其他時間則全部放在寫作上。

雖然卡內基下了這樣的決心，可是他卻不知道要教些什麼。他回憶起自己在大學裡取得的成績，他發現曾經做過的公開演說訓練，給了他自信、勇敢和鎮靜。他從演說訓練中獲得的與人溝通交往的能力，比他在大學所有課程裡獲得的還要多。於是，他請求紐約基督教青年會學校給他一個機會，為商業人士開設一個公開演說的課程。

讓一個商人變成演說家？這簡直是荒唐的事，太可笑了！紐約基督教青年會曾經嘗試辦過這樣的課程，但是從來都沒有成功過。當他們拒絕支付一晚兩美元的薪資給卡內基時，他願意以從淨利抽取一定比例佣金的方式來為這些人授課——如果有利潤的話。按照卡內基自己的方式計算，如果有利潤可得的話，那麼在這三年內，他們依佣金制度支付給他的酬勞，將會是每晚三十美元，而不是兩美元了。

就這樣，卡內基的訓練課程逐漸發展開來。各地的青年會、其他城市的商業機構都知道了這件事，他們紛紛邀請他去演講，於是卡內基成為一個著名的演講專家。他得以往返於紐約、費城、巴爾的摩等地方，隨後又去了法國巴黎、英國倫敦。這段時間裡，卡內基撰寫了《公開演說及其對商界人士的影響》一書。此書完成後立刻成為所有青年會、美國銀行公會、全美信用人協會的正式教材。

現在，每一個季度到卡內基那裡接受演說訓練的人，比在紐約二十二個學院和大學所開設的演講課程學習的人還要多。

在演說方面，卡內基有他自己獨到的見解，他認為任何人在情緒激動的時候，都能說出一些話來。即使一個最軟弱無能的人，在街上被人一拳打倒在地，他也能夠立刻站起來說話。這一刻，他所展示出來的口才和激動的情緒，所說的話句句指向重點，當時的他，完全可以與大演說家威廉・詹寧斯・布萊恩相比。對此，卡內基解釋道：只要一個人內心充滿熱情與堅定的自信，那麼他在眾人面前發表令人信服的言論是非常容易的。

卡內基說，要想讓自己有自信，就要做好你害怕做的事情，並得到一次成功的體驗。所以，卡內基每天在講課的時候，都會強迫在座的每一個學生說話。來上課的學生都能感同身受，因為他們都有相同的狀況。透過不斷地訓練，他們培養出了勇氣、信心和熱情，並且能夠自然地將這些體現在他們私人的交談中。

卡內基會告訴你，這些年來他並不是以公開演說來謀生——那是偶然的。他的主要工作，是幫助人們克服恐懼，培養勇氣。

一開始，卡內基所設立的訓練課程只有演說，但去他那裡的都是一些工商界人士，而並非學生，其中很多人已經有三十年沒進過課堂了。大部分去卡內基那裡接受訓練的人，都是分期支付學費，他們希望透過培訓迅速取得成效，甚至能夠在第二天的業務接洽或是公司的全體會議上運用他們所學到的東西，因此他們要求訓練課程的內容高效且實用。

於是，卡內基開發出一種奇特的訓練方法——將推銷方法與演說技巧、人際關係及應用心理學有效地結合起來。

卡內基所建立的訓練班，從來就不受死板的規則約束，他的訓練課程真實而且有趣。

當課程結束後，訓練班的學員成立一個俱樂部，每兩星期聚會一次。費城就有一個十九人的俱樂部，每年冬天聚會兩次，這樣的聚會已經持續了十七年。他們中有的人開車行駛五十英里到一百英里的路途到聚會地點，其中一個學員每星期都從芝加哥趕到紐約參加聚會。

哈佛大學著名教授威廉·詹寧斯·布萊恩評價卡內基的訓練課程時說，普通人在生活工作中只使用了自己十分之一的潛能，而卡內基透過自己開發的方式，幫助工商界人士釋放出自己的全部潛能，創造了成人教育最重要的運動之一。

美國著名作家與廣播主持人　洛威爾·湯瑪士

第一篇

如何與他人友好相處

1 喜歡批評就沒有朋友

一九三一年五月七日那天，紐約發生了一宗前所未有的警察圍捕罪犯的行動。被圍捕的罪犯是一個菸酒不沾，綽號為「雙槍」，名叫克勞利的人。當時，克勞利被包圍在他情人位於西末街的一間公寓裡。一百五十多名警察將克勞利包圍在他藏身處的頂樓。他們準備鑿穿公寓的屋頂，用催淚彈將他熏出來。這之前，警方已經將機關槍布置在克勞利藏身地附近的建築物上，一個小時之後，紐約市居民區原本的清靜被一陣接一陣刺耳的機關槍、手槍聲打破。克勞利隱藏在一把堆滿雜物的椅子背後，用手裡的短槍連續不斷地向警察開槍射擊。那天，上萬人懷著莫名的激動和興奮心情，圍觀了這一幕警匪槍戰的場面。久住於紐約的人都清楚，在紐約，這樣的事情是以往從來都沒有發生過的。

警察抓捕到克勞利之後，警方發言人瑪羅蘭總監說：「克勞利是紐約治安史上最危險的暴徒，他殺人連眼都不眨一下，他將被判處死刑！」

那麼，雙槍克勞利又是如何看待自己的行為呢？在警方圍剿他藏身公寓的時候，克勞利在藏身處寫了封公開信，因為傷口流血，寫的時候，信紙上留下了他的血跡！他在信中這樣寫道：「我衣服的裡面，是一顆疲憊的心，是仁慈的、不願意傷害任何人的心。」

克勞利在被捕之前，有一次駕車在長島的一條公路上和一個應召女郎調情時，突然一名值勤警察走到他停著的汽車旁，說：「請出示一下你的駕照。」克勞利未發一語地從身上掏出短槍，朝著警察連開數槍，警察應聲倒地而死。可是，克勞利並沒有因為警察的死亡而停止行動，他從汽車裡跳出來，撿起那個警察的手槍，又朝著屍體開了一槍。這就是克勞利說的：「在我衣服的裡面，是一顆疲憊的心，是仁慈的、不願意傷害任何人的心。」

當他罪有應得地走進行刑室，坐在死刑電椅上，你以為他會懺悔說「這就是我多行不義、罪惡多端的下場」之類的話嗎？不！他死前最後說的話是：「我是為了自衛才殺人的。」

講這個故事的目的是想說，罪犯克勞利對於自己所犯下的罪惡，其內心從來就不曾有過絲毫的愧疚。難道，這真是罪犯對於自己所犯下的罪惡最常見的態度嗎？如果你這麼想，那就聽聽下面這段話：「我把我一生中最美好的時光給予了社會大眾，幫助他們幸福快樂，過著舒坦的日子，而我個人在社會上獲得的回報，卻是被世人羞辱、遭警方逮捕。」

這是美國最惡名昭彰的公敵卡彭所說的話，這個在芝加哥一帶橫行的凶殘匪首，竟然認為自己是一個有益於社會與公眾的人，而且還認為自己是一個從來沒有得到過人們讚許，經常被誤會的人。黑手黨成員舒爾茨在紐約黑幫槍戰中中槍死亡前，也如此說過。他在接受新聞採訪時就明確地說，自己是個有益於社會大眾的人。但事實上，他在紐約是個無惡不作的罪犯。

我曾就這個問題與「辛辛監獄」的典獄長劉易斯・勞斯，有過一些發人深思的通信。他在來信中說：「在辛辛監獄裡，極少有人會承認自己是壞人，他們認為自己的人性與善良的普通人一樣，他們會合理化自己所犯下的罪行，並極力辯解他為什麼要去撬開保險箱，為什麼要連續開槍傷害他人。他們之中的大多數人會試圖使用謬誤的或合理化的推論方式，來為自己的反社會行為辯護，並深信他們根本不應該被關在監獄裡。」

連卡彭、「雙槍」克勞利、惡徒舒爾茨，以及被關押在監獄裡的暴徒，都不會對自己所犯下的罪惡行徑自責，而是把所犯下的罪惡歸咎在他人身上，那麼，我們生活中隨時都能夠接觸到的人，又能是怎麼樣的呢？

百貨業之王約翰・沃納梅克生前這樣說過：「早在三十年前，我就已經明白，責備他人是件愚蠢的事情；我對於上帝分配才智的不平等沒有任何抱怨，因為光是要克服自己的缺點就已經感到非常吃力了。」

沃納梅克很早就學到了這一課，而我自己卻盲目地在這個世界生活了三十多年之後，才領悟到——絕大多數人都不會主動地為某件事情來責備自己，即使那錯誤嚴重到無法挽回的地步。

批評和責備他人是沒有意義的，因為那只會讓人在心理上增加一層防護，並且被批評的人也會因為受到批評而竭力為自己的錯誤辯護。批評與責備他人也是危險的，因為它會傷害到一個人的自尊，並因此激發他對你的反抗。

世界著名的心理學家史金納透過實驗證明，因行為良好而受到獎勵的動物，比因行為不良而受到懲罰的動物學習得更快，且更能記住所學的東西。後來的研究顯示，這同樣也適用於人類。因批評而做的改變不會持久，反而經常招致怨恨。

另一位重要的心理學家漢斯・薛利說：「我們渴望被認同，同時也害怕被譴責。」由批評引起的怨恨會使員工、家人和朋友士氣低落，而且仍然無法改變現狀。

來自奧克拉荷馬州伊尼德的喬治．約翰斯頓，是一家工程公司的安全協調員，職責之一是察看施工現場工人是否有戴安全帽。每當他看見沒有戴安全帽的工人時，都會搬出公司規章以職權要求他們遵守規定。結果，當下工人雖然心不甘情不願地把安全帽戴上，但通常在他離開後，工人們就會馬上把帽子摘下。於是，他決定嘗試不同的方法。當他再次發現有些工人沒有戴安全帽時，他關心地問他們是否安全帽讓他們不舒服或不合適。然後，他親切地提醒工人們，這頂帽子是為了保護他們免受傷害，並建議他們在工作時最好一直戴著它。其結果是，工人們在沒有怨恨或情緒焦躁的情況下，提高了對規則的服從性。

在浩瀚的歷史典籍中，我們隨便就能夠找出無數個批評對於他人無效的例子。老羅斯福和塔夫特總統那次著名的爭論，使美國的共和黨產生了分裂，也使得威爾遜入主白宮。在第一次世界大戰中，威爾遜總統留下勇敢與光榮的痕跡，從而改變了人類歷史發展的方向。

我們快速地回顧一下那段歷史：一九〇八年，老羅斯福總統卸任離開白宮，他幫助塔夫特當上了美國總統後，就去非洲狩獵獅子度假去了。他從非洲回來，發現塔夫特政府施行的政策，違背自己當初扶植塔夫特上臺時的初衷，當即發表看法指責塔夫特過於守舊，宣布自己要再次競選美國總統，並且成立了「公鹿」黨（進步黨）。羅斯福的這一行動幾乎是共和黨的噩夢。在那次美國總統選舉中，共和黨與塔夫特只獲得了兩個州的選票——佛蒙特州和猶他州。這是共和黨歷史上最慘重的一次失敗。

羅斯福指責批評塔夫特的時候，塔夫特有沒有自責呢？當然沒有。他只是流著眼淚說：「我不明白，我現在做的，有哪裡和以前不一樣。」

這到底該怪誰呢？坦白說，我不知道，我也不在乎。但我想說的是，羅斯福對塔夫特所有的批評，並沒有讓塔夫特認為自己不對，只是使得塔夫特在公眾面前眼含淚水不斷地為自己辯護。

還記得讓輿論炒作了很多年，震驚了全美的茶壺山油田醜聞案嗎？這個醜聞影響之大，至今令人記憶猶新。下面是這個案件的經過：

當時，艾伯特·福爾是哈定總統上任後任命的內政部長，哈定總統還委派他主持政府在艾爾克山油田與茶壺山油田保留地出租的事情。這兩片油田是美國政府為美國海軍未來用油準備的保留地。

出租保留地，福爾有沒有公開投標呢？沒有！他將這份會有豐厚回饋的投資合約，直接給了他的好朋友愛德華．杜赫尼。那麼，杜赫尼又是怎麼做的呢？他把十萬美元以「借款」名義送給了福爾部長做為回報。

在拿到回報之後，福爾利用握有的權力，派遣美國海軍陸戰隊進駐該地區，目的是把鄰近的有競爭力的石油商趕走。那些被驅逐出保留地的石油商，心有不甘心，於是將福爾告上了法庭，揭發了茶壺山油田十萬美元的賄賂案。這件事情曝光之後，全美譁然，其惡劣的影響，幾乎讓哈定政府癱瘓，共和黨也差點垮臺。而事件主要責任人福爾也被判刑坐牢。

在美國聯邦政府的高官中，極少有人像福爾那樣遭到如此地猛烈抨擊。坐牢後，他悔悟了嗎？答案是：完全沒有！

幾年之後，美國安全局局長胡佛在一次公開演說裡暗示，哈定總統的死亡跟他精神受到刺激和內心感到壓力有關，其原因是他的朋友中有人出賣了他。當時，福爾的妻子也在演講現場，當她聽到這話，馬上就從座位上站起來，情緒失控地放聲大哭。她緊握拳頭，怒聲叫嚷：「哈定怎麼會是福爾出賣的？絕對不是這樣！我丈夫從未出賣過任何人，即使這個房間堆滿了黃金，也無法誘惑他。他才是那個被出賣，被帶到屠宰場，被釘在十字架上的人。」

這就是人的自然天性，即自己做錯了事情，只會想辦法推卸責任，只會指責別人。所有人都不例外。因此，當我們在批評指責他人之前，要先想想卡彭、克勞利和福爾這些人的例子留給我們的啟示。

我們要明白，批評就像信鴿，牠們最後還是會飛回到我們身邊。所以，我們要明白這樣的事實，當我們批評指責他人，他們也一定會替自己辯護，甚至反過來指責我們。這就如同溫和的塔夫特在面對老羅斯福指責時，所辯駁的：「我不明白，我現在做的，有哪裡和以前不一樣。」

一八六五年四月十五日，星期六的清晨，林肯總統躺在一間簡陋公寓的臥室裡奄奄一息。稍早林肯在這間公寓對面的福特劇院裡遭到刺殺。在身體消瘦的林肯躺著的這張床上方，掛著一幅羅莎・邦賀著名畫作〈馬市〉的廉價複製品，一盞煤氣燈散發出幽暗昏黃的光。在林肯總統即將撒手人寰之前，陸軍司令斯坦頓心情沉重地說：「躺在這裡的，是全世界有史以來最完美的領袖。」

因為想了解林肯待人處世的成功祕訣，我曾花了大約十年時間來研究亞伯拉罕·林肯的生平，並用了三年的時間，撰寫了一本關於他的書籍，書名為《人性的光輝》。我能夠自信地說，我已極盡全力地把林肯的個性及他的家庭生活，做了詳細且有系統的研究，尤其針對林肯在人際關係上的處理方法進行重點研究。林肯一生中有沒有發生過隨意批評指責人的事情呢？當然有。林肯年輕時，住在印第安那州的鴿溪谷，他不但喜歡批評別人，而且還寫信、寫諷刺詩嘲笑他人，並把信扔到別人輕易就能發現的路上，其中一封信給他招致了終身的怨恨。

甚至在林肯成為伊利諾州斯普林菲爾德市的執業律師後，還在當地的報紙上發表文章，公然抨擊他的對手，而且不只一次這樣做。

一八四二年秋季，年輕的林肯在《斯普林菲爾德日報》上刊登一封匿名信，諷刺一個名叫詹姆斯·席爾茲的愛爾蘭政客，這篇文章引得全城人的哄笑。席爾茲是個極為敏感和自尊心很強的人，這封信的羞辱讓他感到非常憤怒。他來到報社查尋寫信的人，當知道是林肯寫的之後，他立即找到林肯，要用決鬥的方式來維護自己的尊嚴。林肯從來就是個不喜歡打架的人，更反對用決鬥來解決問題，但為了顧及自己的顏面，他還是答應與席爾茲進行決鬥。席爾茲讓林肯自己選用武器，由於他的手臂很長，所以選擇了騎兵用的長刀，並向一名西點軍校畢業的軍官學習刀術。到了約定決鬥的那天，他和席爾茲來到了密西西比河的沙灘上，準備為彼此的尊嚴決一死戰。但在決定生死的最後一刻，他們的朋友成功地勸阻了這次決鬥。

這次事件對林肯來說，是極其恐怖和危險的，但也給了林肯在待人處世方面一次極為寶貴的教訓。自此以後，林肯再也沒有寫過侮辱他人的公開信，更不用說做些什麼嘲笑譏諷他人的事情了。

美國內戰期間，林肯一次又一次地任命新的將領率領波多馬克軍團，但每個將軍——麥克萊倫、波普、伯恩賽德、虎克、米德——都敗北而歸，令林肯心情沉重，失望地在房間裡來回踱步。每當在這樣的時刻，幾乎所有人都會指責那些打了敗仗的將領，唯獨林肯面對那些將領時，始終保持著平和的態度不置一詞。他最喜歡的一句話是：「不要輕易地評議他人，這樣他人才不會評議你。」

每當林肯夫人與他人用刻薄的語言談論南方人的時候，他就會這樣規勸他們：「請不要這樣批評他們，在相同的情況下，或許我們也會和他們做一樣的事。」不過，林肯也不是就完全不批評他人，必要時他一定會去批評的。看看下面的這個例子就會知道：

一八六三年七月一日至三日，美國爆發蓋茨堡之役。七月四日晚，南方邦聯軍在羅伯特．李將軍的率領下，開始向南邊撤退。當時正值雨季，河水氾濫成災。當羅伯特．李將軍帶著他潰敗的軍隊退到波托馬克時，因為密西西比河暴漲，他們無法渡河，而在南方邦聯軍的後面是乘勝追擊的北方聯軍。前有洪水，後有追兵，這樣就讓羅伯特．李與他的軍隊進退不能，處在困境中。

林肯知道這是殲滅南方邦聯軍，俘虜羅伯特．李將軍，結束這場戰爭的好時機。他滿懷希望地命令北方聯軍司令米德，要他無須召開軍事會議，當機立斷地對羅伯特．李所率領的殘餘部隊進行攻擊。林肯先拍電報發出進攻命令，隨後又派遣特使督促北方聯軍司令米德採取行動。

但是，在這個絕佳時機，北方聯軍司令米德將軍的反應為何呢？他採取了與林肯總統命令背道而馳的行動，不僅違背林肯總統的命令，召開軍事會議，而且在制定出行動方案後還猶豫不決。他找了無數個藉口致電林肯，拒絕對羅伯特．李將軍潰敗的軍隊採取軍事行動。結果，洪水退去，李將軍帶著軍隊渡過波托馬克河逃到對岸去了。

林肯得知這個消息後，憤怒到了極點，他對著自己的兒子羅伯特大吼：「我的上帝啊，米德是怎麼回事？羅伯特・李的軍隊已經被我們包圍，要抓住他們易如反掌。在這樣有利的形勢下，任何一個人帶領一支軍隊都能夠把羅伯特・李的軍隊消滅掉。如果我在現場，我一定衝上前去痛宰他們。」

林肯懷著沉痛和失望的心情，寫了一封信給米德將軍。要記得，在林肯人生的這個時期，是他遣詞用句非常小心謹慎、克制的時期，因此他在一八六三年寫的這封信，應該是那段時間裡最嚴厲的斥責了。信的內容如下：

親愛的將軍：

我相信你沒有意識到，因為羅伯特・李與其軍隊的脫逃，將引發出的一連串不良事件的嚴重性。本來他已經在我們的掌控中，要是能夠將他俘獲，又加上近來聯軍在其他戰場上獲得的勝利，這場戰爭早就該結束的。

可是由於將軍你貽誤戰機的原因，依照現在的形勢來推斷，這場戰爭將無限期地進行下去。上星期一，在那麼有利的時機裡，你都無法順利地殲滅羅伯特・李與他的軍隊，今後你又怎麼可能做到呢？現在我已經不再期望你在以後的戰事中會有什麼作為了，因為殲滅羅伯特・李與他的軍隊的黃金時機已經失去，對此我感到無比的痛惜。

你認為米德在讀過這封信後，會怎麼回覆呢？

事實上，這個北方聯軍總司令從未看到這封信，因為林肯並沒有將信寄出。林肯去世之後，這封信才被整理他遺物的人們發現。

對於林肯為什麼沒有把信寄出，我自己的猜測是，林肯寫完這封信後，從桌案前抬起頭凝視窗外喃喃自語：「哦，慢點，也許我不應該如此魯莽地把這信寄出，我每天待在後方安靜的白宮裡，向米德下達進攻的命令，這是輕而易舉就能夠做到的事，要是我和米德一樣在蓋茨堡前線，也看到上星期戰役到處都是鮮血的慘烈情形，耳朵裡時刻都能夠聽到死傷戰士的呼救、呻吟，或許我也會像米德那樣不急於向羅伯特・李的軍隊發動進攻。如果我也有米德那樣謹慎的個性，那麼我在現場所做出的決定也會和他一致。現在既然已經失去了結束內戰的最佳時機，一切都無法挽回了，要是我為了發洩自己內心的不快與憤怒而把這封信寄出，照樣於事無補，而且，米德在看完我的信件後，也一定能夠找到藉口為他喪失戰機辯護。在這種情急的情況下，他也將反過來指責我，而事情就會因為他這樣做，引起我對他的不滿與反感，從而造成我們將帥失和，影響到他在軍隊裡的威望，甚至逼迫他辭掉聯軍司令。那後果就不堪設想了。」

因此，正如我的猜想，他寫好信後，沒有立即把信件寄出，而是把它放在了一旁，檢討自己。因為以往的痛苦經驗讓他很清楚，愈是尖銳的批評與斥責，愈是無法取得自己想要得到的那種好的結果。

老羅斯福總統曾這樣說過，在他擔任總統期間，每當他遇到讓自己頭痛的問題時，他就會把身體往椅背上靠去，仰著頭朝掛在寫字臺上方那幅巨大的林肯油畫畫像看去。他一邊凝視著林肯的畫像，一邊這樣問自己：「如果林肯也面臨了同樣困難處境，他會如何處理？怎樣解決眼前的難題呢？」

讓我們從現在開始吧，在以後當我們因為不滿與憤怒，想批評、斥責他人的時候，就從口袋裡拿出一張五美元的鈔票，看著林肯的頭像，也像老羅斯福那樣自問：「林肯面對這樣的問題會怎麼處理呢？」

馬克吐溫有時一發起脾氣來，其強烈的措詞足以把信紙燃燒。例如，有一次他寫信給激起他憤怒的人：「這是寄給你的死亡埋葬許可書，只要你開口，我一定立刻把你埋了。」又有一次，他寫信給一位編輯，說一名校對企圖「修改我的拼字和標點符號」，他命令道：「此後必須遵照我的原稿一字不漏出版，並且叫那個校對人員把他的建議留在他那腐朽的腦子裡。」寫這些措詞尖銳的信讓馬克·吐溫發洩怒氣，心情好了許多。但這些信並未造成任何傷害，因為馬克的妻子偷偷把它從要寄出的郵件中抽了出來，它們從來就沒被寄出去過。

如果你想改變你所認識的人，希望他調整在生活與工作上的態度，以使他在事業上不斷進步，那當然是最好不過的事情了。但是，在做這些之前，為什麼我們不先從改變自己開始做起呢？從自私的角度來看，從自己做起，遠比試圖改變他人更有利可圖，而且更少了許多風險。

孔子說：「君子求諸己，小人求諸人。」

在我年輕時，一直想給人們留下深刻的印象。當時，我為一家雜誌撰寫關於作家的專欄文章，我給當時在美國文壇極負盛名的理查德·哈丁·戴維斯寫了一封愚蠢的信，向他請求寫作的技巧。

幾個星期後，我收到了他的回信，信末附註：「此信係我口述記錄，未經仔細核對整理。」這句話讓我印象非常深刻，因為我知道，這樣回信的人，工作一定很繁忙。而當時我一點都不忙，但是我為了讓這位知名作家對我印象深刻，在回信的最後也附註了「此信係我口述記錄，未經仔細核對整理」同樣的話。

戴維斯這次再也不屑回信給我了，只是將我的信件退回，並在信的右下角處，用潦草的字跡寫了：「你向他人請教的方式，真讓人不敢恭維。」

是的，在這件事上，我完全做錯了，這真是我應該接受的指責。但做為人類，天性上的弱點讓我對戴維斯心懷憤恨。這種憤恨，在十年之後的某天聽到戴維斯去世的消息時還存在。這件事本來就是我做錯了，我卻羞於承認。

如果你想激起一個人的憤恨，使他對你痛恨十年甚至到死，那麼你就放任自己，對他人說些刻薄的斥責與批評吧。

在人際交往中，首先要記住的是，我們不是在與邏輯生物打交道，我們面對的是充滿情感、偏見、受傲慢和虛榮心驅使的生物。

尖刻的批評使敏感的湯瑪斯·哈代永遠放棄了小說創作，他是英國文學有史以來最優秀的小說家之一；批評也逼使英國詩人托馬斯·查特頓自殺。

著名的美國外交家班傑明·富蘭克林，年少時代並不顯得機智聰明，然而在他成年之後，卻在為人處世上極富個人魅力，並出任美國駐法大使。後來，他在談到自己為人處世的成功祕訣時，這樣說：「我從不說任何人的壞話……我說的都是我所知道的每一個人的優點！」

任何一個愚蠢的人都會批評、譴責和抱怨——而大多數也只有愚蠢的人才會這樣做。但理解和寬容，則需要品格和自制力。

卡萊爾先生曾講過這樣的話：「想看一個偉人的偉大之處，那就必須看他在一生中是如何對待卑微的人的。」

鮑勃．胡佛是一位著名的試飛員，經常出現在各種飛行表演中。正如《飛行活動》雜誌所描述的，一次胡佛飛行在三百英尺高的空中時，突然兩個引擎都熄火了。他靈巧地操縱著飛機順利著陸，雖然沒有人受傷，但飛機嚴重受損。

胡佛緊急降落後的第一個動作，就是檢查飛機的燃料。正如他所懷疑的，這架二戰時的螺旋槳飛機使用的是噴氣飛機燃油，而不是汽油。

一回到機場，他就要求見維修飛機的機械師。這個年輕人為自己犯下的錯誤感到痛苦不已。當胡佛走近時，他淚流滿面，因為他的疏失造成了一架非常昂貴的飛機損傷，也差點造成三條人命喪失。

你可以想像胡佛的憤怒。大家都可以預料到，這個驕傲而又嚴謹的飛行員會因這種粗心大意而大發雷霆。但是，胡佛並沒有責罵機械師，甚至沒有批評他。相反地，他將他的手臂搭在機械師的肩膀上，說：「我相信你以後不會再犯同樣的錯了，為了證明這一點，我想讓你明天為我的 F-51 檢修。」

與其譴責別人，不如試著去理解他們。讓我們試著找出他們為什麼這麼做，這比責備更有益，也更值得關注，因為它能培養同情、寬容和善良。「寬容一切，就是理解一切。」

正如詹森博士所說的：「不到世界末日，上帝也不會審判別人。」

那為什麼我們不能做到呢？

”不抱怨、責怪他人，更不輕易地批評與斥責他人。“

贏取友誼與影響他人實踐清單

- 是否有將「不抱怨、責怪他人，更不輕易地批評與斥責他人」帶入你的日常生活中？
- 在閱讀下一章前，是否把本章認真地閱讀過兩遍以上？
- 閱讀中是否經常停下來反思自己，並思考如何將書中的每一項建議應用到實際生活中？
- 你覺得這章的哪些字句對你有啟發作用？
- 這個月你複習過這本書了嗎？
- 最近是否有出現可以應用「不抱怨、責怪他人，更不輕易地批評與斥責他人」的時機？應用後的結果如何？
- 是否請朋友監督你，要求他們發現你違反某項原則時，適時地提醒你？
- 自己在這一週裡做錯了哪些事？哪些地方有待進步？該如何改進？
- 請將這一實踐經歷寫入記事本裡。

2 人際交往的祕密

全天下只有一種方法可以讓任何人去做任何事。你有沒有想過這個問題呢？是的，就只有一種方法。那就是，讓對方自己想做這件事。

切記，除此之外，沒有第二種方法。

你當然也能夠拿一把左輪槍，逼迫一個人將他手腕上的手錶交給你。你也能夠使用威脅解僱的方式——在他尚未離職之前——讓你的員工配合你。你還能夠使用毆打與威嚇的方式，讓孩子為你做事情。但是，這些粗暴的行為方式，最後都產生了嚴重的不良影響。

能夠讓人心甘情願去做任何一件事情的唯一方法，就是滿足他的所需。

那麼，你需要什麼？

西格蒙德．佛洛伊德是二十世紀最負盛名的心理學家，他說：我們所做的一切事情都源於兩種動機：對性的衝動，以及渴望成為偉人的欲望。美國著名哲學家約翰·杜威教授對此說法有不同的看法。杜威博士認為：成為重要人物的渴望，是人類天性中最深層的欲望。

切記，「成為重要人物的欲望」這一點非常重要，你將在本書中讀到很多與此相關的內容。

你需要什麼？其實並不多，但是你會毫不放棄地追求著你真正需要的那些東西。以下，是幾乎每個正常的成年人都想得到的：

1. 健康和生命安全。
2. 食物。
3. 睡眠。
4. 金錢，以及金錢能夠買到的物品。
5. 對未來的期望。
6. 性滿足。
7. 子女們的幸福。
8. 重要感。

這些欲望幾乎全都能夠滿足，可是卻有一種深層的欲望，和食物、睡眠一樣是人類的必需品，卻難以滿足。那就是佛洛伊德所說的「成為偉人的欲望」，也就是杜威所說的「成為重要人物的欲望」。

林肯在一封信的開頭寫道：「每個人都喜歡被人讚美。」威廉·詹姆斯也曾說過：「人類天生就有深切渴求被人重視的本質。」他說的並不是「希望」、「欲望」或「渴望」，而是「渴求」。

這是一種折磨人且堅定不移的人類飢渴，只有極少數人能真正滿足這種內心的飢渴，從而能夠駕馭其他人，這種人在「死時連殯儀館人員都會為他感到惋惜」。

人類和動物之間的一個重要區別，便是對「被重視感」的渴望。

童年時期，我在密蘇里州的農村家裡，和父親一起飼養品種優良的杜洛克豬和純種白臉牛。我們經常參加中西部的鄉村集市和牲畜展覽會，展出我們的豬和白臉牛，並得了一等獎。父親把他的藍絲帶獎章別在一張白色的平紋細布上，當有朋友或客人來家裡時，他就拿出那塊長長的平紋細布，他拿著一端，我拿著另一端地展示我們獲得的獎章。

豬和牛根本不會在意牠們獲得的獎章，可是父親對此卻非常重視，因為這些成就給他帶來了一種實現自我價值與重要感。

如果我們的祖先對重要感沒有強烈的欲望，人類就不會有任何文化方面的發展，那樣，人類就和別的動物沒有什麼區別了。

正是這樣一種對重要感的欲望，使得一名未曾接受過良好教育的雜貨店窮店員，從裝滿雜物的大木桶裡，翻出他用五十美分買來的幾本法律書籍，下定決心鑽研法律。你可能對這個窮店員很熟悉，他叫「林肯」。

正是這種對重要感的欲望激發了狄更斯寫出不朽的小說，讓克里斯多夫倫爵士設計出舉世矚目的建築。而且，這種欲望也讓洛克菲勒積累了一輩子都花不完的財富。同樣也是這種欲望，讓你所居住的城市裡的富豪建造起他自己的大別墅。

這種欲望能讓你穿上最時尚的服飾，開著最新款的轎車，在別人面前，你可以自豪地談起你聰明的小孩。

同樣也是這種欲望，讓許多年輕人變成強盜、匪徒。根據前紐約警察局長穆爾魯尼的說法，現在的年輕罪犯普遍都非常自我，被捕後的第一個反應，就是要求閱讀那些把他們當作英雄來編寫的街頭小報。他們看到自己的照片像名人一樣登在報紙上占有一席之地，就覺得滿足了，而對於日後悲慘的牢獄生活卻顯得一點也不在乎。

如果你告訴我你是怎麼感覺到自己的重要性，我就可以知道你是什麼樣的人。對一個人來說，明確知道自己的性格是件很重要的事情。例如，洛克菲勒透過資助中國北京建造現代化醫院，為許多不認識甚至永遠不會見到的貧困人們治病，來獲得重要感。

另一方面，迪林傑當土匪，殺人、搶劫，同樣也是在滿足他的重要感。當警察搜捕他的時候，他跑進一家農舍，他認為作為頭號公敵對他來說是件自豪的事情，他大聲地說：「我是迪林傑……我不會傷害你，但你要知道，我是迪林傑！」

沒錯，迪林傑和洛克菲勒獲得重要感的方式，就是他們最大的區別。

歷史上很多名人身上發生的趣事，都是出於希望被他人重視的重要感。甚至連華盛頓都願意別人稱呼他為美國總統殿下；哥倫布主動向西班牙王室提出要求獲得「海軍上將和印度總督」的頭銜；俄羅斯女沙皇葉卡捷琳娜二世對沒有尊稱她為「女皇陛下」的信件，一律拒絕拆閱；在白宮，林肯夫人像隻老虎一樣對著格蘭特夫人吼叫道：「我沒有邀請妳來，妳怎麼敢坐在我的面前！」

一九二八年，一些富翁資助拜爾德少將去南極探險，條件之一就是要求用自己的名字為南極的冰山命名。而那法國著名作家雨果，則渴望將巴黎換成他自己的名字。甚至連最偉大的莎士比亞也試圖透過為他的家族購買盾形紋章，來為他的名聲增添光彩。

人們會為了博取別人的同情和關注以及重要感，而故意假裝生病和虛弱。比如，麥金利夫人要求做為美國總統的丈夫每天花幾個小時，把國家要務放在一旁，陪在她床邊，安撫她睡覺，她從中獲得重要感。

麥金利夫人看牙醫的時候，也強迫丈夫陪在她身邊，這樣，可以滿足她在治療過程中疼痛時想要被關注的欲望。有一次，麥金利總統和約翰．海伊有約，無法陪同她看病，她竟然大發雷霆。

作家瑪麗．蘭哈特曾向我說起她認識一名聰明伶俐、精力充沛的女子，為了獲得關注，裝病臥床不起。蘭哈特說：「這名女子總有一天不得不接受這樣的事實——衰老、孤獨、無依無靠的晚年，對於未來幾乎沒有什麼可期待的了。」

「她在床上躺了足足有十年的時間。她年邁的老母親，每天要在三層樓間上上下下，伺候她吃喝。終於有一天，年邁的母親因為疲勞過度而去世，女子傷心了幾個星期後終於下床，穿好衣服，重新開始正常生活。」

一些專家表示：如果想要在幻想世界裡，找到殘酷而冷漠的現實中找不到的重要感，一個人可能真的會因此發瘋。在美國醫院裡，一般精神病患者的人數要比其他疾病患者的人數總和還要多。

是什麼導致了這些人的精神錯亂？

這樣廣泛的問題，沒有人能夠回答。但是，我知道有很多種疾病，比如梅毒，會損害腦細胞，導致癲癇、精神錯亂。而事實上，有一半以上的精神疾病都是起源於這樣的生理因素。例如，腦損傷、酗酒、中毒，以及其他原因導致的生理上的傷害。但讓人擔心的是另外那一半精神病患者，他們的腦組織很明顯沒有一點毛病。在他們去世後，解剖他們的大腦，用高倍顯微鏡進行檢測，發現他們的腦細胞組織和正常人的完全一樣。

那麼，究竟是什麼原因導致這些人精神錯亂？

我曾就這個問題拜訪一位精神科醫師，他在精神病理方面有淵博的學識，也因此得到過最高榮譽。他如實告訴我，他也無法解釋為什麼人們會患上精神疾病。但是，他認為，大多數精神病患者，在他自己的瘋狂世界裡，找到了現實中無法找到的被重視感。他對我講了以下這個真實的事例：

我有個病人，她的婚姻簡直就是一場悲劇，她需要愛情、性的滿足、孩子以及社會聲望，但現實生活卻摧毀了她所有的希望。她的丈夫並不愛她，甚至連一起吃飯都不願意，強迫她把飯菜端到他樓上的房間裡自己享用。她沒有孩子，也沒有任何的社會地位。這些終於讓她患上了精神疾病，現在，她已經和丈夫離婚，恢復了小時候的姓。她終日生活在自己的瘋狂世界裡，她堅信自己嫁給了英國貴族，並且要求別人稱呼她為史密斯夫人。

在她的幻想中，她想要孩子的願望也已經實現了。每次，我去看她的時候，她都會對我說：「醫生，昨天晚上，我生下了一個孩子。」

生活中的殘酷現實如同海裡的尖銳礁石，摧毀了她所有的夢想之船。但在幻想瘋狂的小島上，豔陽高照，她的夢想之船再次啟航，帆浪翻滾，風從桅杆上呼嘯而過。

這是個悲慘的故事嗎？呃，很難說。那位醫生還說：「即使我可以用我的雙手治癒她的疾病，讓她恢復清醒的頭腦，我也不情願這樣做，因為現在的她，似乎才得到了自己真正想要得到的幸福。」

人們如此渴望被人重視，甚至到了發瘋的境地，那麼請想像一下，如果在他們精神錯亂之前，我們便給予人們真誠的欣賞、讚美，又會有什麼樣的奇蹟出現呢？

查爾斯．舒瓦伯在美國還不需繳所得稅、週薪五十美元即被認為富裕的時代，是商界第一批年薪超過一百萬美元的人之一。他在一九二一年，三十八歲時，被安德魯．卡內基聘為新成立的美國鋼鐵公司的第一任總裁。（舒瓦伯後來離開美國鋼鐵公司，接管了當時陷入困境的伯利恆鋼鐵公司，並將其重建為美國最賺錢的公司之一。）

為什麼舒瓦伯可以獲得百萬美元的年薪，或者說，平均每天三千多美元的薪水呢？究竟因為什麼呢？因為他是個天才？不是這樣的。因為他在鋼鐵製造業成績突出？也不是這樣的。舒瓦伯曾經對我說過，在他手下做事的人中，有許多人在鋼鐵製造業的專業知識比他多得多。

舒瓦伯坦言，他能夠獲得如此高的薪水待遇，全是因為他善於與人打交道。我問他是如何做到的，舒瓦伯這樣說道：「我認為我所擁有的最大資源，就是能激發員工的熱情和潛能，我用讚美和鼓勵，讓每個人的潛能得以充分地發揮！」

他還說：「在這個世界上，高層的批評，能夠輕易毀掉一個人的理想和抱負。我從沒批評過任何一個人，在工作方面，只給予他們鼓勵。我總是迫切地想稱讚別人。而對於別人的錯誤，我不會急著計較。誠於嘉許，寬於稱道，是我的座右銘。」

在我看來，這些話應該刻在能夠永久保留的銅牌上，並且懸掛在全美國的所有家庭、學校、商店和工作室裡。每個人，在孩提時代就應該把這些話熟記在心。如果人們真的可以將這些話付諸行動，那麼所有人都將過上和以往截然不同的生活。這些是舒瓦伯平時的作為。那麼，一般人是怎麼做的？恰恰相反，一般人不喜歡什麼事情時，就會盡可能地從中挑三揀四；如果他們是喜歡的，就什麼也不說。

舒瓦伯又說：「我一生中交往無數，在遍及世界各地的名人中，沒有一個是在充滿批評聲的環境中成就大事業的，無論他有多麼高的地位，都是在讚美聲中成長起來的。」

沒錯，舒瓦伯說的，就是他的老闆安德魯．卡內基取得顯著成就的原因之一。安德魯．卡內基就是如此公開地讚美他的員工的。

安德魯．卡內基甚至在自己的墓碑上讚美他的員工：「葬在這裡的，是個知曉如何說服比自己聰明的人的一個人。」

洛克菲勒在人際關係處理中的成功祕訣，便是給予對方真誠的讚美。有這樣一件事：洛克菲勒有個名叫愛德華．貝德福的生意夥伴，在南美洲因為一宗錯誤的買賣，讓公司損失了一百萬美元，然而洛克菲勒卻沒有批評或者指責他。

洛克菲勒知道貝德福已經竭盡全力，而且事情已經過去了。洛克菲勒稱讚貝德福在這次事故中保全了他百分之六十的資金。「任何事情都不可能做到完全讓自己滿意，所以做到這樣已經很不錯了。」洛克菲勒這樣說。

佛羅倫茲．齊格飛是百老匯有史以來最引人注目的製作人。他可以把人們忽視的平凡女孩改造成明星，很多經他包裝的女孩，都成為舞臺上的亮點。他深諳讚美和自信的力量，他用體貼與關懷讓女人充滿自信，相信自己是美麗的。他是個很實際的人，他將歌舞團女演員的新水從一週三十美元提高到一百七十五美元。他也是個講義氣的人，音樂劇《富麗秀》首演的那個晚上，他給每位出演的人員發出賀電，並且獻給每個參與演出的女演員一朵紅玫瑰。

有一段時間流行禁食，我曾沉迷其中而連續六天六夜沒有進食。這並不是一件難事，第六天的飢餓感，好像還沒有第二天嚴重。可是我們都知道，如果有人連續六天禁止他的家人或者下屬吃東西，那就是犯法的行為。然而，那些家人或是下屬會連續六天或六個星期，甚至六十年都得不到讚美，這卻似乎一點都不稀奇，即使他們對讚美的渴望和對食物的渴望一樣強烈。

電影《重聚維也納》主角阿爾夫萊德．蘭特，也曾經這樣說過：「沒有什麼比滋養自尊更重要的了。」無論是兒女、親友還是下屬，我們可以讓他們充分得到他們生理所需的營養，而他們心理上所需的營養，我們給予他們的，卻是多麼地稀少啊。我們給了他們馬鈴薯和牛肉，讓他們有了力氣，卻忘記了給他們讚美，以及那些讓人溫暖的話語。

美國ABC廣播節目主持人保羅．哈維，一次在他的節目《故事的全貌》中，講述了真誠的感激可以如何改變一個人的生活。他說，幾年前，底特律的一名教師請求史提夫．莫里斯幫助她找到躲在教室裡的老鼠。她很感激大自然給了史提夫一些教室裡其他人所沒有的東西。大自然給了史提夫一雙非凡的耳朵來彌補他的盲眼。這是史提夫生命中第一次聽到別人對他那雙天才耳朵的讚賞。多年後的今天，他仍記憶猶新，他說，那次的讚美開啟了他的新生活。你看，從那時起，他發展了自己的聽力天賦，並以史提夫·汪達的藝名成為七〇年代最知名的流行歌手和作詞、作曲家。

讀到這裡，有些讀者可能會說：「這一套已經過時了，奉承和恭維，還有拍馬屁都是沒用的，我已經試過了，用這一套對付受過教育的人是一點效果都不會有的。」沒錯，阿諛奉承的那一套，對聰明人是不起作用的，那只是虛假、淺薄而且自私的做法，那樣做只會一次又一次失敗。相反地，發自內心的讚美，卻是每個人都需要的。

即使是維多利亞女王也很容易受奉承影響。英國首相班傑明·迪斯雷利承認，他經常很積極的奉承女王，用他原話說：「竭盡阿諛奉承之能事」。迪斯雷利是英國有史以來管理過遼闊的大英帝國，最優雅、最靈活、最機敏的人之一。他是這一行的天才。適合他的不一定適合你和我。從長遠來看，奉承對你弊大於利。奉承是假的，就像假錢一樣，如果你把它散播給別人，它最終會給你帶來麻煩。讚美和諂媚之間的不同，是很容易被識穿的。讚美是發自內心的，而諂媚卻是虛假的。一個出自真心，是無私的，被眾人稱道；一個流於口頭，是自私的，為人們所不齒。

我最近去了趟墨西哥城，參觀查普爾特佩克宮時看到了奧布雷貢將軍的半身像。半身像的下面刻著奧布雷貢將軍的一句名言：「不要害怕攻擊你的敵人，要害怕那些奉承你的朋友。」

我絕對不建議大家去阿諛奉承，那和我的本意相差甚遠，我所講的是一種新的生活方式。再強調一次，一種新的生活方式。

英國國王喬治五世在白金漢宮書房的牆壁上，掛有一套六句格言。其中一句是這樣的：「不要奉承或者接受廉價的讚美。」句中所說的「廉價的讚美」，指的就是「阿諛奉承」。我曾經讀到過的關於奉承的定義：「奉承他人，就是清楚地在告訴別人你是個什麼樣的人。」

愛默生說：「人如其言——無論你用的是什麼語言。」你說的話就代表了你這個人，所以切記慎言！

在沒有思考特定問題的時候，我們百分之九十五的時間都是在考慮自己。即使我們只用一分鐘時間去找找別人身上的優點，而不是考慮自己，那麼我們說出的話就不再是虛情假意的了，也可以避免違心地諂媚奉承。

我們日常生活中最常忽視的美德之一，就是讚美。在我們的人際關係中，永遠都不應該忘記，我們所交往的都是人，都渴望被讚美。讚美，是所有靈魂都喜歡的法定貨幣。

愛默生還說道：「凡是我遇見的人，他們的身上都有值得我學習的地方，我必須虛心學習他超越過我的地方。」愛默生尚且如此謙虛，我們就需要更重視這一點：少考慮自己需要的東西和取得的成就，多想想別人身上的優點，停止阿諛奉承，發自內心真誠地讚美別人。你對別人的讚美，他們會牢記在心，終生難忘，就算你已經把這樣的話拋到腦後，他們還是會念念不忘。

”發自內心真誠地讚美別人。“

贏取友誼與影響他人實踐清單

- 是否有將「發自內心真誠地讚美別人」帶入你的日常生活中？
- 在閱讀下一章前，是否把本章認真地閱讀過兩遍以上？
- 閱讀中是否經常停下來反思自己，並思考如何將書中的每一項建議應用到實際生活中？
- 你覺得這章的哪些字句對你有啟發作用？
- 這個月你複習過這本書了嗎？
- 最近是否有出現可以應用「發自內心真誠地讚美別人」的時機？應用後的結果如何？
- 是否請朋友監督你，要求他們發現你違反某項原則時，適時地提醒你？
- 自己在這一週裡做錯了哪些事？哪些地方有待進步？該如何改進？
- 請將這一實踐經歷寫入記事本裡。

3 站在他人的角度看問題

每年夏天，我都會去緬因州釣魚。我喜歡吃草莓和奶油，但是我知道，水裡的魚喜歡吃小蟲子，而不是草莓或者奶油。所以，每當我去釣魚，用的魚餌並不是我喜歡的草莓或者奶油，而是魚兒喜歡吃的小蟲子或者螞蚱，我把魚餌掛在魚鉤上，放到水裡，問魚兒：「你喜歡吃這個嗎？」

用同樣的方法，可以「釣」到人才，你為什麼不嘗試一下呢？

英國前首相勞合．喬治在第一次世界大戰期間，就是這麼做的。有人問他：其他一戰時的各國領袖如美國總統威爾遜、義大利首相奧蘭多、法國總理克里蒙梭等已逐漸被人遺忘，而他在英國政壇卻仍然有巨大影響力，他是怎樣做到的呢？對此，勞合．喬治是這樣回答的：「如果只能為其找到一個理由，那麼就是因為我明白，釣魚的關鍵在於魚餌的選擇。」

時刻只為自己考慮，這樣做是幼稚而且自私的。你只關注自己需要的東西，這一點無可避免，但你要明白，別人也和你一樣，只關注自己，別人對你也如同你對他們一樣漠不關心。

因此，談論對方所需要的，並且提出建議，這是世界上唯一能夠影響他人的方法。當你對別人有要求的時候，請牢記這句話！比如，當你看見你的小孩在吸菸，而你想阻止他時，不要呵斥、說教，只需讓他知道，吸菸會讓他在棒球隊選拔中被淘汰，也會讓他在賽跑中落後他人。

你將這一點銘記在心，不管你面對的是一個孩子，還是一頭小牛，或者一隻小猴子。有這樣一個故事：一次，愛默生和他的兒子想把一頭小牛趕進牛棚，他們和一般人一樣，只想到自己所欲達到的目的，而並沒有想到小牛不情願進牛棚。於是，愛默生負責在後面推，他的兒子則在前面拉。小牛也和他們一樣，只想到自己不願意進去，死死地站在那塊草地上，堅決不移半步。

有個愛爾蘭女僕看到這個情景，決定幫助愛默生父子，雖然她文化水準不高，但她至少了解牲畜的習性特點，知道小牛究竟需要些什麼。女僕將自己的大拇指放在小牛嘴裡讓牠吮吸，然後溫柔地把牠引進牛棚裡。

從你出生開始，你的一切所作所為，無一例外，都是出於為自己考慮，因為你明白自己的需求。就像為什麼你會想捐錢給紅十字會呢？之所以捐錢給紅十字會是因為你想要做件善事，想做一件美好、無私且神聖的事。就如《聖經》裡，王所說的：「我確實地告訴你們：你們為我這些弟兄中最小的一個所做的事，就是為我做了。」

如果不是你想要行善的感覺多過於想要金錢，你就不會捐款。當然，也有可能是被迫，或是不好意思拒絕而為之。但可以肯定的是，你捐款，是因為你想要從中得到你需要的東西。

作家奧弗斯特里特曾在他的《影響人類的行為》中寫道：「人類行為源於根本欲望……無論是在職場、家庭、學校還是政治中，你想要讓別人信服，首先要激發出對方的需求欲望，只要做到這一點，你將能左右逢源，不會處處碰壁。」

安德魯．卡內基小時家境貧困，很小的時候就開始工作，每個小時只有二美分的工資。但是他後來捐贈出去的錢，高達三．六五億美元。他雖然只接受過四年的正規教育，但卻非常清楚待人處世之道。他小時候就明白了，要為別人的需求考慮，這是影響別人的唯一途徑。

在安德魯．卡內基身上，曾經發生過這樣一件發人深省的事情：他的嫂子有兩個兒子，都在耶魯大學讀書，或許是因為太忙碌，他們都沒有時間去理會家裡寄來的信，他嫂子因為兩個兒子遲遲沒有回信而憂愁得生了病，可是她的兒子們卻完全忘記了家裡擔心著急的母親。

他聽說這件事情後，給兩個侄子寄去一封問候信。在信的最後，他附上一句，說是信封裡有兩張五美元鈔票，是送給他們一人一張的。

事實上，他並沒有在信裡附上任何鈔票。兩個侄子果然回信了：「感謝『親愛的安德魯叔叔』的好意……」後面接著寫了什麼，不用說應該也猜得到。

另一個說服的例子是參加我們課程的學員，來自俄亥俄州克利夫蘭的斯坦・諾瓦克。一天晚上，斯坦下班回家，發現小兒子提姆躺在客廳地板上吵鬧，因為他明天就要上幼兒園了，但他並不想去。以往遇到這種情形，斯坦的反應通常是把孩子趕進他的房間，並嚴厲地告訴提姆他沒得選擇。但是今晚，斯坦意識到這並不能真正幫助提姆在最佳狀態下，開始他的幼兒園生活。於是他坐下來思考：「如果我是提姆，有什麼事情會吸引我去上幼兒園呢？」

他和妻子把提姆可能會感興趣的事情列出：畫手指畫、唱歌、交新朋友。然後，他們付諸行動。

「我和妻子莉兒、另一個兒子鮑伯，開始在廚房的桌子上玩手指畫，我們都玩得很開心。沒多久，提姆就躲在牆角偷看。後來他忍不住了，想要一起玩。『哦，不行！你必須先上幼兒園學習手指繪畫。』我盡可能用他能理解的話，繪聲繪影地告訴他在幼兒園有多麼多有趣的事。第二天早上，我以為我是第一個起床的。結果下樓時，發現提姆正躺在客廳的沙發上睡覺。『你在這裡做什麼？』我問。『我在等著上幼兒園。我不想遲到。』你看，我們全家人的熱情激起提姆想要上學的強烈欲望，若換作以強迫或威脅的方式就不可能達到目的。」

所以，當你打算勸說別人去做一件事情的時候，不妨在開口前先問問自己：「我怎樣做才能讓他覺得自己有必要做這件事？」深思熟慮之後的決定，可以避免我們在別人面前只能說出自己想要的，而無法順利達到目的。

有段時間，為了舉辦一系列講座，我租下紐約一家酒店的大宴會廳，每季使用二十個晚上。有一次，在講座開始前，那家酒店突然通知我，大宴會廳的租金要增加兩倍，當時講座的通知已經公布出去了，入場券也全部賣完了。

當然，我並不願意補上增加的租金，但是和酒店說明我的意願又有什麼用呢？他們只關心利潤。於是，兩天後，我決定去面見那家酒店的經理。

我對那位酒店經理說：「剛接到你的通知時，我很驚訝。我當然不會因此而責怪你，如果我是你，也會和你有同樣的決定。經理的職責就是要讓酒店獲利，如果不能做到這點，應該也會被撤職。但是，如果你堅持要求增加租金，我想讓你清楚其中的利弊得失。」

我拿出一張紙，在紙中間劃下一條線分成兩邊，一邊寫上「好處」，在另一邊寫上「壞處」。在「好處」的那一欄，我寫上「大宴會廳可以空出來」，然後我說道：「這樣，你就可以自由地出租大宴會廳，舉辦聚會，這會讓你有更多的收入，比我作為演講使用所付的租金要多很多。而且這一個季度，有二十個晚上被我租用，你肯定會損失很多收入。」

我接著說：「現在，我們來看看『壞處』這一邊。首先，你的收入不但不會增加，反而會因為我的離開而減少。因為我無法付出這麼高的租金，只好另外尋找地方舉辦演講。但是，我想你也應該知道一個事實，參與我的講座的，很多都是社會上層的知識分子，這些人能夠為你宣傳你的飯店，就算你用五千美元，恐怕也無法讓這麼多人來你的飯店。你難道不覺得這一切對你來說，是很有價值的嗎？」

我將利弊會產生的兩種情況寫在紙上，然後把紙遞給飯店經理，我說：「希望你認真想想這兩種情況，然後再下決定，如果你想好了，請再通知我。」

隔天，我接到那家飯店的通知，租金只增加百分之五十。要明白，對於我所需要的減少租金的要求，我隻字未提，我告訴他的，都是他所需要的，以及他該怎樣做才能得到那些。

一般人遇到這種事，可能會氣呼呼地衝進飯店經理的辦公室找他理論，並這樣對他說：「我的入場券都已經賣出去了，通知也已經發布出去了，這個時候，你突然要把租金調漲三倍，你到底是什麼意思？三倍啊，真是可笑！太可恥了，我堅決不付！」

如果是這樣，又會有什麼樣的事情發生呢？接下來，應該會爆發一場激烈的爭辯。最終的結果又能如何呢？就算經理意識到了自己的錯誤，但他的自尊心也不會讓他有所退讓。

亨利．福特曾經這樣說過：「成功的祕訣，是能夠站在對方的立場，從對方的角度去考慮事情，就如同你為自己所想一樣。」在建立良好的人際關係方面，亨利．福特的話，就是一個很好的建議。

在這裡，我要將他的話再重複一遍：「成功的祕訣，是能夠站在對方的立場，從對方的角度去考慮事情，就如同你為自己所想一樣。」這是如此簡單的事情，很明顯，每個人都清楚地明白這個道理，可是百分之九十的人，在百分之九十的時間裡，都忽略了這一點。

你的身邊隨處可以找到這樣的例子，讓我們來看看每天早上你收到的那些信件吧！你可以從中看到，有很多人都違背了這種常識性的重要準則。現在，我挑選出其中的一封信做為例子，這是一家規模宏大、分公司遍布全美的廣告公司的一位無線電部門主管，寫給全美各地方廣播電臺負責人的信件。我將在括弧裡寫出我對信中每一句的想法和見解。

尊敬的布蘭克先生：

我公司希望能保持在無線電界廣告業務的領先地位。

（誰會對你們公司的希望感興趣？我自己還有很多煩心事情呢！我的房產抵押贖回權要被銀行取消了；我養的花草快被害蟲吃光了；混亂的交易市場讓我不

知所措；我沒有趕上我的早班火車；朋友家裡舉辦舞會，卻沒有邀請我去；我被檢查出有高血壓、神經炎、頭皮屑過多。然後呢？今天早上我憂心忡忡地來到辦公室，打開我的郵件，發現一些紐約來的自以為是的小人物，正在大談特談他的公司想要什麼。呸！他要是有意識到他的信會給人留下什麼樣的印象，他早就會離開廣告業去生產羊肉醬。）

全國廣告客戶，對於我公司，是營業網的基本保障，我們已經保持每年在廣播中所需時間位居各家公司之上。

（你覺得自己很強大，覺得自己很有錢，別人都比不過你，是嗎？但是那又如何？就算你有通用汽車、通用電氣、美國陸軍總部加在一起那麼大，那也與我無關。如果你還不明白，那我就告訴你，我不管你是如何的「大」，我只在乎我是如何的「大」。）

我們希望能為客戶提供無線電臺最新消息的服務。

（你希望！你希望！所有都是你希望！笨蛋！我對於你的希望，還是美國總統的希望，一點興趣都沒有。這樣說吧，我從來都只關心「我」希望的，你這封自私的信件中，絲毫沒有提到過我想要的。）

所以你要將本公司列入優先名單，每週電臺資訊的細節對於廣告公司至關重要。

（「優先名單」？你吹噓自己的公司，就是想讓我產生自卑的心理，你對我提出要求的時候，連個「請」字都沒有。）

立刻回信給我們，提供你們最新的「活動」訊息，以雙方互利。

（你真笨得透頂，你寄給我的不過是一封到處分發的普通油印通知，你發出去的，恐怕多得像秋天的落葉。現在，我正為房產抵押愁得不可開交，你卻要求我在這關頭坐下來給你回信，而且還要「立刻回信」。「立刻」？你這是什麼意思？你難道不知道我也和你一樣忙。你說，是誰給了你這個權力，讓你來對我指手畫腳的？你說什麼「雙方互利」，你最後終於說到我的好處了，可是這些到底對我有什麼好處？你卻一個字都沒說。）

誠摯的約翰．杜伊　無線電部經理

附件：隨信贈閱《布蘭克維爾報》複印本，如果願意，可在電臺廣播時作為參考。

（你總算在附件中提到了對我有用的事情，你為什麼不在信的一開始就說這個？可是，即使是那樣也沒用，無論哪家廣告公司，只要是寄來像你這封信的，肯定是大腦有毛病。）

一個將自己的一生都奉獻給了廣告業的人，他以為憑藉自己的力量就能影響他人，但寫出的信件卻是那個樣子，這讓他再也無法獲得更高的評價。我手裡還有另一封信，是我的訓練班裡一個名叫「維米倫」的學員收到的，它來自一家規模宏大的運輸站的總監。收到這封信的人，會有什麼樣的反應呢？讓我們先來看看這封信的內容吧：

愛德華．維米倫執事先生：

在敝處交運貨物的大部分客戶都在傍晚才送到貨物，因此引起運輸堵塞，敝處的員工不得不延長工作時間，也降低了貨車的運輸效率，這嚴重影響到了敝處外運收貨工作的正常進行，不可避免地造成了交貨緩慢。

十一月十日下午四點二十分，我們接收到了貴公司交運的五百一十件貨物。為了使之前所說的不好影響有所減少，我們希望能得到貴公司的理解和合作。以後如果有大批貨物需要交運到敝處，能否盡早送來敝處，或者在上午先送來一部分也可以。

如此也對貴公司的業務有益，你們的貨車也可以立即返回，不會在敝處耽擱時間，同時，敝處也保證在收到貴公司的貨物後將立刻發貨。

J－B－總監

讀了這封信後，維米倫先生在信末寫下了他的想法給我看：

這封信真正達到的效果，實際上和寫信者的本意相反。他們在信的一開始說的都是自己方面的困難，我們一般都不重視這些的。接下來，他們也一點都沒有考慮到，他們對我們提出的要求是否會給我們帶來麻煩。一直到信的結尾，才說出他們的要求能給我們帶來的好處。

也就是說，我們真正關心的事情，在信的結尾才被提到，寫信者想說明的是合作的精神，而他們信中所體現的卻恰恰相反。

現在，我們試著重新寫一下這封信，讓情況有所改善，我們不需要在我們自己的問題上浪費筆墨，就如同亨利·福特說過的，我們要「站在對方的立場上，從對方的角度思考問題，就像我們為自己所想那樣」。

以下是重寫後的一封信，或許不是寫得最成功的，但情況是不是能夠因此改善呢？

尊敬的維米倫先生：

貴公司在十四年間一直都是受我們歡迎的好客戶，我們非常感激你們這些年對我們的關照，並且非常希望能夠為你們提供更優質的服務。但是，我不得不懷著抱歉的心情寫這封信給你們，因為十一月十日，貴公司貨車直到傍晚才運來大批貨物，這樣，我們就無法提供你們優質的服務了。

具體是這樣的原因：我們有很多的客戶都是在傍晚交貨，這樣，就會引起運輸停滯，貴公司的貨車有時也無法避免被堵在交貨處外面，你們的貨運也會因此被耽擱。

這種情況糟糕透了，該如何避免這樣的事情發生呢？

我們的建議是：如果貴公司在上午有閒置時間，請在上午將貨物送到我們這裡。這樣，貴公司的貨車，也不至於因為堵塞而耽擱時間；我們會立刻將你們交運的貨物發出去。而我們的員工也得以每天早點回家，能夠吃上貴公司製作的美味麵點。讀過此信，請不要介意，我們並不是建議貴公司在業務指導方面進行改善，而是希望能夠更優質有效地服務於貴公司。

無論貴公司何時送達貨物，我們都仍舊願意竭盡全力以最快的速度為你們服務。

你們業務繁忙，不必勞神回覆！

誠摯的　J－B－總監

在當今社會中，每天有成千上萬的推銷員不知所措地走在大街上，他們疲勞而且沮喪，也拿不到足夠的薪水。這究竟是因為什麼？因為他們一直都只為自己考慮，而沒有意識到要推銷的東西是不是別人需要的。

我們如果需要什麼東西，會自己主動去買，因為我們知道如何解決自己的問題，並且時刻都在關心這一點。如果推銷員推銷的產品，或者他的服務是我們真正需要的，我們就會買他的東西，而不需要他大費口舌向我們講述他的東西如何好。一個人若是買了什麼東西，肯定是出於自己的需要，而不是因為推銷員推銷得多麼好。

然而，有很多人做了一輩子的銷售工作，卻從來都不替顧客考慮。

我居住的地方是紐約中心的森林小丘社區，有一次，我從住的地方走去車站的時候，在路上碰到一個長年在長島一帶經營房地產的經紀人。他很熟悉我居住的森林小丘社區的情況，於是我就針對我所居住的房子使用的建築材料向他請教。他講了很多我原本就知道的，對於我提出的問題，他回答不出來，讓我去向社區的諮詢部門打聽。

隔天早上，我收到這位經紀人寄來的一封信，一開始，我以為他是想回答我的疑問，如果是那樣，他根本沒有必要寫信，只要花一分鐘給我打個電話就行了。然而實際上，他在信中只是說想賣我他的保險業務，對於我的問題，他依然讓我去向社區的諮詢部門打聽。

他根本沒有想要幫忙解決我的問題，他想到的只是解決他自己的問題。世界上到處都是這樣的人，他們自私，貪婪，永遠都無法滿足。然而，那些少數的無私的願意多為別人著想的人，反而得到了更多的收益。知名實業家、律師及外交官的歐文·楊格說過這樣的話：「如果一個人能夠設身處地為別人著想，站在他人立場上考慮問題，他根本無須為自己的將來制定太多計畫。」

讀完這本書，你將學會一件事：永遠要站在別人的位置上去思考事情，知道別人的意願和目標，以此做出決定。如果你真的學會了這一點，它將改變你一生的事業和生活。

很多高學歷的人，研究的都是些深奧的問題，卻忽視了自己內心的影響。有一次，一家空調裝配公司請我為他們公司大學學歷的年輕員工們進行培訓，於是，我開了一項名為「有效的演說技巧」的課程。當時有個學員想叫幾個人一起去打籃球，他說道：「我想打籃球，你們和我一起去。前幾次人湊不齊，不能分隊打對抗，只能玩簡單的投球遊戲，我的眼睛因為失誤被打腫了，但是我還是想打籃球，我希望你們明天晚上能過來。」

這位學員提到他人所需要的東西了嗎？他人根本不想去那個沒有人氣的體育館吧？你可不想把眼睛弄腫，但他人想要什麼，你根本不在乎。他人可以告訴你，從打籃球中你能夠得到的東西嗎？當然！飽滿的精神、增加的食欲、清晰的大腦，以及休閒娛樂等等。

對此，奧弗斯特里特教授有這樣明智的解釋：「將對方迫切的需要激發出來，這樣，任何事情都可以順利得多，不會遇到很大的困難。」

我的訓練班上有這樣一個學員，他的孩子不好好吃飯，非常瘦弱，他為此擔心不已，經常責怪孩子，要求他吃這個吃那個，希望他能成為一個男子漢。

孩子會關心這些嗎？當然不會。你不會去關心與你無關的一場盛大宴會，孩子也是如此。一個三十歲的父親希望自己三歲的小孩能明白自己的意思，這是沒有任何常識的做法。那個學員最終發覺自己的所作所為是沒有道理的。他問自己：「什麼才是我的孩子最需要的？我又該怎麼做，才能從他需要的東西和我需要的東西間找到契合點？」

當他考慮到這一點時，問題就簡單得多了。他的孩子有一輛兒童自行車，孩子喜歡在屋子前面的便道上騎自行車。他們的鄰居家裡有個很淘氣的孩子，比他們的孩子大幾歲，那個大孩子經常把小孩子從自行車上推下去，然後霸占那輛自行車。每次遇到這樣的事情，小孩子都要哭著跑回家向母親告狀，他的母親就會出來把頑皮的大孩子趕下自行車，把車子歸還給自己的孩子，這樣的事情發生過很多次了。

這個小孩子需要些什麼東西？這不是個很困難的問題。他怒氣沖沖，他有強烈的自尊心，他想報復，他的自尊心讓他希望能夠將那個頑皮的大孩子一拳打倒在地。假如他的父親告訴他，多吃些食物，就能快點長大，有強壯的身體，以後可以輕而易舉地對付那個頑皮的大孩子，這樣的話，一切都不再只是吃飯的問題了。現在，這個孩子已經不再厭食了，無論是蔬菜還是肉類，他都愛吃，他希望能夠快點長成強壯的身體，去打敗那個可惡的敵人，為自己報仇。

這個問題解決以後，另外一個問題又出現了，這個孩子有尿床的壞習慣，他的父親為此煩惱不已。

孩子和奶奶睡在一起，早上，奶奶發現床單濕了，責問男孩：「強尼，你看看，你昨天晚上又尿床了。」

每次，強尼都會這樣回答：「這不是我尿的，是妳尿了床，我沒有尿床。」他的家人為此打罵他，用這件事羞辱他，一遍又一遍地要求他不要再尿床，可是這沒有任何作用，強尼依舊會尿床。所以，強尼的父母向我詢問：「怎麼才能讓我們的孩子改掉壞習慣，不再尿床呢？」

我們來看看強尼想要的都是些什麼：首先，他不喜歡像現在這樣穿著和奶奶一樣的睡袍睡覺，他想得到像父親那樣的睡衣。由於強尼的壞習慣讓奶奶每天晚上都睡不好，所以她非常願意為強尼買套睡衣，幫助他改掉壞習慣；其次，強尼不想再和奶奶一起睡，他想單獨睡一張床，奶奶對此也很贊同。

強尼的母親帶他去百貨公司，用目光暗示女售貨員，這個孩子要買點東西。女售貨員問強尼：「你想買什麼，小伙子？」這讓他有了受尊重感。

強尼踮起腳，讓自己顯得高一些。他回答道：「我想買張自己的床。」

強尼逐一挑選床，他的母親喜歡其中一張，當他剛好走到那張床旁邊時，他的母親再次用目光暗示女售貨員，於是，女售貨員立即向強尼推薦這張床，詳細地做了介紹。

當天晚上，床送到了，父親下班回家的時候，強尼興奮地奔跑到門口，要求父親上樓參觀他自己買的床。

父親看到那張床的時候，想起了舒瓦伯的那些話，於是，點頭誇獎強尼，並且問他：「強尼，你不會再尿床，弄髒自己的床了，對不對？」

強尼一個勁兒地搖頭：「不會的！我不會再弄髒這張床了。」因為自尊心，強尼沒有違背自己做的保證，再也沒有尿過床，因為那是他自己買的床，他倍加珍惜。他想做個「大人」，現在他做到了，他穿著睡衣的樣子，簡直就是個小「大人」。

除此以外，我的訓練班上還有一個名叫達屈曼的父親，他是一位電話工程師。他也遇到了類似的煩惱，他三歲的女兒拒絕吃早飯，無論父母如何呵斥、哄騙，都沒有辦法讓女兒吃一口早飯。這個女孩總是覺得自己已經長大了，她經常模仿自己的母親。於是，有一天早上，媽媽把她放在椅子上，讓她做早餐，這些正是女孩心理上真正需要的。當她正在攪拌麥片粥時，她的父親走進廚房，女孩高興地對父親說：「爸爸，快來看，我正在做麥片粥。」

那天的早飯，沒有任何人呵斥或者哄騙女孩，她自己主動地吃了兩大碗麥片粥，她從準備早餐中找到了快樂，得到了展現自己才能的機會，她珍惜自己的成就，因為她從中獲得了受尊重感。

威廉．溫特曾經說過：「人性中最大的渴求就是展現自己。」我們為什麼不將這個道理運用到自己的生活和事業中去呢？

”激起對方內心的渴求。“

贏取友誼與影響他人實踐清單

- 是否有將「激起對方內心的渴求」帶入你的日常生活中？
- 在閱讀下一章前，是否把本章認真地閱讀過兩遍以上？
- 閱讀中是否經常停下來反思自己，並思考如何將書中的每一項建議應用到實際生活中？
- 你覺得這章的哪些字句對你有啟發作用？
- 這個月你複習過這本書了嗎？
- 最近是否有出現可以應用「激起對方內心的渴求」的時機？應用後的結果如何？
- 是否請朋友監督你，要求他們發現你違反某項原則時，適時地提醒你？
- 自己在這一週裡做錯了哪些事？哪些地方有待進步？該如何改進？
- 請將這一實踐經歷寫入記事本裡。

這本書你已經閱讀一部分了，現在請合上它，立刻將你學到的人際關係知識運用到生活實踐中去吧，你將會看到奇妙的效果！

如何與他人友好相處的三項原則：

原則一：不抱怨、責怪他人，更不輕易地批評與斥責他人。

原則二：發自內心真誠地讚美別人。

原則三：激起對方內心的渴求。

第二篇

如何贏得他人的喜愛

1 真心地關注他人

我們為什麼要買這本書來學習結交朋友的方法？我們為什麼不虛心地向這個世界上最善於與人打交道的動物學習這種技巧呢？這是哪一種動物呢？我來告訴你，要是明天你上街，你就一定會認識牠的。當你走到離牠三米左右的地方時，牠就會搖著尾巴，目光凝視著你，向你示好。要是你停下來，用手輕輕拍牠，牠就會用歡蹦亂跳圍著你打轉的方式，對你表示牠是多麼喜歡你這樣對待牠。你知道牠這樣做是沒有任何企圖與自私的盤算，牠不會想如何向你推銷一幢樓房或者一塊地皮，更不會有要與你結婚的打算。

我們是否想過，在眾多動物裡，狗是唯一不需要為自己生活而工作的動物？家禽裡母雞要下蛋，家畜中母牛要生產牛奶，金絲雀要鳴唱，等等。然而，狗是不需要付出任何東西就可以維持牠的生活的，因為牠付出的是「愛」。

我五歲時，父親為我買了一隻一身黃色毛髮的小狗，這隻狗曾在我童年的那段時光為我帶來無比的歡樂。牠幾乎每天下午四點半左右都蹲在我家庭院門前，凝視著我放學回家的那條小路，等候我的到來。當牠一聽到我的腳步聲，或者看到我拿著飯盒轉過那片矮樹林時，就會像射出去的箭一般衝上小山，歡快地叫著跳著迎接我回家。

這隻叫做「迪貝」的小狗，做了我五年的朋友後，慘死在一個我永遠都無法忘記的雷電之夜，那是我童年時代的一幕悲劇，牠在離我只有三米的地方被雷電擊中。

要是你從來沒有研讀過心理學著作，現在你就不必去讀它。因為你只要懂得發自內心地真誠關心他人，那麼，在未來的兩個月裡你所結交的朋友，要比你用兩年的時間，讓別人對你感興趣，主動來結交你，得到的朋友還要多。請允許我重複一下，在你的生活和工作當中，如果你時刻關心你周圍的人，時刻對他們好奇、感興趣，即使在短短的兩個月時間裡結交到的朋友，都會比讓別人關心你，對你有好感，在兩年裡所結交的朋友還要多得多。

但是，我們都清楚，有的人終身沒有朋友的原因，就是他一心想得到別人的關心，讓別人對自己感興趣。

希望他人關心自己，對自己感興趣，而又能夠成為自己的朋友，這些願望都不會得到實現。

紐約電話公司，為了研究人們在使用電話時最常使用的詞語是哪些，曾做過一項調查。結果也許你已經知道，那就是人稱代詞中的「我」。在五百通的電話交談裡，這個「我」被使用了三千九百次。

現在請教你一個問題：當你看到一張有你在裡面的團體照片時，你最先看到的是誰？

要是你一直認為在你的生活和工作當中，人們都關心你，他們對你都有好感，那麼，請回答：如果你今天晚上突然去世，你認為會有多少人來參加你的葬禮？

在我們的生活和工作中，除非你主動去關心他人，否則人們怎麼會對你有好感，對你有興趣呢？請拿出你的鋼筆與記事本記下這段話：

在生活當中，如果我們只是想得到他人的關心，而不是自己主動去關心他人；讓他人對自己感興趣，而不是我們主動地對他人感興趣，那麼，我們永遠都不會擁有對我們真誠的朋友！因為，我們真正的朋友，不會是透過這種方式能得到的！

拿破崙與妻子約瑟芬最後一次見面時，對妻子說：「我親愛的約瑟芬，妳知道的，在我失敗之前，我是這個世界上最幸運的人之一。可是現在，在這個世界上只有妳是我唯一可以信賴的朋友了。」而在歷史學家的眼裡，約瑟芬是不是真的獲得拿破崙的信任，這還是個謎團呢。

著名的奧地利心理學家阿德勒，在他撰寫的《生活對你的意義》一書中說道：「一個在生活中不懂得關心他人，對他人從來不感興趣的人，他的生活必將遭受到嚴重的阻礙與困難。與此同時，他的這種生活習性，也會給他的親人和朋友帶來極大的心理傷害和心理困擾，以致在整個人類歷史中發生的那些悲劇事件裡，都能夠看到這些人自私的身影。」

也許你已經閱讀過很多研究人類心理的專著，然而你卻沒有深刻理解阿德勒這本著作中的這段話對於我們的真實意義。我是個不喜歡過於重複的人，可是阿德勒所說的這段話對我們非常重要，我不得不再次重複：

一個在生活中不懂得關心他人，對他人從來不感興趣的人，他的生活必將遭受到嚴重的阻礙與困難。與此同時，他的這種生活習性，也會給他的親人和朋友帶來極大的心理傷害和心理困擾，以致在整個人類歷史中發生的那些悲劇事件裡面，都能夠看到這些人自私的身影。

年輕時，我曾在紐約大學選修短篇小說寫作課程，當時的授課老師是位很有名氣的文學雜誌編輯。他在一次教學演講中跟我們講到，他每天都要收到數十篇的小說稿件，他只需在這些稿件中隨便看上幾個片段，就能夠感覺出這個作者是不是喜歡別人，因為職業的直覺告訴他，一個對他人漠不關心的作者的作品，是無法去感動作品的閱讀者的。

這個有豐富社會經驗的老編輯，在演說過程中有兩次為自己在演講中偏移主題而向我們道歉。他在那次演講中說：「現在我必須像一個牧師那樣，對你們進行忠告，如果你們之中有誰要想成為一個成功的小說家，千萬不要忘記，先要做一個和他人友好相處的人，必須關心他人，關注他人。」

如果這是小說寫作的訣竅，那麼，你也可以確定，在生活和工作中想成為一個有效率的人，也必須如此。

著名的魔術師霍華·薩斯頓，四十年來憑藉他驚人的魔術絕技，贏得了無數的觀眾，他走遍了世界各地，約有六千萬觀眾觀看過他的表演，這使得他有了二百萬美元的演出收入。在百老匯演出時，我曾有幸在他的化妝室進行過採訪，並和他促膝交談了一個晚上。

與在薩斯頓先生聊天的過程中，我問了他事業成功的訣竅。他告訴我，自己幼年時就離家出走，四處流浪，沒有上過學；有逃票乘火車，在鄉間的柴草堆裡過夜，挨家挨戶地討飯的生活經歷。他能夠識字是由於他經常看鐵路兩邊的露天廣告。

薩斯頓先生天生就有高人一等的魔術天賦嗎？沒有！這是他本人親口告訴我的。雖然當下有關魔術知識的書籍出版了幾百本，但是，能夠和薩斯頓一樣有高超魔術技能的人，最多也不會超過幾十個。薩斯頓先生之所以能夠成功，是因為他在表演中有兩項別人沒有的優勢。

這兩項優勢是：獨特的人格魅力，以及懂得如何取悅觀眾。他表演時的每一個動作，說話的音調，都是經過精心設計、嚴格排練的，這使得他在演出時舉止優雅，動作敏捷而迅速，反應靈活到位。

除此之外，薩斯頓先生對如何與他人相處的技巧，有濃厚的興趣。他說，許多魔術師表演的心態是：看我表演的都是些鄉巴佬、傻瓜，我只需好好欺騙一下他們就夠了。而他卻完全不是這樣的，薩斯頓告訴我，他每次上臺演出前，都要對自己說這些話：「我要感激來觀看我演出的人們，是他們讓我過上舒適的生活，我一定要盡最大的努力，為他們表演好。」

他說，每當他走上表演舞臺之前，總要告訴自己：「我愛我的那些觀眾，我愛那些來觀看我表演的所有人。」這事情顯得可笑嗎？不符合人的邏輯嗎？你可以按照你的意願去想，而我只是把這個深受人們愛戴的著名魔術師待人處世的方式，不加評價地提供給你參考而已。

著名的歌唱家蘇蒙．亨克夫人也對我講述過同樣的事。在她事業成功之前，因為貧窮，生活環境惡劣，有一次她不堪忍受這樣的生活，還差點抱著剛出生不久的孩子一起自殺。雖然那個時期她窮困潦倒，但是她依然持續自己喜愛的歌唱事業，經過不斷的個人努力，最後她獲得了成功，成為轟動一時的歌唱家。她告訴我，她之所以能夠成功，那是因為她對怎麼與他人相處，與如何贏得觀眾喜愛等為人處世上的技巧產生了濃厚興趣的結果。

事業上有驚人成就的老羅斯福總統深受人民的愛戴，這與他在平常的工作和生活中和他人友好相處的、關心他人的生活習慣密切相關。甚至連為他做日常服務的工作人員，也與他有深厚的感情。為他工作過的貼身男僕詹姆士．愛默士，在他自己撰寫的《西奧多．羅斯福：僕從的英雄》一書中，曾為人們講述過一則感人的故事：

我從來沒有看見過鵪鶉，有一次向羅斯福總統詢問這種鳥的樣子，總統不厭其煩、詳細地為我講解了多次。這件平凡的事過去不久的一天，我家的電話突然響起來——當時，我和我妻子就居住在總統牡蠣灣住宅內的一間小房子裡。我妻子接的電話，打電話過來的是羅斯福總統，他在電話裡告訴她，在他們家的窗外就有一隻鵪鶉，要是她有時間去看的話，就可以看到她一直想了解的那種鳥了。

在日常的生活和工作中，關注每一件細小的事物，友善地對待每一個在自己身邊的人，這正是老羅斯福總統的人格魅力所在。愛默士在書裡寫道，當他經過我們屋子的時候，無論是否看到我們，我們總能夠聽到「嗨，愛默士！」「嗨，安妮！」那讓人親切的打招呼聲。

像老羅斯福總統這樣的人，在生活和工作中怎麼會不讓身邊的工作人員喜愛他呢？誰又會在心理上去拒絕一個時刻關注自己的人，而不去喜歡他呢？

老羅斯福總統在白宮任職的時候，真誠地對待在他身邊工作的每一個人，甚至做雜務的女工，他也能夠準確地叫出她的名字並問好。曾任美國新聞記者的陸軍軍官亞契・巴特在他的回憶錄裡有過這樣的記述：

一天，離任的羅斯福總統去白宮拜會塔夫特總統時，恰巧塔夫特總統與夫人有事外出。

他看到在廚房裡工作的女傭愛麗絲時，問她現在是不是還經常做玉米麵包。愛麗絲告訴老總統，現在不經常做那種麵包了，因為塔夫特總統的家人都不愛吃，即使有時做一些，那也是為傭人們做的。

羅斯福總統聽後，用他洪亮的聲音告訴她說：「他們不吃，那是他們沒有這樣好的口福。我見到塔夫特總統時，一定會告訴他，玉米麵包是種美食。」

愛麗絲從廚房拿了塊玉米麵包給羅斯福總統，他邊走邊吃地向塔夫特總統的會客廳走去，在經過園丁等工作人員身邊時，向每一個人打招呼問好……

羅斯福總統那天和在白宮工作的每一個員工打招呼，並親切地與他們交談，就像他以前在白宮做總統時所做的一樣。有一位老傭人在回憶那天的情形時，眼含淚花地說：「這是我這幾年在白宮工作以來最快樂的一天了，這樣令人愉快的經歷，即使我們中有人想拿一百美元來換取，我也不會答應。」

著名的哈佛大學校長查爾斯．艾略特，在日常的生活和工作中，也有關心、愛護他人的良好習慣，因此，他贏得了哈佛大學裡所有師生的歡迎與愛戴。下文就是艾略特博士待人處世的一個事例——

有一次，哈佛大學一年級學生克列頓去校長辦公室領取五十元貧困學生助學貸款。後來，他回憶說：

我拿到助學貸款後，內心充滿感激，正當我要離開辦公室時，艾略特校長叫住我，對我說：「請坐一下……我聽說你經常在學生宿舍自己做飯，要是你覺得那樣做能夠吃得好，我並不認為那是件不好的事，我自己在讀大學的時候就曾經那樣做。」聽了艾略特校長的話後，我感到非常驚訝，他接著又對我說，「你是否嘗試過做肉餅，要是你能夠把它弄得又熟又爛，那一定很好吃的，我在讀大學的時候，就非常喜歡吃這個。」然後，他向我說明這道美食的材料和詳細步驟。

得出如此的經驗，是由於我多年潛心研究怎麼與他人相處的結果：如果我們在日常的生活和工作中，做到真心地關愛他人，那麼，即使是全美國工作最忙的人，也會因感動而與我們合作。下文我舉個例子：

幾年前，在布魯克林藝術與科學協會，我曾舉辦過一個以小說寫作為主題的講習訓練班，當時，我們希望能夠請到凱瑟琳·諾里斯、赫斯特、塔貝爾、杜溫、休斯等當時的著名作家，來講述他們寫作的經驗。就這樣，我與訓練班的學生們聯名寫信給他們每個人，說我們是如何地喜歡他們的作品，誠懇地希望他們在有時間的時候來我們訓練班，講述他們成功寫作的經驗與訣竅。

在每一封信上，都有我們這個訓練班一百五十名學生的簽名。並且我們還在信中寫道，我們知道他們工作一定很繁忙，他們沒有為我們演講的多餘時間，因此，我們在每一封信裡都附上一張關於他們如何寫作的問題表，請他們在有時間的時候填寫好寄回給我們。這些作家非常喜歡我們在這件事上的做法。於是，他們都抽出時間從老遠的家中趕來布魯克林，為我們做了有關寫作的專場演講。

使用同樣的方式，我們還成功地邀請到老羅斯福總統執政時期的財政部長、塔夫特總統執政時期的司法部長等其他的許多名人，來我們訓練班做了他們的專場演講。

在這個世上，無論是屠夫、麵包師，或者高高在上的國王，無論是誰，都喜歡尊重他的人。一戰時期的德國皇帝威廉就是這樣的一個例子。第一次世界大戰結束後不久，全世界所有人都認為世界大戰的罪魁禍首就是德皇威廉二世，在他逃亡到荷蘭之後，就連德國人也不原諒他。因殘酷戰爭而憎恨他的人何止千百萬，有的人甚至還想把他抓來碎屍萬段。

在到處都遍布著對威廉的憎恨的時期，一個小男孩的一封簡單而又充滿欽佩之情的信件，讓這位威廉皇帝大為感動。他立刻邀請這個小男孩與自己見面。陪同小男孩前去晉見威廉皇帝的，是他的母親——後來，威廉皇帝就和這個孩子的母親結了婚。從這個事例上可以看出，有的人根本不需要看那些關於如何結交朋友和影響他人的書籍，天生就知道自己在生活和工作中應該怎麼做。

愛德華親王還是英國王儲的時候，有一次他準備周遊南美洲，在出發之前，他花了很長一段時間學習西班牙語，這麼做的目的，是讓自己到時能夠直接與南美各國人士順利溝通。因此，在他到達南美洲的時候，受到了那裡所有人的熱烈歡迎與愛戴。如果我們想為自己贏得朋友，我們首先要做的是為他們著想，體恤他們的感受，無論為此花費多少時間都是值得的。

在這些年裡，我認真地向我新認識的朋友打聽，並隨後記住了他們的生日。當然，我不是為了研究星相學才這樣做的。那麼，我在這件事上是怎麼做的呢？

首先，我和新認識的朋友見面閒聊時，問他們是不是相信出生日期與人今後的性格、個性、喜好有關係；然後，我請他們告訴我他們出生的年月日，然後牢記住這個日子。在他們走後，我就將他們的姓名、生日記錄到我的一個筆記本上去。

就這樣，在這幾年裡，我養成了在每一年的年初，將那些記錄在筆記本裡的朋友生日，分別謄寫到我辦公桌上的桌曆裡去的習慣。每當到了這些朋友的生日那天，我就會寫封祝福信函，或者打封祝賀電報。朋友在生日裡接到我的賀電或信函時，他會非常高興，因為除了他的親人，在這個世界上還有一個人——我，在他生日那天送去了祝福。

對他人熱情、友好的處世態度，是讓我們獲得朋友最快捷的方式。如果有人打電話給我們，我們也應該如此，並在剛接通電話的時候，用熱情親切的語氣說：「嗨，你好！」許多公司也會訓練他們的電話接線生，除了語氣熱情地問候所有的來電者之外，要再向對方說一聲「很高興為你服務」。

在我們的日常商業活動當中使用這種處事方式有成效嗎？這是可以肯定的，現在，我就可以隨口舉出很多例子來，為了不浪費大家寶貴的時間，在這裡我就舉兩個例子。

查爾斯．沃爾特曾就職於紐約一家聲譽極佳的銀行，有一次，他被指派去調查一家與他所在的銀行有業務來往的公司的財務狀況。在多方調查之後，沃爾特得知另一家實業公司的經理對他所要調查的那家公司的財務狀況非常了解，可以為他提供所需的資料。因此，沃爾特立即就去拜訪這位了解情況的經理。在沃爾特剛被人引進經理辦公室的時候，一名年輕女子從門外探進頭來，對那位經理說，這幾天她那裡沒有什麼好郵票給他。

這位經理朝那年輕女子點了點頭，接著對來訪的沃爾特解釋道：「我在為我十二歲的孩子收集郵票。」

沃爾特坐下後，就對這位經理說明他的來意，隨後對他提出自己感興趣的問題。可是這位經理卻含糊其詞，籠統而不著邊際地應付了沃爾特一陣，很明顯，他是不想把他知道的告訴沃爾特。之後，無論沃爾特怎麼努力，那經理就是絕口不談。這次見面就這麼尷尬地結束了。

查爾斯．沃爾特也是我講習訓練班裡的一個學員，當時他對我們說：

說真的，當時在這樣的情形下，我真不知道自己該怎麼辦才好。後來，在我感到無能為力的時候，我突然想到那天經理的那位女祕書跟他的對話，郵票、十二歲的孩子，與此同時，我還想到了我們銀行外匯兌換部，因為業務的關係經常與世界各地銀行通信，有不少罕見的外國郵票。我想，這些郵票現在可以派上用場了。

次日下午，我帶上從銀行外匯兌換部弄來的郵票去見那位經理，同時在他約見我之前，透過他的祕書轉告他，我這次特意為他兒子帶來了很多郵票。你們猜，這次我是否受到了很熱情的歡迎呢？那肯定理所當然了。我一進門，這位經理就滿面笑容地迎上來，緊握我的雙手。在他看到我帶來的這些郵票的時候，一再跟我說：「唔，我兒子喬治肯定會喜歡這張，看，這張更稀少，這是我們平日裡很難找到的……」

這次我與這位經理的見面相當友好，談話也很投機。我們談了半個鐘頭關於集郵方面的事情，他還拿出他兒子的相片給我看。這之後，不等我開口，他就回答了我感興趣的所有問題。並且，他還花了一個多小時的時間，為我詳盡地提供了這次調查所需要的各方面資料。他還叫來公司裡熟悉這個問題的職員，詢問他自己所不了解的情況，又打電話問了一些知情的朋友，使我對自己受命所要調查的那家公司的財務狀況有了深刻的了解。

以下是另一個我參與過的真實例子：

克納福在費城一家煤炭廠做推銷員，很多年以來，他一直想把自己所在的煤炭廠的產品，推銷到一家在全美很有影響力的聯營百貨公司去。但不知道是什麼原因，這家聯營百貨公司始終不買他的產品，而向費城市郊的一家煤炭廠購買。況且，那家聯營百貨公司每次運煤時，又正好從他辦公室的門前經過，這讓他感到非常生氣。為此，克納福在我的訓練班上課時大發牢騷，並大肆斥責聯營百貨公司的壟斷，對國家以及社會造成了潛在的危害。

雖然他嘴上這樣講，但還是不甘心事情的結果仍是如此。為什麼他在那家聯營百貨公司推銷不了自己的產品呢？

為此，我勸他採取另一種方式推銷他的煤炭產品，我把訓練班的學員分成兩組，就克納福所面臨的問題舉行了一場辯論會，主題為「聯營百貨公司的業務壟斷對於國家與社會的危害」。

克納福接納了我的建議，參加這次辯論會反方的那一組，並且同意為那家他反感的聯營百貨公司辯護。辯論會之前，我建議他直接去見那個不買他產品的聯營百貨公司主管採購的負責人。

克納福在見到那個負責人時，馬上就開門見山地對他說：「我這次來不是向你推銷我的煤炭產品的，我現在有件事情想請先生幫個忙……」隨後，他把這次的來意告訴這個負責人，接著請求他說：「因為我想不到除了得到你的幫助外，還有其他的方式可以讓我在這次辯論中獲勝，因此，我希望你能夠為我提供更多的相關資料。」

下面就是克納福向我描述的關於那次約見的情況：

那天我去那家聯營百貨公司，要求見那個負責人的時候，我讓他的祕書轉告那個負責人，請他給我一分鐘的談話時間，這樣那個負責人才答應與我見面。當我對他說明這次的來意後，他請我坐下。其結果就是我和這個負責人，在他的辦公室裡會談了一小時四十七分鐘。他還打電話給另一家聯營百貨公司中寫過相關書籍的高階職員，向那人索取了相關的資料。這次會談之後，他又寫信給全美聯營百貨公司公會，為我找來有關這方面的辯論記錄。

在談到他所在的聯營百貨公司時，他覺得自己所在的公司已經做到了為社會服務的宗旨；他對自己現在的工作感到滿意和自豪。當他談到這些的時候，我看見他的眼神放射出熱忱的光芒。這讓我感到驚訝，我現在必須承認我開拓了自己的眼界，這次拜訪讓我看到了做夢也看不到的事，它讓我改變了以前對這個負責人的看法。

當我離開他的辦公室時，他親自把我送到公司門口，並把他的手放在我的肩膀上，預祝我在這次辯論會上取得勝利。最後，他對我說：「明年春末你再來，我願意訂購你們廠的煤炭產品。」

這件事於我個人而言，不是什麼奇蹟，因為在這次拜訪中，我並沒有向他推銷或央求他訂購我所在公司的煤炭產品，可結果卻是他主動要向我訂購。我想，是我的真誠感動了他，而且，我真心地幫他解決他遇到的問題。在這次近兩個小時的拜訪中，我在他那裡取得了比我在這十年裡多得多的進展。原因是我以前只關心我自己和我推銷的產品，而現在我所關心的，卻是他和他所關心的問題。

克納福發現的真理並不是新的，早在耶穌基督誕生前的一百年，著名的古羅馬詩人普布里利亞·西魯斯就曾說過：「要想讓別人對我們感興趣，我們必先對別人感興趣。」

因此，你要想讓別人喜歡上你，你必須遵守的第一項原則就是：

發自內心地對他人以及他所從事的事情感興趣。

如果你想擁有在生活和工作中令他人著迷的人格魅力，以及使他人愉悅的個性，並在人際上擁有更有效的技巧，我建議你去書店買一本林克博士寫的《回歸宗教》。

你不要一看到這本書的書名就內心恐懼，心生反感，我要明確地告訴你，這可不是一本滿紙說教的書。

寫作此書的作者林克博士，是一位著名的心理學家，他曾親自會見三千多名自認為內心苦悶的人，指導並解答過他們關於人格、個性等諸多心理問題。

林克博士曾告訴我，他的這本書還可以更名為《如何豐滿你的人格》，因為他這本書討論的問題就是關於人格的。因此，我深信你在閱讀這本書時不難發現，它是一本寫得簡潔明快而又新穎有趣的書。

”真誠地關心他人！“

贏取友誼與影響他人實踐清單

- 是否有將「真誠地關心他人」帶入你的日常生活中？
- 在閱讀下一章前，是否把本章認真地閱讀過兩遍以上？
- 閱讀中是否經常停下來反思自己，並思考如何將書中的每一項建議應用到實際生活中？
- 你覺得這章的哪些字句對你有啟發作用？
- 這個月你複習過這本書了嗎？
- 最近是否有出現可以應用「真誠地關心他人」的時機？應用後的結果如何？
- 是否請朋友監督你，要求他們發現你違反某項原則時，適時地提醒你？
- 自己在這一週裡做錯了哪些事？哪些地方有待進步？該如何改進？
- 請將這一實踐經歷寫入記事本裡。

2 留下好的第一印象

最近，我參加了一個在紐約舉行的宴會。會上，有一位不久前剛剛得到一筆遺產的婦人，身穿昂貴的貂皮大衣，身上裝飾著珍珠和鑽石，或許是想在外表上給人們帶來好印象。然而，她的臉上沒有一點愉快的表情，顯得自私而苛刻。她不知道，愉快的表情能夠讓一個女人顯得更有氣質，更會讓男人傾心，這是單靠華麗的裝扮所無法達到的。

舒瓦伯對我說過，他的微笑值一百萬美元。他想表達的，也許就是這個道理。舒瓦伯的人格魅力和非凡的才能決定了他現在的成就，而他那讓人動心的微笑，便是他最大的魅力。

有一天，我用了一個下午的時間去拜訪知名演員莫里斯・雪佛萊。他不愛說話，和我以前所想像的完全不同，這讓我從見面的一開始就很失望。直到他露出微笑的一瞬間，氣氛才立刻明朗起來，和之前一點都不一樣了。如果不是因為那一瞬間的微笑，雪佛萊恐怕現在還在巴黎繼承他父親和兄長的行業，做一名木匠。

一個人的行動比言語更有影響力，一個人的行動，比他所說的話，更具表現力。人們面帶微笑，就好像是在說：「我喜歡你，你讓我感到愉快，能夠見到你，我覺得非常高興！」

為什麼狗這麼惹人喜歡？我相信，這也是出於同樣的原因，牠們如此喜歡親近我們，牠們見到我們的時候，那種開心的樣子是發自內心的，一點都不做作，所以人們見到牠們，也是同樣的愉快。

而虛假的微笑又是什麼樣子的呢？微笑應該是發自內心的，虛假的微笑是機械的，應付別人的，也就是我們常說的皮笑肉不笑，任何人都能看出其中的虛假，並且深深地厭惡它。

紐約一家規模很大的百貨公司的人事部主任，對我談起過這樣的事情。他說他從來都不僱用一個表情冰冷刻薄的博士，而寧願僱用一個小學都沒有畢業，但是有燦爛笑容的女孩。

美國一家很大的橡皮公司的董事長對我說，根據他的經驗，一個人是否對自己的事業感興趣，決定了他能否在這項事業上取得成功，單憑苦心鑽研，恐怕無法取得成功。

「有些人是帶著很大的興趣開展一項事業的，他們對這項事業充滿了信心和希望，所以，在一開始，他們能夠取得一些成就；但是時間長了，他們逐漸感到厭倦和反感，對自己的工作再也提不起興致，他們的成績也逐漸下滑，最終導致失敗。」

你以令人愉悅的表情去面對別人，別人也會用相同的態度來對待你。

我曾經在訓練班上向眾多商業界人士提出這樣的建議：每一天，無論任何時候，無論遇到誰，都露出一個發自內心的微笑，一週後回到訓練班來講講自己從中得到的收穫和感想。下面是在紐約證券交易所工作的威廉．斯坦哈特先生寫來的信，他的情況並不特殊，甚至可以說是隨處可見的。

我結婚已經十八年了，這十八年來，每天早上，我從起床到離開家去上班的時間裡，從來沒有對我的老婆展現過笑容，也不會說什麼。

你讓我們就微笑的力量做演說，於是我就按照你所說的，試著做了一星期。隔天清晨，我對著鏡子洗漱的時候，看見自己冷漠的臉，我對著鏡子提醒自己：「比爾，你的臉硬得像石頭，你今天必須鬆開你的眉頭，露出笑容來，現在，立刻就要做到。」吃早餐的時候，我面帶溫和的笑容，親切地對我的老婆說：「親愛的，早安。」

你曾經說過，當我們這樣做的時候，我們身邊的人一定會感到很驚訝，但實際上，他們不只是驚訝。那一刻，她覺得非常疑惑，呆住了，我知道，那是因為我的表現給她帶來了出乎意料的快樂，這是她期待已久的。這兩個月以來，我家的氣氛和以前大不一樣了。

現在，每當我坐電梯到辦公室時，都會向電梯員微笑問好，對司機和銀行櫃檯的工作人員也是微笑面對。在交易所裡，見到那些不相識的人，我也一律致以真誠的微笑。

沒過多久，我發現每個人見到我時，也面帶笑容了。我以溫和關懷的態度對待前來向我訴說煩惱的人，在不知不覺中，他們遇到的煩心事也變得不是那麼難以解決了。我發覺微笑給我帶來了豐厚的財富，數之不盡。

我的辦公室是和另外一個經紀人合用的，他僱用了一名優秀的年輕職員，自從我學會了微笑待人，那名年輕職員也逐漸與我親近。這一切讓我感到快樂和自豪，所以我也向那個年輕人講解了人際關係學這一新的處世哲學。那名年輕職員曾經對我說，他剛到這個辦公室工作時，覺得我是一個嚴厲而且脾氣壞的人，而最近他已經完全改變了對我的看法。他說：「你笑起來的樣子很親切，我也要學著不再批評指責別人，而去多多讚美別人。我再也不會只表明自己的需求，而是學會站在別人的立場思考問題。環境的變化讓我的生活也發生了變化，現在我比以前更加快樂富有，好像重生了一般。」

你要牢牢記住，這封信是一位出色的股票經紀人寫的，他有豐富的閱歷。如果想在紐約證券交易所以買賣證券謀生，沒有足夠的專業知識是做不到的，很少有人能勝任這項事業，一百個人中有九十九個會被淘汰。

你覺得很難笑出來嗎？那該如何是好呢？你不妨試試以下兩點：一是強迫自己微笑，自己一個人待著的時候，哼下歌，吹下口哨，讓自己放鬆，愉快起來，即使你不快樂，也假裝很快樂，慢慢地，你就會真的覺得愉快起來了。心理學家和哲學家威廉·詹姆斯是這樣說的：

一個人的行動應該跟隨著他自己的感受。但實際上，行動和感受是並肩而行的。所以，當你想快樂起來時，可以強迫讓自己快樂起來，這樣就真的可以快樂起來。

每個人都想得到快樂，都在尋找得到快樂的方法，有一個方法可以讓人快樂起來，那就是明白快樂是發自內心的，不是外界給予的。

無論你現在擁有什麼，無論你是誰，身處什麼境地，也無論你的職業是什麼，只要你真的想快樂，你就可以快樂起來。現在有這樣的例子：有兩個人，他們的職業和地位都相同，薪水也一樣，但其中一個過得輕鬆快樂，另外一個卻總是滿臉憂愁，這是為什麼呢？很簡單，他們各自的心情不一樣。

莎士比亞曾經說過這樣的話：「好的東西和壞的東西本來是沒有區別的，只是因為每個人的想法，讓它們有了不同。」

林肯也曾這樣說過：「大部分人的意念決定了他們是否快樂。」他的話很對，最近，我為這句話找到了一個驗證的例子：

有一次在紐約，我正沿著長島車站的岩石階梯向上走時，看到前面不遠的地方有三、四十名行動不便的身障兒童，他們正拄著枴杖很吃力地沿著臺階一級級攀登，有的甚至還需要別人抱著上去。可那些身障孩子臉上充滿了快樂的歡笑，這讓我感到非常震驚。

在這不久之後，我找到了管理這些孩子的學校老師，在談及那件事情給我的感受時，這位老師對我說：「當然，在一個小孩子意識到自己將要終身殘障時，他內心會感到難受與不安。可在這種不安和難受過去之後，他也只好聽天由命，在將來的生活裡繼續尋找快樂。就像現在這樣，他們的快樂並不比一個行動正常的兒童少。」

這件事給我深深的觸動，讓我從內心對這些身障孩子保持了永久的敬意，因為他們給了我一個難以忘懷的教訓。

在女演員瑪麗．畢克馥準備與范朋克離婚的那段時間，有一個下午我與她待在一起。當時人們也許覺得她會因此心情複雜、難受，但事實並非如此。那個下午，她在我面前依然神情鎮定而安詳，心情也相當愉快。她是怎麼做到的呢？那就是，事情既然已經如此，自己就沒有必要去自尋煩惱，而應該忘記這一切，在心底尋找快樂。

當今美國最成功的保險業務員法蘭克．貝特格，過去是一個棒球隊裡的三壘手，你認為他有事業成功的訣竅嗎？當然有，經過多年對如何和他人相處的研究之後，他發現對他人微笑的人永遠會受到人們的歡迎。這些年以來，他已經養成進入辦公室前在門外停留片刻的習慣，他利用這個短暫的時刻在記憶裡找出讓自己心情愉快的一兩件事，直到臉上湧現出一絲發自內心的微笑，才走進辦公室。

因為他相信，對他人微笑雖是件微不足道的小事，但與他從事的保險業務有莫大的關聯，甚至能夠幫助他在業績上取得巨大的成就。

現在，讓我們再看一下出版商暨作家的阿爾伯特．哈伯德，為我們提供的關於在日常生活、工作中如何與人相處的建議——千萬不要忘記，學習這些之後，你必須在日常生活當中靈活地運用，否則你只是學習理論，它對於你依舊是沒有什麼用的。

他的建議如下：

每天，從你走出自己家門的那一刻開始，抬頭挺胸，把你的下巴往內收，讓你的胸腔肺葉裡充滿新鮮空氣。每當你遇見一個朋友，與他握手時，必須全神貫注地把你的祝福與愛傾注於你的手掌裡。不要怕他人誤解，不要想那些讓自己不愉快的事情，更不要讓和你敵對的人進入你的意識中，就這樣，認真地跟你的朋友握手。

一定要在內心確定你喜歡做的是什麼，之後，勇往直前地行動起來。只有你集中全部的精力在自己喜歡的事業上，在以後的歲月裡，你才會發現所有的機會都沒有從你的手中溜走。

要時刻把自己當作一個有能力做好一切事情，對待他人誠懇熱心又有益於整個社會的人。只有這樣，你才會時刻提醒自己改掉身上不良的習性，將自己逐漸改造成一個充滿迷人魅力的人。你還必須知道，個人的心理暗示能夠形成一股強大的力量。

在生活中要讓自己始終保持一種誠實、勇敢、樂觀的良好心態，因為良好的心態能夠激發人的創造力。理想和欲望成就了很多事情，凡是你真正想要並且為之努力的，都會有所收穫，我們只需要將渴望埋藏在心裡，就一定能夠得到想要的。所以，要放鬆心態，相信自己的力量。

中國的古人是有無限智慧的，他們說過很多格言，其中有一句，你甚至應該將它寫在帽子裡面，以便隨時能夠看到，這句格言是「和氣生財」，意思是：如果你不能面帶笑容，那麼千萬不要做生意。

談到做生意，弗雷克·依文在考林公司工作時，曾為他們寫過這樣幾句富含深刻哲理的廣告詞：

在耶誕節露出微笑：

這讓你付出很少卻得到很多。

這讓得到它的人受益匪淺，付出的人也毫無損失。

它轉瞬即逝，帶來的美好卻是永恆的。

富人需要它，窮人因它致富。

它為家庭帶來歡樂，為交易帶來良好氣氛。它讓疲勞的人得到安慰，讓失去信心的人得到力量，讓悲傷的人得到幸福，讓天地豁然開朗，它買不著，要不來，借不到，想偷都不知道去哪裡偷。你不給予，沒有人會得到它。

耶誕節最後的忙碌時間裡，我們的店員也許是因為太累了，來不及把他們的微笑送給你，那麼，你是否願意將自己的微笑留給他們？

因為沒有給他人微笑的人，自己更需要他人的微笑。

所以，如果你想讓人人都喜愛你，你要做到的第二項原則是：留下好的第一印象！

"保持微笑！"

贏取友誼與影響他人實踐清單

- 是否有將「保持微笑」帶入你的日常生活中？
- 在閱讀下一章前，是否把本章認真地閱讀過兩遍以上？
- 閱讀中是否經常停下來反思自己，並思考如何將書中的每一項建議應用到實際生活中？
- 你覺得這章的哪些字句對你有啟發作用？
- 這個月你複習過這本書了嗎？
- 最近是否有出現可以應用「留下好的第一印象」的時機？應用後的結果如何？
- 是否請朋友監督你，要求他們發現你違反某項原則時，適時地提醒你？
- 自己在這一週裡做錯了哪些事？哪些地方有待進步？該如何改進？
- 請將這一實踐經歷寫入記事本裡。

3 記住別人的名字

一八九八年，在紐約郊外的羅克蘭郡發生了一樁悲劇。那一天，村裡為一個去世的小孩舉行葬禮，全村的人都準備去送葬。吉姆·法利也在送葬行列裡，他到自家馬棚牽出一匹馬，因為那時正是冬天最冷的時候，雪下得很大，馬被關在馬棚裡好幾天，所以一被牽到外面，很興奮地在地上打轉撒歡，高高抬起兩條前腿，吉姆·法利想馴服馬，卻一不小心被馬踢到，倒在地上死了。就這樣，那一個星期裡，羅克蘭郡舉辦了兩場葬禮。

吉姆·法利死後沒留下多少遺產，他的妻子和三個孩子從他那裡只得到了幾百元的保險金。

當時，吉姆·法利的長子小吉姆只有十歲，家庭的貧困促使他去一家磚廠工作。他把泥沙搬運到磚瓦模裡，壓成型，然後再運送到烈日下晒乾。因此，小吉姆失去了接受更多教育的機會，但他血脈裡有愛爾蘭人豁達開朗的性格，讓周圍所有人都很喜歡他。這種經歷使得他在以後的政治生涯中，逐漸養成將每一個曾見過面的人的名字牢牢記住的能力。

這個從來沒有上過初中的人，在他四十六歲時，卻已經被四所大學授予榮譽學位；還曾當選過民主黨全國委員會主席，出任過美國郵政局局長等職務。

出於好奇，我曾專程拜訪過小吉姆．法利，並請求他告訴我成功的祕訣。他簡潔明瞭地用四個字告訴我：「能夠吃苦！」當然我不會對他的回答滿意，於是，我對他搖著頭說：「你在開玩笑，吉姆先生！」

他見我這樣說，就反問我：「卡內基先生，那麼你認為我成功的原因是什麼呢？」

「我知道你，吉姆先生，你有種神祕的能力，可以隨口叫出一萬個人的名字。」

「不，卡內基先生，你錯了！」他更正我的話說，「我現在至少能隨口叫出五萬個人的名字。」

不要對吉姆有超人的記憶力感到驚奇，他正是靠這種能力，幫助富蘭克林．羅斯福進入白宮做總統的。

在吉姆還是一家公司的推銷員時，他還兼任羅克蘭郡的公務員，那個時候他就為自己建立了一套記住他人名字的方法。

他的這套方法使用起來並不複雜，那就是每當他認識一個新朋友的時候，問清楚對方的名字，家裡有幾口人，那個人的職業以及他的政治觀點，然後，把這些情況牢記在腦海裡。下次再見到這個人時，即使這次見面是在一年之後，他也能夠拍著這個人的肩膀，詢問對方的妻兒，甚至那人後院花草的情況。

在羅斯福競選總統的活動開始前的幾個月裡，吉姆每天都要寫好幾百封信給遍布美國西部和北部各州的朋友。隨後，他又在十九天內，搭乘火車走遍美國二十個州，行程一．二萬英里，有時以馬車、汽車、輪船代步。他每到一個地方，都要找熟人、朋友一起吃早餐或午餐，喝茶或吃晚飯，做一次極為誠懇的談話後，再踏上下一站的旅程。

他一回到東部，就立刻寫信給這次旅程經過的每一個城鎮裡的朋友，向他們索要一份所有與他談過話的人的名單，然後整理出來。按照這份名單，給成千上萬的新朋友每人寫一封私人信件。這些信件都是以「親愛的××」開頭，結尾處總簽上「您的朋友：吉姆」。

吉姆早年就在與他人交往時發現了一個祕密，那就是：所有人對自己的名字，比對地球上所有的名字加起來還要感興趣。記住他人的名字，並且能在見面時輕易地叫出來，這就等於給對方一個巧妙的讚美。如果把一個人的名字寫錯，或者叫錯，這不但會讓對方感到難堪，而且還會讓自己處在非常不利的位置。

有一次，我在法國巴黎開設了一個關於如何在公共場所演說的課程，給該地區所有的美國人郵寄一封複印信件。我僱用的法國打字員顯然不怎麼熟悉英文，在填寫姓名時經常打錯字母。我的學員裡有一位是美國駐巴黎銀行的經理，寫了封信責備我，原因是他的名字被拼寫錯了。

有個人被叫做「鋼鐵大王」，自己對鋼鐵的製造卻懂得很少，而替他工作的成百上千的人，都要比他了解鋼鐵。這個人就是安德魯・卡內基。

安德魯・卡內基之所以能夠發財致富，是因為他懂得如何為人處世。他很早就顯現出高超的組織能力與領導他人的才華。在他十歲左右，他就已經了解了人們對於自己的名字非常看重的事實。有了這一了解，他在生活裡加以利用，從而贏得了很多與他人合作的機會。

下面是安德魯・卡內基童年的一個故事。他在蘇格蘭度過他的孩提時代，有一次，他在草叢裡捕獲一隻母兔子。餵養不久後，這隻母兔生下了一窩小兔，但他沒有食物可以餵養牠們。於是他想出一個絕妙的主意，他對附近的小夥伴說，如果他們有人能夠找到足夠的食物餵飽小兔，他就用他們的名字為小兔命名。這個方法太靈驗了，安德魯·卡內基一直牢記在心裡。

很多年之後，他從事商業活動，經營過多種事業，也使用類似的手段，使得他從中獲得了幾百萬美元的利潤。比如，他想和賓夕法尼亞鐵路公司合作，而艾格·湯姆森那時正是這家公司的董事長。安德魯·卡內基就在匹茲堡建立起一座巨大的鋼鐵工廠，並取名為「艾格·湯姆森鋼鐵工廠」。

你猜，當賓夕法尼亞鐵路公司要採購鋼軌時，艾格·湯姆森會將自己手中的訂單交給誰？答案不言而喻。

安德魯·卡內基在經營小型汽車業務時，有一次與喬治·普爾曼爭奪鐵路臥鋪車廂訂單，他再一次想起那隻兔子給予的啟示。

當時安德魯·卡內基控制的中央交通公司，正因為想得到聯合太平洋鐵路公司的訂單，和喬治·普爾曼所負責的那家公司你爭我奪，大殺其價，以致在這樁生意裡雙方毫無利潤可言。因此，卡內基與普爾曼都去了紐約遊說聯合太平洋鐵路公司的董事會。一天晚上，他們突然在聖尼古拉飯店相遇了，安德魯對普爾曼說：「晚安，普爾曼先生，現在的情況是不是我們在出自己的洋相？」

「你這樣說是什麼意思？」普爾曼反問卡內基。

於是，安德魯．卡內基把他內心的想法跟普爾曼講開來——他希望他們兩家公司合併，這樣他們之間不但沒有了競爭，而且還可以在業務上獲得更大的利益。普爾曼很認真地聽著，但並沒有完全接受。在要結束這次談話的最後時刻，普爾曼問道：「這家新的公司，你準備叫什麼名字呢？」安德魯馬上說：「當然，那肯定叫做普爾曼皇家臥車公司。」

這個時候，普爾曼原本嚴肅的神情一下子就變得輕鬆了。「安德魯，到我的房間裡來，」他說，「讓我們坐下來，好好地談談。」就是這次談話改寫了一項工業史。

安德魯．卡內基成功的祕密之一，就是他這種記住以及重視朋友和商業夥伴名字的方式。他以自己能夠叫出每一個員工的名字為榮；他經常自豪地說，當他親任公司主管的時候，他所掌控的公司、企業從來沒有發生過員工罷工的事件。

人們對自己的名字如此看重，甚至不惜代價讓自己的名字在世間流傳下去。

即使是脾氣暴躁、盛氣凌人的馬戲團經紀人巴納姆先生，也曾為沒有子嗣繼承巴納姆這個姓氏而感到絕望苦惱。他甚至願意支付二．五萬美元給自己的外孫西利，如果外孫願意將自己的名字改為「巴納姆．西利」的話。

幾個世紀以來，貴族和有錢的商人都資助藝術家和作家，以求他們在作品裡表現現實中的自己。圖書館和博物館中一些極有價值的收藏，大都來自那些一心想把自己的名字流傳在世的人們。

多數人記不住他人的名字，那是因為他們從來不肯為此花費更多點的時間，在腦海裡重複這些名字。他們的藉口就是：「我太忙了。」但是，他們之中又有哪個會比富蘭克林．羅斯福總統更忙，這個偉大的人卻肯花費時間和精力牢記身邊每一個人的名字，甚至連一個只見過一次面的汽車機械師的名字也牢記下來了。具體情況是這樣的：克萊斯勒汽車公司為羅斯福專門製造了一輛汽車，因為是總統使用的，所以這輛汽車不同於其他汽車，很特殊。張伯倫帶著一名技術工人一起把汽車送到了白宮。張伯倫曾給我寫過一封信，在信中，他說：「我為羅斯福總統詳細地介紹了這輛汽車上的所有特殊裝置，並且教他如何駕駛，然而那天，他教給我的東西更多，我從他身上學會了為人處世的藝術。」

張伯倫描述了當時的情景：

我剛到白宮，總統就出來迎接我，他滿臉愉快的笑容，並且親切地叫出我的名字，這讓我非常高興。當我向他介紹汽車的每個細微之處時，他都全神貫注地聽著，他認真的樣子，我永遠都忘不了。

這輛車子經過精心設計，可以完全依靠雙手來駕駛。羅斯福總統在他的隨從圍繞車子參觀的時候，對他們說：「我認為這輛車的存在本身，就是個令人歎服的奇蹟。你只需在那個按鈕上按下，它就啟動了，根本就不必費力氣。實在是太完美了。我個人對於汽車製造的知識懂得太少，要是我有時間，我真希望把它一一拆開，看看它內部的動力結構是怎麼回事。」

當羅斯福總統身邊的朋友和工作人員讚美這輛車子的時候，他轉過身來對我說：「張伯倫先生，我非常感謝你為我設計出這樣一輛汽車，你花費了這麼多的時間和精力，這車子簡直太棒了。」他讚歎車子內部的冷卻器，特殊設計的後視鏡，車內的鐘錶和特殊的前燈，座椅上的椅套，駕駛者的座椅，車廂裡專門設計並刻有他姓名縮寫字母的行李箱。換句話就是，他關注每一個他清楚我花費不少心思的細節。

他還特意把各個零件指給羅斯福太太、柏金斯小姐、勞工部長和他的祕書們看。甚至叫來那個年老的黑人司機，說：「喬治，你要幫我好好照顧這些行李箱。」

在我把有關駕駛方面的資訊介紹完後，羅斯福總統帶著歉意對我說：「哦，張伯倫先生，到此刻為止我已經讓聯邦儲備委員會等待三十分鐘了，現在我必須回我的辦公室去了。」

那次我帶了名機械師去白宮。我們到達白宮時，這個機械師就被介紹給羅斯福總統。他沒有跟羅斯福交談過，總統也是頭一次聽到他的名字。這個機械師是個很靦腆的人，在這次會面期間一直躲在角落裡。但在我們離開白宮之前，羅斯福總統找到這個機械師，握著他的手，叫出這個頭次見面而且沒有交談過的人的名字，並感謝他來到華盛頓。他的言語發自內心，我想，在場的每一個人都能夠感覺出來。

回到紐約後不久，我就收到了一張羅斯福總統親自簽名的照片，以及寫了一小段話的致謝函。

富蘭克林．羅斯福清楚一個最簡單而又最重要的獲得他人好感的方法，那就是牢牢記住對方的名字，讓對方感覺自己受到了他的重視。但是，我們之中又有多少人能夠這樣去做呢？

在我們被介紹給一個陌生人認識的時候，也許我們能夠聊上幾分鐘，但是在說再見之後，我們多半都已經忘記了對方的姓名了。

要成為一個合格的政治家，他所需要學習的第一課就是：「牢記每個選民的名字。」記住他人的姓名在商業界和社交上的重要性，差不多和在政治上是完全一致的。

拿破崙的侄子法國皇帝拿破崙三世，在談到自己的記憶力時得意地說，即使日理萬機，他也能夠記住自己見過的每一個人的名字。

他能夠做到這點其實非常簡單。如果他和一個剛認識的人見面，自己沒有聽清楚對方的名字，他就說：「請原諒，我沒聽得太清楚。」要是他見到一個不常見的姓氏，又不知道怎麼拼讀，他就會請教別人：「這是怎麼拼的？」

在和人交談的時候，他會把這個人的名字在心裡反覆說上幾遍，同時試著把它與這個人的體貌特徵聯繫到一起。

如果這個剛認識的人在拿破崙三世看來是重要人物，他就會更進一步——在這人離開後，把他的名字寫在一張紙上，仔細地看，直到自己記住才將那紙撕掉。這麼做，他不僅在視覺裡對這個名字有了印象，而且在聽覺裡也有。

這些都是需要我們花費時間去做的，因此愛默生才這樣忠告我們：「一個人良好生活習慣的養成，都是由生活中一個個瑣碎的細節組成的。」

因此，假使你想獲得別人的喜愛，那麼第三項原則是：記住別人的名字。

”記住，不論說的是哪種語言，一個人的名字對他來說，都是最甜美、最重要的聲音。“

贏取友誼與影響他人實踐清單

- 是否有將「記住別人的名字」帶入你的日常生活中？
- 在閱讀下一章前，是否把本章認真地閱讀過兩遍以上？
- 閱讀中是否經常停下來反思自己，並思考如何將書中的每一項建議應用到實際生活中？
- 你覺得這章的哪些字句對你有啟發作用？
- 這個月你複習過這本書了嗎？
- 最近是否有出現可以應用「叫得出別人名字」的時機？應用後的結果如何？
- 是否請朋友監督你，要求他們發現你違反某項原則時，適時地提醒你？
- 自己在這一週裡做錯了哪些事？哪些地方有待進步？該如何改進？
- 請將這一實踐經歷寫入記事本裡。

4　領會傾聽的藝術

前不久，我的朋友帶我參加聚會玩橋牌。其實，我不知道怎麼玩橋牌，當天在場的恰好還有一位漂亮的女士也不會玩橋牌，她知道我曾經做過湯瑪士的私人助理，那時候，湯瑪士還未開始他的無線電方面的工作。我陪著湯瑪士到歐洲各地旅行，並記錄他在那段旅行期間沿途的所見所聞。那位漂亮的女士在得知我的身分後，說：「卡內基先生，你可不可以向我介紹一下你到過的地方，還有那裡的名勝和風景呢？」

我們坐在沙發上聊天，她說起了她最近和丈夫在非洲的旅行，我感歎道：「是非洲啊！那地方太有趣了，我一直都想去非洲玩，可是除了以前在阿爾及爾待了一天以外，再沒有到過非洲別的地方。妳能到那裡去，真是太好了，我太羨慕妳了，可以告訴我非洲有趣的地方嗎？有沒有妳特別喜歡的地方？」

那天我們聊了將近一個小時，對於我曾經的旅行，她不再感興趣，也沒有再提起。我知道，她需要的只是一個傾聽者，她希望看到別人對她的話題感興趣，這樣，她可以從中找到自己的價值。

這一點讓她顯得不同尋常嗎？不是這樣的，這是很多人都有的特點。

例如，我在紐約一家圖書出版商舉辦的晚宴上，認識了一位傑出的植物學家。在那之前，我認識的人中從來都沒有從事植物學方面工作的，我被他講的話深深吸引了，坐在旁邊全神貫注地聽他講植物學方面的趣事，有很多都是出乎我意料的奇聞。當我告訴他我在自己住的地方蓋了一間小型的室內花園時，他熱情地向我介紹了一些種植經驗。

那次宴會在座的有十幾個人，然而我單獨和這個植物學家聊了好幾個小時，幾乎把其他的人都忘掉了。

子夜，到了散會的時間了，我向到場的每個人告別，那個植物學家在宴會主人面前對我大加讚賞，說我非常能夠鼓舞人，還說我幽默健談，談吐很有紳士風度。我不敢相信他的話，整個晚上，我幾乎沒有開口說話，只是傾聽，而且如果他講的內容不像我聽到的那樣有趣，我也不知道該如何跟他交流，因為在植物學方面，我實在了解得太少了。

但是，我知道我已經認真傾聽了，並且發現他講的植物學的東西很有趣，他也感受到了我的興致勃勃，這讓他很高興。認真地傾聽是對他人的尊重，甚至是恭維。伍福特的《異鄉人之戀》中有這樣一句話：「幾乎沒有人可以拒絕專心關注中，所包含的恭維意味。」

我對那位植物學家說，他的指導讓我受益匪淺，我非常感謝他的招待，他擁有如此豐富的知識，我很希望能像他一樣。我期待能夠再一次和他相見，希望能夠一起去野外散步。

因此，他覺得我善於談話，實際上，我只不過是善於傾聽，而且在別人說話的時候，我善於鼓勵他們。

促使一樁生意成功的祕訣到底是什麼呢？哈佛前校長查爾斯．艾略特說：「生意上往來的成功並無奧妙可言，只要你專心聆聽對方，就這樣，沒有比聆聽對方說話更重要的了。」這個道理再簡單不過了，是吧？你不需要在哈佛學習四年，就能發現這個道理。

事實上，不少從事商業活動的人，他們租用昂貴地段的店面，降低產品成本，裝修流行摩登的櫥窗，在廣告上大量投資，而他們所僱用的店員是些從來就不願意聆聽顧客說話的人，他們經常打斷顧客的話，反駁有意見的顧客，甚至激怒顧客，好像要將顧客攆出大門才甘心。

我的訓練班中有個叫胡頓的學員，也經歷過這樣的事情：

有一次，我在紐澤西州紐華城的一家商城買了一套衣服。穿過那套衣服以後，我才發現它太糟糕了，上衣掉色得厲害，把裡面的衣服也弄髒了。

我帶著那套衣服回到那家商城，對當時接待我的售貨員說明情況。但實際上，我根本沒有辦法順利地把話說完，每次我想完整地說完一句話，那個伶牙俐齒的售貨員都會打斷我。

還沒等我把話說完，那個售貨員就插嘴道：「我們都已經賣出去幾千套這樣的衣服了，以前從來都沒有人這麼挑剔。」那個售貨員的語氣怪怪的，聲音大得幾乎整個商城都能聽見，好像要讓所有人聽見：「別撒謊了，妳以為我們是好欺負的嗎？那我就讓妳知道我的厲害！」

就在我們的爭論達到最激烈的時候，另外一個售貨員走過來說：「黑色的衣服一開始都會掉些顏色的，這是沒有辦法的事情，況且又是那個價位的，用的布料發生這種情況沒什麼稀奇的。」

我頓時怒火中燒。第一個售貨員質疑我的人品，第二個售貨員嘲笑我的品味，我氣得不行，正要破口大罵，那家商城的負責人走了過來。

那個負責人看上去是個有經驗並且懂得事理的人，他轉變了我的態度，平息了我幾乎要爆炸的怒氣，而且讓我心滿意足。他用以下三個步驟做到了這點：

首先，他讓我完完整整地把情況說明白，他在旁邊安靜認真地聽，沒有打斷過一次。

接著，我講完了整個情況，那兩個售貨員又急不可耐地要和我爭論，可是那個負責人卻站在了我這邊，批評那兩個售貨員。他說，發生這樣的事情，確實是他們的失誤，這種品質太差的東西，無法讓顧客滿意，是不可以擺在商城裡出售的。

最後，他向我道歉他不知道這套衣服的品質會差到如此地步，他坦率地對我說：「妳覺得這套衣服該怎麼處理，儘管吩咐，妳想要什麼補償，我可以完全滿足妳。」

幾分鐘之前，我還非常想趕快退掉這套可惡的衣服，可是聽了他的話，我的怒氣消除了，我說：「感謝你提出的建議，其實我只是想知道，這種掉色情況是不是暫時的，或者有什麼方法能讓它不再掉色。」

他建議我再試著穿一週，看看情況是不是有所改善，他對我說：「到時候如果還是有問題，妳再把它拿過來，我們為妳換一套新的，非常抱歉給妳添了這麼大的麻煩。」

走出那家商城的時候，我心中的怒氣已經完全消失了，並且心滿意足。一週後，那套衣服再也沒有發生任何問題，原先我對那家商城的失望心情也完全沒有了。

怪不得那位先生可以當上那家商城的負責人，而那些售貨員，如果他們的態度不加以改進，恐怕永遠都只能當售貨員，甚至會降級到更低的職位，永遠都無法與顧客面對面。

一個人，無論他怎樣挑剔，指責別人的時候怎樣激烈，都無法在一個有耐心和同情心的傾聽者面前繼續強硬。這個傾聽者，必須具有極其沉著冷靜的性格，當他面對的人如同老虎一般張大嘴巴想要挑釁的時候，他必須耐下心來靜靜傾聽。有這樣一件事：

幾年前，紐約電話公司遇到了一個史無前例蠻不講理的客人，那個客人用極其難聽的話語責罵接線生，然後他說他堅決不付電話費，因為電話公司在話費帳單上造假，他威脅說要把這件事情告訴報社，還要投訴到公眾服務委員會。在那之前，這個客人就曾經多次投訴過電話公司。

最終，電話公司讓一個經驗豐富並且很有技巧的員工作為調解人員，去面見那個不講理的顧客。到了那個脾氣暴躁的顧客家裡，這個員工認真地傾聽他的滿腹牢騷，讓他盡情發洩他的不滿，對於他的話，這個員工都不反駁，只回答「是」，並且對那位顧客遇到的困難表示同情。

這個電話公司員工在我的訓練班上描述了當時的情景：

他一直不停地口出狂言，聲音特別大，他說了幾乎三個小時，我從頭到尾安靜地傾聽。過了幾天，我又去拜訪了他，繼續聽他那些牢騷。之後，我又去了兩次，最後，我參加了他創立的一個名為「電話使用者保障會」的組織。直到現在，我還是這個組織的成員，而據我所知，我是組織中除了那位顧客以外唯一的成員。

每一次的拜訪，我都安靜地傾聽，他抱怨的所有事情，我都同情以答。他說，電話公司裡的人從來沒有像我這樣和他講話的。慢慢地，他對我的態度友好起來。在前三次的拜訪中，我一次要求都沒有提，在最後一次的拜訪中，我處理好了所有事情。他付清了全部帳單，並且第一次撤銷了在公眾服務委員會那裡對電話公司的投訴。

毫無疑問，表面上，這個顧客的努力都是為了維護公眾利益，實際上，他最需要的不過是被重視感。他透過抱怨和牢騷得到了被重視感，當電話公司的員工讓他獲得重視後，他不必再用抱怨和牢騷換取受尊重感了，也就不用再述說那些和實際不符的委屈了。

很多年前的一個清晨，一個滿腔怒火的客人闖進德特莫羊毛公司創辦人德特莫的工作室。德特莫先生告訴我：

那個客人欠了我們十五美元。雖然那個客人不願意承認這點，但我們都知道錯出在他身上。所以，我們的信用部堅持寫信給他，催他付款。他接到我們寄給他的幾封信後，就立刻來到芝加哥。他闖進我的工作室，氣憤地說，他不會付那十五美元，而且，他以後再也不會和我們公司合作任何事情。

我忍住脾氣，安靜地傾聽，他說的那些話，我有好幾次幾乎忍不下去，想要站起來跟他辯論，讓他閉嘴不要再說下去。可是，我知道，如果那樣的話，事情會變得更糟糕。我讓他盡情發洩，直到最後，他的氣好像發完了，怒火漸漸平息下去。我平靜地說：「非常感謝你親自到芝加哥跑一趟，把情況告訴了我。其實，你這樣做是幫了我一個大忙，如果我們的信用部會這樣得罪你，相信他們也會這樣得罪別人，那結果就不堪設想了。你要相信我，我現在特別需要你來跟我講講具體的情況。」

他大概怎麼也想不到我會說出這些話來，或許他有點失望，他是為了和我爭論才來到芝加哥的，可是我不但沒有和他爭論，反而還感謝他。我平靜地告訴他，我會讓信用部幫他取消那筆欠款，並且讓大家盡快將此事忘掉。我讚美他是個細心的人，不會把這一筆帳目弄錯，而我們公司的職員每天要處理無數帳目，可能會出錯。

我告訴他，對於他的處境，我非常能夠理解，如果是我遇到了這種問題，我恐怕比他還要生氣。如果他決定不再買我們公司的產品，那我也非常願意為他推薦其他幾家信譽不錯的羊毛公司。

以前，他來芝加哥的時候，我經常會和他共進午餐，所以，那天我也邀請他一起吃飯，他勉強答應下來。午餐後，我們一起返回我的辦公室。他又訂了貨，而且比以前訂的還要多。然後，他心平氣和地回家了。或許是我的處理方式的原因，回家以後，他認真地翻找查看了他的帳單，最後還是找到了那張十五美元欠款的帳單，他才發現是他把帳單放錯了地方。他還清了欠款，隨款附了一封道歉信寄了過來。

後來，他的妻子為他生了個男孩，他用我們公司的名字「德特莫」為他的兒子取名。二十二年後他去世了，那二十二年，他一直都是我們公司忠誠的好主顧，也是我非常好的朋友。

很多年前，有個荷蘭小男孩，每天放學後為一家麵包店擦窗戶，每週可以掙到五美分，他家裡很窮，所以他常常提著籃子到水溝旁撿過往煤車掉下來的碎煤塊。這個孩子的名字叫愛德華・博克，他一輩子接受過的教育不超過六年，但可是後來，他卻成為美國新聞界最成功的雜誌編輯之一，以及普立茲獎得主。他是如何從一個窮苦孩子成為一個成功人士的？這是一個漫長的過程，但是我可以簡單地描述他的事業是怎樣開始的，他從一開始，就運用到了本章提出的方法。

他十三歲退學，在一家西聯公司裡做童工，每週可以拿六・二五美分的工錢，雖然身處貧苦的環境，可是他每時每刻都在尋找可以受教育的機會。他不僅對任何能夠受教育的機會毫不放棄，而且還進行自我教育，他到哪裡去都步行，從不坐車，午飯也不吃，把省下的錢積累起來，買了一本美國名人傳記。後來，他做了一件人們聞所未聞的事情。

愛德華・博克認真仔細地把美國名人傳記讀完，然後，他寫信給傳記上的每位名人，希望他們能跟他多講一些童年時候發生的事情。他希望那些名人可以多談談他們自己，從這裡，我們可以看出，愛德華・博克是個善於安靜地傾聽的人。

愛德華・博克在給當時正在參加總統競選的詹姆斯・加菲爾德將軍的信中，問他是否真的曾經在運河上做過拉縴的童工。詹姆斯收到信後，回給博克一封信，詳細地回答了他的問題。接著，博克又寫信給格蘭特將軍，問他記載在那部名人傳記上的一次戰役的詳細情況。格蘭特將軍還畫了一張詳細的地圖附在信裡，並且請這個十四歲的孩子吃了頓飯，他們在一起聊了整整一夜。

博克還給愛默生寫了信，希望愛默生能夠講講他經歷過的事情……這個原先在西聯公司負責送信的報童，沒過多久，就和美國大多數著名的人物都通了信，如愛默生、霍姆斯、朗費羅、林肯夫人、露意莎．奧爾柯特、薛曼將軍、傑佛遜．戴維斯等等。他不滿足於和名人通信，還利用假期，去登門拜訪他們中的一些人，成為那些人家裡非常受歡迎的客人。博克透過這樣的經驗，獲得了很大的自信。那些名人讓他堅定了理想，讓他有了堅強的意志力，讓他之後的人生煥然一新。我願意再說一遍，所有的這一切，都是因為他實踐了我們正在討論的原則——善於聆聽。

曾經採訪過很多風雲人物的記者馬可遜，告訴我：「有的人從來都不願意認真傾聽別人的話，所以他們無法在別人心目中留下美好的形象，他們從來不將自己的耳朵打開，只想著自己要說的那些話。」馬可遜還說：「有些名人曾經對我說，善於言談的人並不是他們真正喜歡的，那些善於安靜傾聽的人才是他們真正欣賞的，有這種能力的人很少，比任何擁有其他優秀能力的人都要罕見。」喜歡善於聆聽的人，這不是名人特有的，大多數普通人也是這樣。

就像《讀者文摘》裡面說的：「很多人都去看醫生，而他們真正想要的，只不過是個安靜的傾聽者。」

美國內戰打到最激烈的時候，林肯給伊利諾州斯普林菲爾德的一個老鄰居寫了封信，邀請他到首都華盛頓來，說是要和他討論一些問題。那個老鄰居來到白宮，林肯和他聊了好幾個小時有關解放黑奴的問題。林肯就他提倡解放黑奴的計畫，將贊同與反對的各方意見放在一起加以探討，然後他讓這個朋友看了所有來信和報紙上的文章，這些信箋和文章有的是因為他一時還解決不了黑奴問題而指責他的，也有因為害怕他解放黑奴謾罵他的。交談完畢後，林肯和他握手告別，並派人把他送回伊利諾州。在這次會談中，林肯並沒有徵求這個老鄰居的任何建議，從一開始只是一味地說自己想說的話，當他把所有的話都說完後，感到心情舒暢了很多。林肯的這個朋友後來回憶這次會談時說：「林肯在和我講了很多話後，他本來凝重的神情一下子輕鬆了不少。」對，林肯並不需要這個朋友的任何建議，他那時候所需要的只是有一個朋友傾聽他內心的苦悶。當我們心情苦悶，事業進展不順利的時候，也需要像林肯那樣去做。

假如你希望人們都躲著你，一看見你就跑得遠遠的，在背地裡嘲笑你、諷刺你，假如你真的希望這樣，我可以告訴你一個很好的方法：永遠都只談論自己的事情；永遠都不要認真聽別人說話；當你對別人正在談論的事情有自己的觀點的時候，立刻打斷別人，不要等對方把話說完。在你的心目中，你要比他聰明得多，你才不願意浪費時間去聽他那些愚蠢的話。沒錯，你要立刻行動，僅僅用一句話，就可以讓別人閉嘴。

你遇見過這樣的人嗎？真遺憾，我遇見過，讓人驚訝的是，這種人中有一部分竟然還是社交界的知名人士。他們是因為太讓人厭惡才有了名氣，他們的自私和自我中心讓自己飄飄然，所以很多人都厭惡他們。

言語裡只有自己的人，永遠都不會為別人著想，哥倫比亞大學前校長尼可拉斯·巴特勒曾就這種人說過這樣的話：「這種人沒有教養，簡直不可救藥！不管他曾經受過什麼樣的教育，他依然是個沒有教養的人。」

因此，你首先需要能夠安靜地聽別人講話，然後，才能成為一個讓人喜歡的人，別人才會樂意聽你說話。就如同一個名人曾經說過的：「先對別人感興趣，別人才會對你感興趣。」和別人談論他們感興趣的話題，多讓他們談談自己的經歷以及取得過的成績。

切記：對於同你講話的人來說，他的需求或者他遇到的問題，比你的需求或你遇到的問題要重要一百倍。對於他來講，就算是發生死了幾百萬人的災難，也沒有他患的牙痛重要。在他眼裡，一場大地震遠遠沒有他自己頭上的一個小凍瘡重要。

所以，想讓別人喜歡上你，第四項原則就是：領會傾聽的藝術。

”做一個好的傾聽者，鼓勵別人談論自己。“

贏取友誼與影響他人實踐清單

- 是否有將「做一個好的傾聽者，鼓勵別人談論自己」帶入你的日常生活中？
- 在閱讀下一章前，是否把本章認真地閱讀過兩遍以上？
- 閱讀中是否經常停下來反思自己，並思考如何將書中的每一項建議應用到實際生活中？
- 你覺得這章的哪些字句對你有啟發作用？
- 這個月你複習過這本書了嗎？
- 最近是否有出現可以應用「傾聽，並鼓勵別人談論自己」的時機？應用後的結果如何？
- 是否請朋友監督你，要求他們發現你違反某項原則時，適時地提醒你？
- 自己在這一週裡做錯了哪些事？哪些地方有待進步？該如何改進？
- 請將這一實踐經歷寫入記事本裡。

5 談論對方感興趣的話題

羅斯福淵博的學識，讓每一個去牡蠣灣拜訪他的人感到驚奇。無論拜訪的人是孩童還是騎士，是政客還是外交家，羅斯福都能和他們相談甚歡。那麼這到底是怎麼回事？答案簡單得讓人不敢相信，那就是羅斯福在接見每一個前來拜訪他的人之前，已經為他的客人們預備好他們感興趣的話題。

和其他具有領導才能的人一樣，羅斯福很清楚贏得他人好感的祕密——深入人心的最好辦法，是和對方談論他最喜歡的事情。

曾任教於耶魯大學文學院的著名教授威廉·萊溫很早就懂得這個道理，他講過這樣的事：

我八歲那年，有一個星期六去姑媽家玩。那天晚上有個中年人也到我姑媽家做客，他和我姑媽寒暄後，就把注意力集中在我身上。當時我正對帆船感興趣，當我們談到這個話題時，這位客人也表現出對帆船很感興趣的樣子，因此，我們的交談非常投機。他離開後，我就跟姑媽說，他是個好人，他和我一樣也喜歡帆船。但姑媽告訴我，這個客人是個律師，按說他是不會對帆船有興趣的。我問：「那為什麼他一直在和我說關於帆船的事情呢？」姑媽告訴我說：「陪你談論帆船，那是因為他知道你喜歡帆船的緣故。這個客人可是位紳士，他懂得讓人喜歡自己的方法，因此，他才陪著你一直談論你感興趣的帆船。」我永遠都不會忘記我姑媽那次對我所講的話！

在我寫作這個章節的時候，我突然想起前不久愛德華·查利夫寄給我的一封信。他在信中這樣寫道：

有一次要在歐洲舉辦一個童子軍大野營的活動，由於資金的原因，我必須請一個人幫忙找一家大公司解決童子軍旅費問題。我看中了美國一家大公司的老闆，想請他資助。在去見他之前，我打聽到他曾經簽出過一張百萬美元支票，隨後又將支票撕毀作廢，並將它裝入鏡框做裝飾的事。因此，在我走進他辦公室後的第一件事，就是請求他帶我參觀那張被撕毀的支票。我立即告訴他我從來沒有聽說過有人開出百萬美元支票又將它撕毀的事情，我一定要把這件事講給我的那些童子軍聽，並告訴他們我確確實實見到過這張支票。這個老闆很高興地將支票取出來讓我看，我非常羨慕，同時請他告訴我關於這張支票的故事。

不知你注意到沒有，查利夫先生拜訪那位大老闆時，他一開始就沒有提到童子軍以及他拜訪的來意，而是談那個大老闆感興趣的事情。那麼，這件事後來到底怎麼樣了呢？查利夫在他的信中這樣寫道：

那位大老闆隨後問我：「哦，查利夫先生，你有需要我說明的事情嗎？」於是，我立刻向他說明我的來意。那結果真出乎我的意料，他不但立即答應我提出的要求，而且比我原想得到的還要多出很多來。我見他之前，只想他能夠資助一個童子軍到歐洲參加活動，可是他告訴我他願意資助五個。除此之外，他連我也邀請在內，還立刻簽下一張在國外兌現的，能夠供我們在歐洲生活七個星期的支付憑證。在我離開前，他又為我寫了幾封介紹信，吩咐他公司駐歐洲各地分部的經理，讓他們妥善安排我們的歐洲之行。

更為重要的是，在我們出發後不久，他也趕到歐洲，在他的公司巴黎分部親自接待我們，還帶我們遊覽整個巴黎的名勝古蹟。最後，他還為幾名家庭貧困的童子軍介紹工作。從那次之後，這個大老闆到今天還在盡其所能地資助那個童子軍團體。

你想一下，要是我事先並不知道他的興趣愛好，並想辦法讓他心情愉快，怎麼會讓整個事情進行得如此順利，並且後面發生的事也是讓人難以預料的呢？

這是一種十分有效的方式，這種方式在商場上的運用同樣十分有效。下面我再以紐約一家烘焙批發公司的亨利．杜維諾依為例，來加以說明。

四年以來，他一直想將自己公司的麵包賣到一家大旅館去，幾乎每個星期都去拜訪那家旅館的負責經理。他打聽到這位經理喜歡去一家交際場所，他也跟著去，為的是希望有個接觸的機會。甚至他還在那家旅館長期租下房間，專門等那位經理，可是他所有的努力都以失敗告終。

杜維諾依後來告訴我說：

從那之後，我潛心研究人際關係學，才明白要改變自己的推銷策略，想辦法了解對方最關心的事情，在哪個方面才能引發出他的興趣。

不久，我發現這位經理是美國旅館公會會員，由於他對這個組織的活動十分熱心，並被推選為該團體的主席，同時，他還兼任了國際旅館聯合會的會長。如果組織要開會，無論會議地點設在多麼遠的地方，他都會乘飛機越過高山峻嶺、荒漠海洋，趕到那裡參加會議。所以，隔天我一遇見他，就讓他講講會議的詳細情況，他果然對這個話題很感興趣，手舞足蹈地講了半個小時。我已經看出來，他是多麼熱愛這個組織，這是他生活中不可缺少的重要部分，在我和他告別之前，他邀請我加入他們的組織。

那天，我對麵包的事情隻字未提，過了幾天，我接到他的旅館裡的主管打來的電話，通知我把麵包的價目表以及樣品送過去給他們看看。

我來到那家旅館，主管出來迎接我，他說：「先生，我不清楚你在那老先生身上下了什麼功夫，可那是真的，你打動他了。」

「我在他身上花了四年的時間，你想想看。呵呵，如果不煞費苦心找出他的嗜好與興趣所在，那麼我還不知道要花費多少的時間與精力談成這筆生意呢！」我回答道。

如果你要讓他人從內心喜歡上自己，第五項原則就是：談論對方感興趣的話題。

”談論對方感興趣的話題。“

贏取友誼與影響他人實踐清單

- 是否有將「談論對方感興趣的話題」帶入你的日常生活中？
- 在閱讀下一章前，是否把本章認真地閱讀過兩遍以上？
- 閱讀中是否經常停下來反思自己，並思考如何將書中的每一項建議應用到實際生活中？
- 你覺得這章的哪些字句對你有啟發作用？
- 這個月你複習過這本書了嗎？
- 最近是否有出現可以應用「談論對方感興趣的話題」的時機？應用後的結果如何？
- 是否請朋友監督你，要求他們發現你違反某項原則時，適時地提醒你？
- 自己在這一週裡做錯了哪些事？哪些地方有待進步？該如何改進？
- 請將這一實踐經歷寫入記事本裡。

6 讓別人覺得自己很重要

有一次，在紐約三十三街和第八大道交匯處的郵局裡，我排隊等著去發一封掛號信，我看到郵局的工作人員對自己的工作顯得有些不耐煩：遞郵票、找零錢、給信件過秤、給顧客寫收據，單調得讓人想發瘋，況且這樣的工作日復一日，年復一年。

因此，我對自己說：「我要試著讓這個人高興起來，我必須找一些好玩的、他又感興趣的事情和他說說。那麼，他有什麼地方是值得我加以讚美的呢？」我私下琢磨著。這肯定是個難題，尤其對方是個陌生人的時候。但不到一會兒，我就從這個煩躁的郵局工作人員身上，找出了一件值得讚美的東西。

輪到我了，在他接過我手中的掛號信時，我很熱情地對他說：「真希望我也能夠擁有你這樣漂亮的頭髮！」

那個工作人員聽到我的話，驚訝地抬起頭來，臉上立刻就顯現出愉悅的神情，他很客氣地對我說：「我現在的頭髮已經沒有從前的好了！」我接著很真誠地和他說：「也許是沒有以前那麼好了，但是現在看起來，仍舊是很漂亮的。」他聽了非常高興，接著我們又愉快地聊了幾句。在我臨走的時候，他對我說：「有很多人都說過我的頭髮很好看。」

我相信，在聽完我的話後，這個本來不快樂的工作人員在中午下班去吃飯的時候，一定步履輕快。回到家中也會和他妻子提到這件事，而且還會對著鏡子，用手捋著頭髮自言自語：「唔，我這頭髮確實好看！」

我曾多次在公開演說中提到這個故事，每一次都會有人問我：「你是不是想從那個人身上得到什麼？」

這是個很奇怪的問題，我想得到些什麼呢？我想從一個煩躁不安的工作人員的身上得到些什麼？要是我們都那樣自私、卑賤，不從他人身上得到回報就不願意給他人快樂，要是我們的氣量還沒有一個酸蘋果大，那麼在生活、工作及與他人交往當中絕對失敗。

是的，我認為我確實想從那個心情不好的工作人員身上得到些東西。我想獲得一些對於人很珍貴的東西，在我說出這段話的時候，我感覺我已經得到了，那就是我做了件不需要他回報的事。這件事即使過去很多年以後，在他的記憶裡依然閃耀出迷人的光采來，讓他一想起就感到愉快。

在人們日常的行為中，有一個很重要的規則，要是我們在生活當中遵循了這一規則，那麼可以肯定我們就永遠不會被煩惱困擾。事實上，只要我們遵循了這個規則，它就會為我們帶來無數的朋友與永久的快樂。反之，要是違背了這一規則，我們就會遭遇到難以預料的困難。這個規則就是：要讓他人永遠地感覺到他自己很重要。

杜威說過：「正如我們已經注意到的，『使自己變得重要』，是人類本性中最深層的渴望。」詹姆斯也說過類似的話：「人的天性裡有一點，就是希望自己被他人所重視。」人和動物不相同的地方就在於受尊重感的有無，人類文明也是因此而產生的。

從古至今，哲學家對於人類交往的規則，思考了數千年，而所有的思考得出的結果只有一個，而且這個規則並沒有因為時代的變遷而有所改變。三千年前，瑣羅亞斯德就把這一規則告訴了拜火教徒；二千四百多年前，孔子在中國就宣講過，老子也以此教導過他的學生；基督誕生前的五百年，釋迦牟尼就把這個規則傳授給了他的教徒；一千九百多年前，耶穌把這一規則綜合在教義裡，以此教誨門徒。這是世界上最重要的與他人相處的規則——你希望他人如何對待你，那麼你就必須那樣對待他。

每個人在日常生活中，都希望與他接觸的人能夠由衷地讚美自己，他所需要的是讓人承認他存在的價值，從中獲得被人重視的感覺。當然不是那種虛假的奉承，而是發自內心的讚美。他希望他的朋友們，如同舒瓦伯所說的「真誠地讚許，寬厚地稱道」，這是我們每個人都想得到的。

讓我們遵守這一個很早以前就被總結出來的人際交往原則：你希望他人如何對待你，那麼你就必須那樣對待他。

怎麼做？什麼時候做？在什麼地方做？答案是：「在你日常生活裡，任何時間，任何一個地點。」

有一次，我在無線電城的詢問處詢問蘇文的辦公室所在位置。那個穿一身整潔制服的接待員看起來很高貴，他清晰地回答我說：「亨利・蘇文（停頓），十八樓（停頓），一八一六室。」

我向電梯走過去，突然又想起了什麼，又往回走到那個接待員的跟前，「你回答問題的方式很漂亮，」我對他說，「很清晰而又準確，你是個了不起的藝術家。」

他聽了我的讚美後很愉快，臉上閃動著快樂的光芒，他把領帶又略微往上提了提，隨後告訴我，他在回答時為什麼中間要停頓，每一句話裡的那幾個字為什麼需要那麼說。在我乘坐電梯抵達十八樓時，我覺得自己在人類快樂的總量上，給自己和他人增添了一丁點分量。

我們不需要等到自己做了外交大使或俱樂部主席的時候，才去讚賞他人，這個規則是實用的，你幾乎天天都可以用到它。給予他人快樂的時候，難道我們自己沒有感到快樂？

舉個例子：

我們在餐廳要了份法式煎馬鈴薯，而那名女服務員給我們端上來的卻是煮馬鈴薯。在這樣尷尬的時候，我們不妨說：「哦，很抱歉啊，要麻煩妳了，我們喜歡的是法式煎馬鈴薯。」她馬上就領會地回答我們：「沒什麼，一點都不麻煩，馬上幫你們換。」知道為什麼了吧，因為我們尊重了她。

日常生活裡的禮貌用語，比如「對不起」、「謝謝」、「您介意嗎」等，這些看似簡單的話語，卻能夠減少我們與他人之間的矛盾，同時又能夠很自然地顯現出我們身上高貴的人格。

讓我們再來看個例子：

著名的美國小說家霍爾・凱恩出生在一個鐵匠家庭，他一生所受到的學校教育不到八年，但在他去世時，他已經成為世界上最富有的文人。

原來，凱恩喜歡詩歌，因此他讀遍了羅賽蒂的所有詩歌，並寫了篇關於羅賽蒂詩歌的論文，熱情讚頌他在詩歌上的貢獻與成就，而且還把這篇論文送去給羅賽蒂。羅賽蒂看後當然很高興，他說：「這樣年輕的小伙子，對我的作品有如此高超的理解，他一定是個非常聰明的人。」

於是，羅賽蒂請這個鐵匠的孩子到倫敦做他的私人助手。這就成了凱恩人生的轉捩點，自此之後，凱恩有了更多與當時英國的文化名人接觸的機會，並受到他們悉心的指導，他的寫作生涯得以順利，不久就在那些文化名人的推薦下聲名鵲起。

現在，他的故鄉格里巴堡成了旅遊勝地。他留給後人的遺產有二百五十萬英鎊，但誰知道，要是他沒有寫那篇讚頌著名詩人羅賽蒂的論文，他的一生又會怎樣，他很可能沒沒無聞地度過一生。

真誠的讚美是一股來自內心的力量。羅賽蒂認為自己對於整個人類的文化生活很重要，作為當時的一個世界著名詩人，這一點都不稀奇。幾乎所有的人也這樣看待自己，認為自己對於社會是有用與重要的，甚至就一個國家而言，這種情況也是如此。

你是否覺得自己比日本人優越？而事實上，日本人卻認為他們比你更優越。尤其是，如果一個日本人思想很保守，只要他看到你和一個日本女人跳舞，他就會感覺受到侮辱般地憤怒。你還以為你比印度人優越，是吧？當然，你可以這樣感覺，但是他們的感覺卻與你恰恰相反。你是不是覺得自己比愛斯基摩人要優越？你仍然可以這樣去想，可你知道愛斯基摩人又是怎麼看待你的嗎？在他們那裡，如果有一個人好吃懶做不務正業，他們就會用手指著這個人的鼻子叫他「白種人」，你要知道這是他們那裡最為惡毒和刻薄的罵人話。

每一個民族或國家都會覺得自己比其他民族或國家優越，這樣才產生民族主義和愛國主義，甚至引發戰爭。

在人與人的交往中有一個很明顯的規則，那就是，我們所遇到的每一個人，都覺得自己在某些方面比別人要優秀得多。如果我們要深入他的心靈，只有一個方法，就是讓他感到我們願意承認他在我們自己的內心世界裡無比高貴。請不要忘記愛默生的話：「凡是我遇見的人，他們的身上都有值得我學習的地方，我必須虛心學習他超越過我的地方。」

有的人在事業上剛剛做出點成績，就覺得自己非常了不起，結果引起別人對他的反感和厭惡。對此，莎士比亞說過：「人啊，驕傲的人，憑藉著一丁點短暫的才能，就在上帝面前炫耀，天使都會為他黯然神傷的。」

現在，我要告訴你們關於我訓練班裡三名學員的故事，看看他們是如何靈活運用這個原則，而獲得出人意料的效果的。

第一名學員是康乃狄克州來的律師，他不希望我透露他的名字，這裡我們稱他為R。R到訓練班上課不太久，有一天，他陪著妻子開車去長島探望親戚。在長島，他妻子讓他留下來陪姑媽，她自己則抽身去看望其他的親戚。R想實踐他從訓練班學到的知識，以便回去時寫個實踐報告，於是他決定把技巧應用在與他姑媽的對談上。他在屋子裡四處走動，想找到一個切入點。

他問姑媽：「這幢房子是一八九〇年建造的嗎？」

「對，正是那年建造的。」他姑媽說。

「這房子讓我想起了我出生的那幢老房子，」他感歎地說，「那是很漂亮而又結實的房子，不過現在的人好像已經不看重這些了。」

「是呀，」姑媽點了點頭說，「你看現在的年輕人，他們已經不再講究住好看結實的房子了，他們需要的僅僅是個小公寓，一個冰箱，再加上一輛跑車而已。」

姑媽一下子就沉浸在懷舊的回憶當中，她溫柔地說：「這房子是我和我丈夫用愛建造而成的。在建造這幢房子之前，我們就夢想了很多年。當時，我們沒有請建築設計師來設計，完全是按照我們自己的想法建造的。」

姑媽帶著R參觀了各個房間以及她和她丈夫的收藏品。R對她珍藏的各類收藏品——英國古典茶具、法國床椅、義大利油畫、一幅曾掛在法國封建時期城堡裡的綢緞窗簾——給予了真誠的讚美。

參觀完房間之後，姑媽又領著R去了車庫，在那裡停放著一輛很新的帕卡德汽車，看起來似乎沒有使用過。

姑媽看著那輛車子說：「這輛車是你姑父去世前買的。他死後，我就再也沒有開過，一直放在車庫。你是個懂得愛惜東西的人，R，我把這車子送給你了。」

R聽到這話感到十分意外，他開始婉言謝絕，對姑媽說：「我非常感謝您，姑媽，但我不能接受這份貴重的禮物，因為我已經有了一輛新車。您還有不少親戚，我相信他們中肯定有人喜歡它的。」

「親戚？」姑媽有些激動地提高了聲音，「是的，我有不少，他們都在盼望著我趕緊離開這個世界，然後從我這裡得到這輛車子，可他們永遠都得不到。」

R說：「姑媽，要是您不願意送給他們，可以把這輛成色很新的車子賣掉。」

「賣了這車子？」姑媽激動地吼了起來，「你以為我是那種會把它賣了的女人嗎？你以為我就忍心在街上看著它被一個陌生人駕駛著去糟蹋？這可是我丈夫專門買下來給我的，我連做夢都沒有想過賣掉它！但是我願意送給你，因為我知道你是懂得珍惜它的人。」

R再次表示他的謝意，不接受姑媽的贈予，但他又害怕傷害到老人家的情感，最後竟然不知道該怎麼收場才好。

這是個垂暮之年的老人，她孤單地居住在一座大房子裡，每天面對著屋子裡那些精美珍貴的陳設，緬懷過去美好的歲月。她希望有人與她一起分享。她年輕時曾經美麗，被許多男士追求。她與曾經心愛的人一起建造了這座房子，並花費很多的時間和精力，在歐洲各地收藏奇珍異品來裝飾。

而現在，這位姑媽已經是風燭殘年，孤苦伶仃一個人，她內心渴望獲得人世間的一點溫情，一丁點發自內心的讚美，可是卻從來就沒有人願意給予她。而當她的這種內心需求得到滿足時，那種感激之情彷彿沙漠裡湧出的甘泉，一下子就滋潤了她乾枯的心，使得她願意把心愛的汽車贈送給這個為她帶來溫暖的人。

下文是第二個例子。這是由住在紐約的園藝設計師唐納德·麥馬漢所提供的故事：

那是我在訓練班學習了「如何贏取友誼與影響他人」的人際關係課程後不久的事情。當時，我正替紐約一個著名的法官設計園林。這位非園林專業人員的法官，向我提出在他的園林栽種花草的建議，可是我覺得他的建議非常不好，於是我岔開話題對他說：「司法官先生，您的那幾隻狗非常可愛，我曾聽您說牠們在很多次的寵物狗比賽中獲得過藍絲帶優勝獎。」「是啊，我是個特別喜歡狗的人。」這位法官停頓了一下跟我說，「你是否有興趣參觀一下我的狗舍呢？」

我的話果然有效果，他差不多花費了一個多小時帶我去看他的狗，以及這些狗在寵物比賽中獲得的獎狀。他拿出狗的家譜，對我講述每一隻狗血統的來源，因為狗的血統純正，使得他的狗很惹人喜愛。

「你有孩子沒有？」最後他問我。

我很肯定地告訴他，我有個孩子，而且是個男孩。

「你的孩子喜不喜歡狗呢？」他接著又問我。

「是的，先生，」我回答說，「他很喜歡！」

「那太好了！」司法官點了點頭說，「我送他一隻純種狗。」

接著，他詳細地向我講述了養狗的方法，過了一會兒，他又很擔心地說：「我這樣說你有可能記不住，還是讓我把主要的訣竅寫下來給你。」說完他立刻走進書房，用打字機打下了一整篇關於這隻狗的血統、系譜以及餵養的方法，非常詳細。這個司法官那天不但送了我一隻價值不菲的小狗，同時還花費了一個多小時的寶貴時間。我想，那是我對他的愛好和所取得的成績表達出真摯讚美的結果。

現在讓我們來看第三個例子，這也是我的訓練班學員親身經歷的。

柯達公司的創始人喬治·伊士曼先生，因為對攝影膠片富有突破性的發明，使得電影攝影取得了真正意義上的成功，他自己也因此獲得了上億美元的財富。雖然他取得了如此偉大的成就，但他與其他普通人一樣渴望得到他人的讚美。

多年前，伊士曼想在羅徹斯特修建伊士曼音樂學院以及庫伯恩音樂廳，紐約高級座椅公司的經理詹姆斯．亞當森先生聞訊後，希望能夠承接庫伯恩音樂廳的座椅生意，他立即打電話給該建築的設計師，約好一起去羅徹斯特跟伊士曼見面。

亞當森剛到他和設計師約定的地方時，這位設計師就對他說：「我知道，你想從伊士曼先生那裡得到座椅的那份合同，不過我要告訴你一個事實，那就是伊士曼先生工作很忙，人也很嚴肅，如果你浪費掉他五分鐘以上的時間，那你就別想做成這筆生意。他不但事情繁多，而且脾氣也大得出奇，因此，我事先說明，你要快速向他說明來意，然後趕緊離開他的辦公室。」

亞當森聽後，就立刻按照這位設計師說的去做。他們被祕書引進一間辦公室時，看到伊士曼先生正在埋頭處理桌子上的一堆文件。伊士曼見有人進來，就抬起頭摘下眼鏡對他們說：「兩位早，有什麼事情需要我幫忙嗎？」

在設計師介紹他們認識之後，亞當森對伊士曼說：「我非常羨慕您的辦公室，伊士曼先生。要是我能夠擁有像您這樣舒適的辦公室，我一定很高興在裡面工作。您知道我是經營室內木業的，可是我還從來就沒有見過像這樣一間舒適又漂亮的辦公室。」

伊士曼高興地說：「啊，感謝你對我辦公室的讚美。我自己都差點忘記了這件事，這間辦公室是不是舒適漂亮？它剛剛布置好的時候，我的確喜歡過。可是到現在為止，由於工作繁忙，有時甚至接連好幾個星期不停地工作，我的注意力已經完全沒有在這上面了。」

亞當森走到辦公室的牆壁旁，用手摸了摸壁板，問伊士曼：「嘿，這是不是用英國橡木做的，伊士曼先生？我知道這種材質和義大利的橡木材質略微不同。」

「是的，用的是英國的橡木。」伊士曼解釋說，「而且是一個專家朋友細心替我挑選的。」

接著，這個工作繁忙的老總——伊士曼先生——又帶著他們參觀自己的室內設計，包括房門、雕刻以及油漆，等等。他們在辦公室的一扇窗子前停下來，站了一小會兒，伊士曼先生就告訴他們，近期他準備捐一些錢給羅徹斯特大學和公立醫院，為社會盡自己的一份義務。亞當森馬上讚頌地說，他的這個行動可真算得上是義舉。伊士曼聽了很高興，他走到一個玻璃櫥窗前，打開小鎖，取出他多年前買下的攝影機，那是從一個英國人手裡買來的，是他的第一部攝影機。

亞當森接著問伊士曼，他是如何開始他的創業史的。這讓伊士曼先生感慨萬千地講述了他少年時候的事情，由於父親早逝，他們的生活非常清苦，他母親依靠出租房子養家糊口，他也在年齡很小的時候就到一家保險公司做事，每天只能掙五美分。他飽經飢寒，因此很早就立志要艱苦奮鬥，出人頭地。

接著，亞當森又找到伊士曼先生感興趣的一些話題，讓他繼續述說，而亞當森自己則安靜地聆聽著。亞當森是上午十點十五分進入伊士曼先生的辦公室的，可是兩個多小時過去了，他們依舊在聊天，而設計師曾警告過他，他最多只能有五分鐘的時間。

這兩個多小時裡他們聊得非常愉快，最後，伊士曼先生對亞當森說：「不久前，我在日本購買了幾把椅子，我把它們都放在陽臺那裡，結果由於陽光的直射使得椅子上的油漆脫落了，我自己就買回油漆漆好。我覺得我做得非常好，你如果有興趣就去看一下。哦！這樣，你今天就去我家，我們一起吃個午飯，以便你看到那些我親手油漆的椅子。」

午飯之後，伊士曼先生把他油漆好的椅子給亞當森和設計師看，其實那些椅子，每一張的價值都不會超過兩美元，可是身價上億的伊士曼，卻因為自己親手做這些事情而自豪。

現在你應該知道了，庫伯恩音樂廳座椅這份有九萬美元的訂單，伊士曼先生給誰了。當然是給了亞當森，你覺得除了他還會有其他人嗎？自此之後，伊士曼與亞當森的友誼持續到伊士曼去世。

這是多麼奇妙的試金石！我們又該從哪個方面下手實施它呢？為什麼我們不從自己日常生活裡細小的地方開始做起呢？比如從自己的親人、朋友和同事的身上。我相信你的妻子一定有她的過人之處，至少以前是這樣，否則你怎麼會和她結婚。但是，你有多久沒有讚美她漂亮了？

有一段時期，我居住在加拿大一座森林的小獵屋裡，在米拉米契河釣魚。我有很多閒暇時間，在那裡，每天我只能讀到小鎮上出版的一份報紙。我在閱讀那份報紙時，基本是把上邊的每個字都看上一遍甚至翻來覆去地看上很多遍。有一天，我突然在那份報紙上看到狄克斯撰寫的婚姻專欄，她的文章寫得相當好，因此我之後每次看到就把它們從報紙上剪下來，收集在一起。她在文章裡明確指出，她已經厭倦了人們對新婚女人所講的那些話，她認為應該把新婚男人拉到一邊，給他們一些忠告才行。

她的忠告是：「一個不會讚美女人的男人，最好不要結婚，一個男人在婚前讚美女性是很自然的事情；而在婚後還給予自己的女人讚美，才是一個優秀男人必備的品格。組成一個和諧美滿的婚姻，不僅要靠彼此的真誠、責任，還應該講究像外交家那樣的溝通技巧。」

如果你想天天都過上幸福美滿的家庭生活，千萬不可輕易指責自己的妻子治家不行，也不要拿她與自己的母親或其他人做毫無意義的比較，因為沒有比這樣做更能傷害自己的妻子了。

相反地，你應該讚賞她的努力。而且還應該向她表示，告訴她，你因為有她這樣一個好妻子感到無比幸運。如果她廚藝不精，讓你無法下嚥，也不要立即抱怨，你不妨向她暗示，今天的飯菜沒有過去做得好。你妻子得到了這種暗示後，一定會不辭辛勞，直到把飯菜做到讓你滿意為止。

千萬記住，不要很刻意地做，否則會讓她起疑心的。

不妨就從今天晚上，或者明天晚上也可以，為自己的妻子買一束鮮花或一盒糕點做為禮物，而不是在嘴上說什麼「我早就應該這樣做」的空話。一定要有所行動，並在付諸實踐時還要帶上發自內心的微笑，再說幾句親密的話語。要是每一個做丈夫的都能夠如此對待自己的妻子，我不相信日後離婚的人會繼續增加。

如果你想知道怎麼讓一個女人愛上自己，這裡有個訣竅，不是我自己憑空想像出來的，而是狄克斯女士提供給我們的。

有一次，狄克斯去監獄採訪一個犯有重婚罪的新聞人物，他因為獲得過二十三名女士的芳心以及錢財而聞名。當狄克斯問及他是如何獲得女人的愛情時，他坦率地告訴她，他沒有使用詭計與陰謀，他說，你只需要與一個女人談論她自己就行。

這種看似簡單又能夠取得他人信任的方法，其實用在任何一個男人身上也同樣有效。英國首相迪斯雷利就這樣說過：「和一個男人談及他感興趣的事情，那個男人會饒有興趣地聆聽，並喜歡上你。」

因此，如果你想讓他人從內心喜歡上你，那麼第六項原則就是：讓別人覺得自己很重要。

”真誠地讓對方覺得自己很重要。“

贏取友誼與影響他人實踐清單

・是否有將「真誠地讓對方覺得自己很重要」帶入你的日常生活中？
・在閱讀下一章前，是否把本章認真地閱讀過兩遍以上？
・閱讀中是否經常停下來反思自己，並思考如何將書中的每一項建議應用到實際生活中？
・你覺得這章的哪些字句對你有啟發作用？
・這個月你複習過這本書了嗎？
・最近是否有出現可以應用「讓別人覺得自己很重要」的時機？應用後的結果如何？
・是否請朋友監督你，要求他們發現你違反某項原則時，適時地提醒你？
・自己在這一週裡做錯了哪些事？哪些地方有待進步？該如何改進？
・請將這一實踐經歷寫入記事本裡。

這本書你已經閱讀一部分了，現在請合上它，立刻將你學到的人際關係知識運用到生活實踐中去吧，你將會看到奇妙的效果！

如何贏得他人的喜愛的六項原則：

原則一：真心地關注他人！

原則二：留下好的第一印象！

原則三：記住別人的名字。

原則四：領會傾聽的藝術。

原則五：談論對方感興趣的話題。

原則六：讓別人覺得自己很重要。

第三篇

如何讓他人認可你

1　不要與他人爭論

第一次世界大戰剛剛結束不久的一天晚上，我得到了一個極其寶貴的教訓。當時我是澳大利亞飛行員羅斯·史密斯爵士的經紀人。戰爭期間，他曾是澳大利亞空軍戰鬥機的飛行員，被派到巴勒斯坦工作。戰爭結束，宣布和平條約不久，他在三十天內連續飛行半個地球的壯舉震驚了全世界。因為從來沒有人做到過，澳大利亞政府賞給他五萬美元，連英國女王也授予他爵位。

在那一時期，史密斯爵士是英國米字旗下廣受矚目的人物，很多人說他是大不列顛的英雄。有一次我參加了為史密斯爵士舉行的一個晚宴。宴會上，坐在我身邊的一位先生給我講了一則幽默故事，並引用了一句成語「謀事在人，成事在天」。這位健談的先生說，他引用的這句成語出自《聖經》。可是我知道他錯了，我非常肯定自己知道這話的出處。為了證明我豐富的知識，滿足自己的優越感，我尖銳地糾正他的錯誤。那人立即反唇相譏：「你說什麼？莎士比亞？絕不可能！那話出自《聖經》，這是絕對沒有錯的。」他堅持己見。

和我爭論的那位先生坐在我的右邊，我左邊是多年研究莎士比亞的老友法蘭克·賈蒙。因此，我讓他對這個問題做個裁判。賈蒙聽了後，在桌子下用腳踢我，對我說：「戴爾，是你記錯了，這位先生是對的。那句話的確是出自《聖經》。」

晚宴結束後，在回家的路上，我對賈蒙說：「法蘭克，你明明知道那句話出自莎士比亞，為什麼還要說我錯了？」

「是的，當然，」他回答說，「那確實是出自莎士比亞的作品，悲劇《哈姆雷特》中的第五幕第二場。可是，我親愛的戴爾，我們都是宴會上的客人，為什麼一定得找出另一個人的錯誤？那會讓他高興嗎？我們為什麼不給他留個面子？況且那人並沒有問你的意見，他也不需要你的意見。為什麼要跟他槓上？戴爾，我最後想告訴你的是，在生活中要永遠避免與他人發生正面衝突，那樣你會感覺很輕鬆的。」

「永遠避免與他人發生正面衝突！」說這句話的人今天雖然已經不在人世了，可是他給我的教訓長存不滅。

這是我當時最需要得到的一個教訓，因為在這之前我一直是個積重難返的好辯者。我小時候就喜歡和自己的兄弟為許多無聊的事情爭辯，後來上了大學，又選修了邏輯學和辯論術，還時常去參加辯論比賽。再後來，我在紐約教授演說和辯論訓練班的時候，有個時期很想編寫一本關於辯論的書。而在幾年後的今天，我甚至不敢承認自己在生活中是個喜歡爭強好勝、固執己見的人。

自從聽了我好友法蘭克的話後，我聽過、親自參與過、看過，還評判過數千次辯論會。由此我得出了這樣的結論：世界上只有一種在爭論中獲得勝利的方法，那就是盡量避免與他人發生爭論，而且要像避開響尾蛇和地震那樣去避免爭論。十有八九的辯論，其結果只會使雙方比以前更相信自己絕對正確。要知道，爭論中永遠不會有真正的贏家。如果在爭論中你失敗了，那當然就敗了，沒什麼好說的；如果你在辯論中獲得了勝利，就其本質而言你依然是失敗；因為即使你使對方的論點變得千瘡百孔、一無是處，那又怎麼樣？你因此揚揚得意，而對方卻因為你使得他毫無顏面而怨恨你。

「使一個人口服是容易的事，而讓他人心服卻很難。」因此，潘恩人壽保險公司為它旗下的員工立下一項「不要與客戶爭辯」的鐵定原則。

一個優秀的推銷員是從來不會與自己的顧客爭辯的，即使是最不起眼的爭辯，他也會小心翼翼地加以避免。可是要改變一個人的習慣，也並不是那麼容易的事。有個現成的例子：

多年前訓練班來了個生性好強的愛爾蘭人派翠克．奥海爾。他沒有受過良好的教育，喜歡和他人爭辯。他做過計程車司機，後來又做卡車推銷員，因為推銷業績始終不好，所以才來請教我。他來的那天，我隨便問了他幾個問題，發現他是個喜歡和他人爭辯的人。在日常工作中要是他的顧客稍有挑剔，他就會臉紅脖子粗地和挑剔的顧客針鋒相對地爭辯。當時他告訴我：「有一次，一個傢伙對我的卡車挑三揀四，我就火了，大聲地教訓了他幾句，誰知那傢伙就不買我的卡車了。」

奥海爾是個特例，因此我在訓練他與他人溝通的時候，並不教他如何和他人交談，而是教他學會傾聽和沉默，以便減少他跟別人爭論的機會。現在經過訓練的奥海爾已經是紐約懷特汽車公司的優秀推銷員了。他是如何改變自己不良的生活習慣，而獲得成功的呢？下文是他的心得：

現在如果我走進顧客的辦公室推銷汽車，顧客卻說：「什麼？懷特汽車？這車子太不好了！就算你送給我，我都不會接受的。先生你知道嗎？我需要的是某某汽車！」「是的，先生。」我會這樣和他說，「某某這個品牌確實不錯！你買這種車絕對很好。它們是大企業生產的產品，並且他們的推銷員也是很優秀的。」

我這樣順著顧客的意思說話，顧客就無話可說了，因此我和他之間就沒有什麼好爭論的了。如果他還是說某某汽車是最好的，我也會迎合他說得很對，這樣他也沒什麼好辯的了。他總不能在我同意他的觀點後，又繼續說某某汽車是多麼的好吧？等他停下來，這樣我就有機會向他介紹懷特汽車的優點了。

這事情若是放在過去那些年裡，我聽到他這樣說話，早就火了，我會在他面前挑某某汽車的毛病；可是我愈是這樣批評某某汽車不好，顧客就愈說它好；我愈是和顧客爭辯，他就愈是喜歡我競爭對手的車子。

現在回想過去，真不曉得自己是如何做推銷員這種工作的。在推銷產品的時候，我竟然把絕大部分的時間放在與顧客爭辯上，而現在我學會迎合顧客的觀點，推銷的效果居然比過去要好得多。

正如智者班傑明．富蘭克林所講的：「假如你在生活和工作當中經常和他人爭辯，也許偶爾能夠取得暫時的勝利，但那勝利卻是虛無的，因為你將因此而永遠地失去了他人對你的好感！」

我們得好好地思量一下富蘭克林的話，我們是要那種表面上的、事後又會感覺到無比空虛的勝利，還是要獲得他人對自己的永久性好感？這兩樣東西，絕大多數的時候我們很難兼得。

有一次，波士頓的一本雜誌上刊登了一首寓意深刻又有趣味的詩歌：

這裡
躺著的是威廉．傑伊的屍體
他臨終前認為
沒有遺憾死得其所
但是

他的想法在他人看來
正如他躺在此地的屍體一樣。

也許你在有的爭辯中是很有道理的，但是當這些爭辯變成是強行改變另一個人固有的觀念時，我們都會發覺那其實是一種徒勞而又辛苦的工作。

威爾遜總統在任期間的財政部長小威廉·麥卡杜，用他多年的從政經驗總結出一個教訓：「在任何時候、任何地方，我們都不可能依靠辯論使得無知的人從內心信服。」

小威廉·麥卡杜說的話太溫和了。以我多年與各種生活經歷不同的人交往的經驗看，不僅僅是無知的人，就是任何人，如果你想用爭辯改變他們的想法，都只能是徒勞。

有一個例子可以說明我上面所講的話：有一次，稅務顧問帕森斯和一個政府稅收稽核員，為一筆九千美元的款項爭論了一個多小時。帕森斯認為這九千美元事實上是應收帳款裡的呆帳，不可能收回的，所以不該徵收所得稅。而那位稽核員反駁說：「我不認為是呆帳，所以應該徵收。」

帕森斯在訓練班上說：

那是個傲慢而冷酷，性格固執的傢伙。和這樣的稽查官員講道理，簡直是噩夢。你愈和他爭辯，他就愈固執，簡直毫無辦法。因此，為了破解僵局，我決定放棄與他爭論，換個話題，對他「認真」的工作態度給予讚賞。

我對他說：「比起您處理過的其他重要而困難的事情，這件事實在是微不足道。我也花費過很多精力來研究稅務問題，但是我得到的畢竟是書本上的死知識，而您的知識卻是來自實際的工作經驗。我真羨慕您有一份這樣貼近實戰的工作，那樣的話也許我就能夠有機會學習到更多的關於稅務的知識了。」

我對他說的這些話，每一句都是真誠的。這個時候，那個稅收稽核員在椅子上挺直了腰桿，接著就和我講了他從事稅務那麼多年裡得出的經驗，他在實踐工作中發現過很多逃漏稅的鬼花樣，後來他口氣緩和下來，又談到他的孩子和家庭瑣事。在我走之前，他告訴我關於那九千美元的徵收稅，他會再研究一下，過幾天告訴我結果。

不到三天，他約見了我，並告訴我那筆九千美元的稅，按照稅務條例來看是呆帳，可以不用繳納。

這名稅務稽核員表現了普通人常有的人性弱點，就是他需要一種別人認為自己是重要人物的感覺，以及他人對他權威性的重視。帕森斯在九千美元的稅務呆帳上和他爭論，他就很自然地強調自己在這個方面的權威性。一旦帕森斯承認了他在稅收上的成就，他自然就變得寬厚，而且能夠容忍他人觀點了。

拿破崙的管家康斯丹，在他的《拿破崙的私生活拾遺》一書裡，寫到拿破崙與約瑟芬打檯球時，拿破崙對他說：「我很清楚自己的檯球技術強過約瑟芬，但是每次打檯球我都想方設法讓約瑟芬贏，因為我知道只有這樣做她才能高興。」

康斯丹告訴我們一個亙古不變的人際規則：我們一定要讓自己的顧客、朋友、丈夫或者妻子，在細小問題的爭論上經常勝過我們。

釋迦牟尼告誡他的信徒時說：「只有愛才能化解他人的仇恨。」因此，在人與人之間的交往中，只有對他人寬容、友善，不斷調整自己的心態，才能獲得他人的尊重，因為任何一種爭執，即使是最輕微的，也不能消解人與人之間的誤會。

林肯有一次在教導一位與同事發生爭執的軍官時說：「所有想成就大事業的人，不會在私人的爭執上耗費時間。因為他知道無謂的爭執不會有助於解決任何問題，只會讓人發火，讓他的理智失控。一定要在與他人擁有同樣權利的事情上多做一些讓步；與其和一隻狗爭路被牠咬，還不如讓出道路，即使當時殺了那狗，其結果同樣不能治癒你被牠咬的傷口。」

因此，在生活中讓他人認可你的第一項規則就是：不要與他人爭論。

”贏得爭論的方法，就是避免爭論。“

贏取友誼與影響他人實踐清單

- 是否有將「不要與他人爭論」帶入你的日常生活中？
- 在閱讀下一章前，是否把本章認真地閱讀過兩遍以上？
- 閱讀中是否經常停下來反思自己，並思考如何將書中的每一項建議應用到實際生活中？
- 你覺得這章的哪些字句對你有啟發作用？
- 這個月你複習過這本書了嗎？
- 最近是否有出現可以應用「避免與他人爭論」的時機？應用後的結果如何？
- 是否請朋友監督你，要求他們發現你違反某項原則時，適時地提醒你？
- 自己在這一週裡做錯了哪些事？哪些地方有待進步？該如何改進？
- 請將這一實踐經歷寫入記事本裡。

2 尊重他人的意見

西奧多．羅斯福在白宮當總統的時候，他曾坦承他給自己定下的最高標準：假如每天他在處理事務上有百分之七十五的決定正確，那麼這一天他就已經做到最好了。

如果這個所謂的最高標準是二十世紀最受矚目的人對自己的希望，那麼我們又該如何去做呢？

假如你可以肯定自己每天在處理日常事務上有百分之五十五是正確的，那麼你就可以去華爾街日進斗金，娶明星做老婆，買豪華遊艇度假了。反之，假如你不能確定，那麼你又憑什麼指責他人的荒唐和錯誤呢？

你可以用自己的肢體語言、面部的神態、說話的語調告訴一個人，他確實錯了，正如用語言表達一般；然而，假如你直截了當地告訴對方他錯了，你以為這個人會對你感激不盡嗎？不，絕對不會的！因為你這樣做是對這個人的智力、判斷力、自信心以及自尊心等給予直接打擊，這不但不會讓他立刻改正錯誤，相反他會向你反擊的。即使你運用柏拉圖和康德的哲學邏輯和他講理，他也不會改變自己的意志。

在無法取得他人認同的時候千萬不要說：「既然你不願意承認自己的錯誤，我就證明給你看。」你說這樣的話就等於在說：「在這件事情上，我就是比你聰明，而且我還能夠找出證據證明你的錯誤。」

這是一種挑釁的行為，一定會引起對方的極度反感與不舒服，不用等你拿出證據他已經準備好迎戰了。即使你語氣委婉，要改變他人的意志也不是件容易的事情，更何況是在即將發生爭執的那種特殊情況下。那麼，我們為什麼不在那個時刻適度地控制住自己的情緒呢？

假如你想糾正他人的錯誤，就不應該直截了當地說，而應該使用一種巧妙方式，那樣才不會得罪對方。這就如同查斯特菲爾德勛爵告誡他兒子時說的：「最聰明的人是不會告訴別人自己聰明的。」

人們的觀念時刻都在發生變化，二十年前我認為正確的事情，現在看來已經是不對的了。甚至在研究愛因斯坦的相對論的時候，我也持有懷疑的態度。也許再過二十年，我看自己寫的這部書也會有所懷疑。現在我在任何事情上，已經不像年輕時那樣隨便下結論了。蘇格拉底屢次告誡他的門徒說：「我只知道一件事，就是我一無所知。」

我不希望看到自己裝得比蘇格拉底更聰明，所以在這裡我也在避免告訴人們日常生活中經常要面臨的問題是什麼，同時，我覺得這樣做對我自己也有好處。

假如有人說一句你認為不對的話，你知道他說錯了。但若是你使用下面的話來講，效果肯定不錯，比如「好的，就這件事情讓我們探討一下……因為我有個不成熟的看法；當然，也許我的看法是錯誤的，我經常把事情弄錯，如果我錯了，我願意改正過來……其實我的意思是……」等。

全世界的人都不會因為你說「也許這是不太對的，讓我們看看，究竟是怎麼回事」這樣的話，而責怪你的。

即便是一個科學家也是如此。有一次，我去拜訪既是探險家又是自然科學家的史蒂文生，他曾在北極生活了十一年，其中有六年時間，他的食物只有肉和水，沒有其他東西可以吃。他告訴我那時他正在進行一項實驗，我試著問他該項實驗是做哪個方面的證明時，他的回答讓我終生難忘：「一個嚴謹的科學家是永遠不敢證明什麼的，我只是試著去尋找事物本來的面目。」

你是不是希望自己的思維邏輯化？很好，除了你自己，沒有人能夠阻止你！只要你隨時敢於承認自己有可能犯錯，就永遠不會惹上麻煩，也不會與人發生爭執。而和你共事的人，也會受到你這種自我批評的影響，在出現錯誤的時候進行自我反省。當知道某個人犯了錯，你直截了當地告訴他，或者指責他，你知道會有什麼後果嗎？現在我講個案例供大家參考：

S先生是紐約市一位年輕有為的律師，前不久他在美國最高法院為一個極其重要的案子辯護，關鍵的是，這是一樁涉及一筆巨額資金和一項重要的法律問題的案子。

在辯護的過程中，審理這個案件的一位法官問他：「海軍法的申訴期限是不是六年？」

S先生用眼睛注視著法官，沉思了一會，然後說：「法官先生，海事法裡並沒有您提到的條文。」

S先生在演講訓練班裡回憶當時的情形時，說：「我這話剛一出口，整個法庭頓時陷入沉寂，當時屋子裡的空氣彷彿被冰凍一樣，瞬間降到了最低點。我知道自己是對的，是法官錯了，但是我卻當眾指出法官的錯誤。在這樣的情形下，那法官會對我的態度友善？不會的……當時，我相信自己講的話在法律條款中是有據可查的，我也很清楚那次辯護比我以前任何一場法律辯護都要好。但我錯了，因為我最終沒能說服法官。我失敗的原因就在於，我當眾告訴這個極有學問，而且又在法學界很有權威的人他錯了。」

在生活當中很少有人真正具有邏輯思考能力，而絕大多數人懷有成見，每個人都承受著嫉妒、猜測、恐懼，以及傲慢的傷害。很多人都不想改變他們的宗教信仰，以及已經養成的生活習慣，甚至他們的髮型。如果你打算告訴一個人他有錯，那麼我誠懇地奉勸你在每天早餐的時候，將魯賓遜教授所寫的一段發人省思的文摘閱讀一遍。他寫道：

在生活中，有時我們會發現，自己會在不知不覺中改變一些生活習慣，以及對待世界的態度。但假若有人指出我們做錯的事情時，我們就會面子掛不住並且惱羞成怒，對那個指出我們錯誤的人心懷怨恨。我們不會在意我們的意願或生活習慣因生活壓力而有所改變；可一旦有人要改變我們養成的生活習慣或固有的意願時，我們會突然變得固執起來，即使我們自己也很清楚那些生活習慣或意願對我們確實不好。之所以如此，並非我們對那些壞習慣有強烈的偏好，而僅僅是因為我們覺得自尊受到了傷害。

「我的」這個詞是人類最重要的詞彙之一，如果能夠恰到好處地加以運用，那就是智慧的開始。不管是「我的」飯、「我的」狗、「我的」房子、「我的」父親、「我的」上帝等等，這些詞彙都具有無盡的力量。

我們並不只是反對被人指出錯誤，而是根本就不願意看到有人來糾正我們的錯誤。我們樂意將我們認為「正確」的事情進行到底。若是突然有人質疑我們，就一定會激起我們的反感，並且使用各種手段來為自己辯護。

有一次，我請一位室內裝潢設計師替我配置了一套窗簾，等看到他送來的帳單時，我嚇了一大跳。

幾天之後，一個朋友來我這裡正好看到這套窗簾，在提及價格的時候，他嘲笑地說：「什麼？這價格太卑鄙了。是你自己不小心才上當受騙的吧。」

真是這樣嗎？對，她所說的句句屬實，可是人們就是不願意聽到這樣的大實話。因此，我竭力為自己辯護：「價格貴，說明材質比一般的好。」

次日，又有一個朋友來我這裡拜訪，她非常喜歡我的這套窗簾，並誠懇地加以讚賞，她對我說，自己也想買一套這樣的窗簾。我聽到她說的話後，反應跟昨天完全不同。我立即對她說：「說實話，這套窗簾的價格偏高，現在我自己都後悔死了。」

當我們有錯的時候，我們自己有可能會承認；假若對方給予我們承認錯誤的機會，我們則會從內心感激他；根本不需要他的提醒，我們自然就承認了。可是硬要把不符合我們胃口的東西往我們肚子裡塞，不但我們自己無法忍受，而且後果也會不堪想像。

美國南北戰爭期間，和林肯政見不同的著名評論家格里利，經常在他的政論文章裡嘲笑、謾罵林肯，以為用這種方式就能夠使林肯屈服。他年復一年、日復一日地攻擊林肯，甚至在林肯被刺的那天晚上，他還寫了篇又粗魯又刻薄地嘲笑林肯的文章。

難道他的這些尖酸刻薄的文章，能夠使林肯屈服嗎？答案是：永遠不能。

如果你想知道在生活和工作中如何與他人更好地相處，怎樣將自己調整到最佳的狀態，怎樣完善自己的人格與品性，你不妨去閱讀一下富蘭克林的自傳，這是一部很有趣的傳記作品，而且是部文學名著。

在這部著名的自傳中，富蘭克林講述了他如何努力改變自己喜歡爭辯的惡習，最後成為歷史上一個性格和藹又擅長外交事務的風雲人物。

年輕時代的富蘭克林也是個經常和他人爭吵的人，有一次教會裡的一位老教友把他拉到一邊，意味深長地教訓了他一番。

「兄弟，」這位老教友說，「對其他意見不同的教友，你的態度不是很合適，你用尖銳的語言攻擊他們很不應該。現在已經沒有人再在乎你的意見了。因為教內的兄弟都發現，只要你不在場，他們就會感受到更多的快樂。你知曉的東西似乎太多了，以至於再也不需要任何人告訴你任何的事……而事實上，你除了擁有現在的知識外，對於其他的知識一無所知，並且你真正知道的東西實在是非常有限，你明白嗎？」

據我所知，富蘭克林之所以能夠取得巨大的成功，在很大程度上得感謝這位老教友尖銳而誠懇的指點。當時的富蘭克林年齡已經不小了，他有足夠的辨別能力來領悟這位老教友話語中的深刻涵義。他深深地懂得，假如自己再不痛改前非，其結果便是遭受到朋友們的唾棄。因此從那之後，他把自己身上不良的習慣統統加以反思，並全部改正過來。富蘭克林在自傳中說：

自那次之後，我為自己制定了一條與人交往的規則，不讓自己在意念上和任何人有相牴觸的地方，我不再固執己見，在和他人交流的時候，凡是含有肯定意思的字句，例如「當然」、「毫無疑問」這樣的話，我都改成「據我的推斷」、「我的揣測」或「我想像」等不確定的話來替代。在有人願意指出我的錯誤時，我首先告訴自己，馬上在心理上放棄反駁對方的念頭，然後立即轉入婉轉的對話……在某些時候，他所指的可能是正確的，但是現在的情況也許略微不同了。

沒過多久時間，我就感覺到自己的改變所帶來的好處。我參與的任何一次談話，都明顯地感到比以前更融洽和愉快。我能夠平和地向他人提出自己的建議，而他們會很快地接受，反對的阻力大為減少。在人們指出我的錯誤時，我也並不感到氣惱、憤怒。在我「正確」時，我更容易說服對方放棄錯誤的路線，並接受我的建議。

我剛實踐這個規則時，「自我」異常激烈地趨於對立的狀態，不自覺地反抗，後來就非常自然了，並養成了習慣。在過去的五十年中，也許已沒有人聽到我說出過一句武斷輕率的話了。在我看來，這得益於我的這種習慣的養成，每次我提出一項建議時，幾乎都能夠得到人們熱情的擁護與支持。我這人不擅長演說，口才不好，遣詞用句十分有限，說出的話也不是很得體，可是我的大部分意見和建議都能獲得普遍的接受與贊同。

那麼在商業上運用富蘭克林的方法，效果會是如何呢？現在就講兩個例子：

紐約自由街一一四號的瑪霍尼出售一種煤油專用設備。一個來自長島的老主顧向他預定了一批這種設備。設備的圖樣雙方已經確認過，設備的零件也已送廠家開始製造。但不幸的事情在這個時刻突然發生了。

這個瑪霍尼的老主顧在和他的朋友們談起這件事時，他的朋友們又給他提出了很多意見，說有的零件太長了，有的又太寬了，總之這個那個的，聽得這個老主顧一時沒有了主意，而且非常氣憤。他打電話給瑪霍尼要取消這次的訂單，並且拒絕接受已經生產出來的那些機件設備。

瑪霍尼回憶當時的情形，說：

> 我非常認真地查看了圖紙，發現我們並沒有什麼差錯……我馬上就意識到造成這種情況的原因，在於他和他的朋友們並不清楚這些機件製造的過程。可是，假如我立刻直率地說出那些話來，不但不恰當，反而會對這項正在進行的業務產生非常糟糕的影響。因此，我去了趟長島……我剛一走進他的辦公室，他就立刻從椅子上跳起來對我聲色俱厲地叫喊，彷彿要和我打架一樣。最後他說：「現在你準備怎麼辦？」
>
> 我心平氣和地跟他說，他有什麼要求，我都可以幫忙。我是這樣對他說的：「你是出資人，理所當然要提供給你滿意的產品。假如你認為你是對的，那麼請你再給我一張圖紙……雖然因為進行這項工程，我們已經花費掉二千

美元。我願意負擔這二千美元的費用，把正在進行中的那些工作取消掉，重新開始，按照你要求的做起。不過，我想當面把話說清楚，要是我們按照你現在給我的圖紙製造，再出現任何差錯，責任在你，我們不負任何責任。但要是還按照我們原來的計畫進行，出現任何一點差錯，則由我們全部負責。」

他聽了我的話後，情緒穩定下來了，最後他說：「那行吧，照常進行好了，如果真的有什麼差錯，那你們只有請求上帝的幫助了。」

最後的結果證明我們做對了，現在他又向我們訂了兩批設備。

在那個主顧侮辱我，幾乎要對我動手，指責我不懂業務時，我全力克制住自己，不和他爭論，也不為自己辯護。那是需要極強的自我克制力的，但我當時做到了，這是值得欣慰的。

當時如果我直率地告訴他，那是他的錯，並和他爭論起來，說不定我們還會在法庭相見呢。而結果可想而知，那就是雙方起了厭惡感並蒙受經濟上的損失，同時，我們也失去了一個極其重要的客戶。這件事情讓我深刻地體會到，直率地指出他人的錯誤，在商業事務上是極其不應該的。

下文是第二個例子——千萬記住，我所列舉的情況，你會在生活和工作中隨時遇到。

這些年來，紐約一家木材廠的推銷員克勞利，一直在說木材檢驗員的錯處，雖然每次與檢驗員的爭吵都獲得了勝利，除此之外就再也沒得到過什麼好處。他還因為喜好爭辯使得木材廠蒙受了上萬美元的損失。後來，他來我的訓練班學習後，決定改變他喜歡爭辯的習慣，那麼結果怎麼樣呢？以下是他給班上同學講的故事：

一天早上，我辦公室的電話響了，是一個憤怒的顧客打來的，他在電話裡告訴我，我們送去的木材完全不符合他的要求。他已經命令員工停止卸貨，並在電話裡要求我立即想辦法把木材運走。事情是這樣的，當他們在卸下四分之一貨物時，他們的木材品管員說，有百分之五十五的木材在標準等級以下，在這樣的情況下，他們當然拒絕收貨。

得知這種情況後，我立即起身前往他的工廠。在路上，我就在心裡盤算著怎麼處理好這件事。若是平常遇到這種事，我會引證木料分等級的各項條款，以及我從事木材品管員多年的經驗和常識說服那位品管員。我很清楚這次送去的木料是完全符合標準的，出現這樣的情況是由於那個品管員判斷上的差錯。可是，在這次事情的處理上，我還是運用了從訓練班學到的與他人有效交往的方法。

到了那家木材加工廠時，我發現他們的採購員和品管員的表情非常不友善，好像已準備好用談判的方式和我交涉。我隨他們到卸木料的場地，要求他們繼續下貨，以看看不合格的木料。我請品管員把他認為合格的與不合格的分放在兩處。

經過一陣觀察，我發現問題出在這個品管員身上，他的檢查看似過於嚴格，但是他弄錯了品管規則。這次送的木料是柏松，我知道這個品管員學習過關於硬木的知識，但對於柏松並不內行。至於我自己，則對柏松知道得很清楚，可是，我是不是應該對這個業務不熟悉的品管員發火呢？不，絕對不會。我只是觀察他如何檢驗，試探性地問他那些木材不合格的原因所在。當時我沒有任何暗示或指責他使用的方法是錯的。我只是做這樣的表示——為了今後送木料時不再發生錯誤，因此才不斷地向他請教。

我用積極友好的合作態度和他進行溝通，同時還稱讚他做事謹慎、能幹，說他找出不合格的木料是對的。這樣一來，我和他之間的那種緊張氣氛漸漸消失了，關係變得融洽起來。我會極其自然地插進一句經過我鄭重考慮過的話，使他們自己覺得那些他們認為不合格的木料，應該是合格的。因為我說得小心含蓄，所以他們知道我不是故意這麼說的。

他的態度慢慢地改變了。最後他向我承認，自己對於柏松這種木材檢驗的知識知道的並不是太多，並開始向我請教。於是，我便跟他解釋，怎樣的一塊柏松木材才是一塊合格的木材。同時，我還向他們表示：如果這次的木料不合格，他們一樣可以拒絕收貨。最後，他發現錯在自己，原因是他們並沒有在訂貨時說清楚他們對木料的要求。

我走後，這位品管員重新檢驗了所有的木材，而且全部接收下來，與此同時我也收到了一張即期支票。

從這件事可以看出，與他人相處，只要運用恰當的談話技巧，在對方出現錯誤時，不直接指出他的錯誤所在，就能夠有很好的效果。在處理木料事件時，我就是這樣做的，不但為公司節省下大筆的金錢，最重要的是贏得了客戶的好感，而後者是無法用金錢衡量的。

本章中我並沒有講什麼新理論。早在兩千年前，耶穌就曾這樣說過：「要愛你的敵人。」換句話說，就是要讚美你的反對者。不要和你的顧客、丈夫、妻子或者競爭對手爭辯，不要輕易指責別人的不是，不要激怒合作者或不和你合作的人，在處理日常工作時一定要使用外交手段。在西元前二千二百年，古埃及法老教導他的兒子時說：「在處理任何事務時，一定要使用外交手段，這樣才能幫助你達到你所期望的目標。」

因此，在生活中讓他人認可你的第二項規則是：尊重他人的意見。

”尊重他人的意見。永遠不要說：「你錯了。」“

贏取友誼與影響他人實踐清單

- 是否有將「尊重他人的意見」帶入你的日常生活中？
- 在閱讀下一章前，是否把本章認真地閱讀過兩遍以上？
- 閱讀中是否經常停下來反思自己，並思考如何將書中的每一項建議應用到實際生活中？
- 你覺得這章的哪些字句對你有啟發作用？
- 這個月你複習過這本書了嗎？
- 最近是否有出現可以應用「尊重他人的意見，不要說：『你錯了。』」的時機？應用後的結果如何？
- 是否請朋友監督你，要求他們發現你違反某項原則時，適時地提醒你？
- 自己在這一週裡做錯了哪些事？哪些地方有待進步？該如何改進？
- 請將這一實踐經歷寫入記事本裡。

3 學會認錯

離我家不到一分鐘的路程，就有一片原始森林，那裡的黑莓樹叢在春天會開出一片片的白色花朵，松鼠在那裡築巢，哺育幼崽，野草長得跟馬頭一樣高。這片未被破壞的林地稱為「森林公園」。那的確是一座漂亮的森林，在外觀上可能與哥倫布發現美洲時的樣子沒有太大的不同。我常常帶著我那隻名叫「雷克斯」的小狗去那裡散步，這是隻受過良好訓練的小狗，由於來這個公園的人很少，我通常不需要給雷克斯繫皮帶、戴口籠。

有一次，我和雷克斯在公園裡散步時，過來了一名騎警，這是個急於顯示自己職權的人。他看到我和雷克斯時便大聲地對我說：「你不給這隻狗戴口籠，讓牠在這裡到處亂跑，難道你不知道這是違反法規的嗎？」

我態度溫和地對他說：「是的，我知道，但是我想，在這裡，牠還不至於傷害到他人。」

那名騎警把頭昂得高高地說：「你想？不至於？可是法律不會管你怎麼想。你的這隻狗也許會傷害這裡的松鼠，也許會傷害到來這裡玩耍的小孩。這次我可以不罰你的款，不過下不為例，否則就要重罰你了。」

我點了點頭，答應照他的話去做。

我是真的聽從了那位騎警的話的，但只聽從了幾次。因為雷克斯不喜歡帶口籠，我自己也不太願意給牠戴上那東西，所以我決定碰下運氣。剛開始時什麼事都沒有發生，但我和雷克斯終於還是和那位騎警遇上了。那天，雷克斯跑到公園裡的一座小山上，朝前方看，一眼就看到了那名騎警，因為牠並不知道我和騎警的事先約定，牠在我面前又蹦又跳，還朝那騎警衝了過去。

這下，我知道事情壞了，所以我不等那騎警開口說話，就自己主動認錯：「很對不起，警察先生，我願意接受你的處罰，因為上次你就說過，在這裡，狗不戴口籠是違法的。」

但沒想到的是，那名騎警反而用溫和的口氣對我說：「現在我明白了，在沒有人的時候，帶一隻狗在公園裡散步是一件很有意思的事情。」

我只能苦笑著說：「是的，這是件很有意思的事情。只是，我已經觸犯了法律。」

那騎警卻為我辯護道：「像這樣的一隻狗，不可能傷害人的。」

這時我卻顯得很認真地說：「可是牠會傷害到小松鼠的！」

騎警聽我這麼講，就回答說：「那你把事情想得太嚴重了點，我告訴你怎麼做吧：你讓這個小傢伙跑過這個小山丘，不讓我看見就行，這事就過去了。」

騎警做為一個普通人，他也需要被他人尊重的那種感受。當我主動承認錯誤時，他唯一能夠體現出自己尊嚴的方式，就是採取一種對我寬容的態度，以便來顯示出他的仁慈。

要是那時我和那騎警爭辯，那結果就會完全不同了。

在這件事上我採取不和他爭辯，自己主動承認錯誤的做法是完全正確的。因此在心理上，我得迅速、坦白地承認自己的錯誤，事先把他要和我說的話講出來，這樣反而會讓他替我辯護，事情也就很圓滿地結束了，他也不會再用法律條文來嚇唬我，而且也不像上次那樣地嚴厲，這次，他完全寬恕了犯錯的我。

如果我們已經知道了自己一定要受到責罰，為何不先求得自責的機會，說出自己的錯誤所在，那不是比從別人嘴裡說出來要好受得多嗎？

如果我們在受到責備前，就迅速地找機會承認自己的錯誤，對方想對我們說的話我們已經先替他說出來，那他就沒有什麼可說了，這樣，我們就有百分之九十九的機會獲得他的原諒。正如那名騎警對我和雷克斯那樣。

費迪南．華倫是個商業藝術家，他就是使用上面這種處事方法，贏得了一個粗魯無禮的顧客的好感。他在訓練班講述了事情的經過：

在為廣告商和出版商繪圖的時候，精確無誤的技術相當重要。有的編輯要求立刻完成他們交代的事項。這樣一來，很難避免在繪製圖畫時犯一些細節上的小錯誤。在我所認識的人當中，有一個負責美術方面的客戶，最喜歡雞蛋裡挑骨頭，因此我經常和他鬧得不歡而散。問題不是因為這個美術編輯的批判和挑剔，而在於他所指出的所謂的問題並不恰當。

一次，我交完畫稿，不一會兒就接到他打來的電話，要我立即去見他。不出我的所料，他正滿面怒容地等著我。我突然想起訓練班教我的「主動承認錯誤」的這招，所以我馬上對他說：「先生，我知道您不高興了，這是我工作上不可寬恕的疏忽，我為您畫了那麼久的畫，應該知道怎麼去畫才是……我感到很慚愧。」

這個美術編輯聽我這樣說，馬上就為我辯護起來：「是的，話雖這樣，但是總體還是不錯的……只是……」

「不管程度怎樣，」我打斷他的話說，「總會受到影響的，讀者看了會不順眼。」他想插嘴進來，但我不想讓他說，這也許是我平生第一次自我批評吧。於是我接著說：「平日您照顧我那麼多的生意，我應當加倍努力完成您所需要的東西的。這幅畫我帶回去，馬上重畫。」

這時，他搖著頭對我說：「不，不，我不想浪費你的時間。」接著，他開始稱讚我，並且還很實在地對我說，他所需要的只是做一個小小的修改。他同時向我表示，這個微小的錯誤不會對他的公司有什麼損害。這是件細微的事情，還讓我在這件事上別太在意。

鑑於我急切地自我批評，本來怒氣衝天的他消除了憤怒。最後，他還邀請我共進午餐，在我們分手前，他又簽了一張支票給我，還給了我另一份工作。

愚蠢的人只會在自己犯錯時，盡力地為自己所犯下的錯進行申辯，而一個主動承認錯誤的人，卻能讓自己出類拔萃，並給對方一種尊貴和品德高尚的感覺。

美國歷史上有一個這樣的例子：

南北戰爭的時候，南方軍隊總司令李將軍將在蓋茨堡戰役的皮克特衝鋒失敗歸咎到自己身上，進行自我檢討，這是他做過的最完美的事。皮克特的那次衝鋒戰是西方戰爭史上最為光榮、生動的戰役之一。皮克特是個風度翩翩、長相英俊的年輕人，他留有一頭赭色的披肩髮。就像拿破崙當年在義大利戰役中那樣，除了作戰，他每天忙著寫情書。

在那個慘痛的七月的一個下午，他意氣風發地騎著戰馬奔向北方聯軍陣地，英武的姿態贏得了他麾下所有士兵的喝采，大家都跟隨他向著前線挺進。北方聯軍遠遠地看到這樣的軍隊，也不由得發出讚歎聲。

皮克特率領他的部隊迅速地向前推進，他們經過果園、農田、草地，穿越過峽谷，即使北方聯軍的炮火朝他們猛烈襲來，他們也英勇地向前推進。

突然間，埋伏在墓園石牆隱蔽處的北方聯軍從皮克特軍隊的後面一湧而出，把他們包圍了。北方聯軍用步槍不停地對毫無準備的皮克特軍隊射擊，頓時，山頂火光四起，有如火山爆發一樣。在短短的幾分鐘內，皮克特所率領的五千名士兵，幾乎損失掉了五分之四。

皮克特率領他的殘餘部隊，越過石牆，用軍刀挑起自己的軍帽並激勵他的士兵前進：「兄弟們，衝啊！」

頓時，軍隊士氣大增，他們越過石牆，與北方聯軍短兵相接，經過殘酷激烈的肉搏戰後，皮克特所率領的南方軍隊將他們的戰旗插上了山頂。

南方軍隊的戰旗高高地飄揚在山頂上，雖然時間非常短暫，但卻是南方軍隊與北方聯軍作戰以來取得的最好戰績。

雖然皮克特和他所率領的殘餘部隊在這場戰役上，贏得了人們對他們的普遍讚譽，但這也是南方軍隊總司令李將軍的輝煌軍事生涯走下坡的開始。因為李將軍知道他的軍隊再也不能深入北方了。

最終，南方軍隊戰敗了！

李將軍統領的南方軍隊受到了重創，他懷著悲痛懊喪的心情向南方邦聯的領導人大衛斯總統提交了辭呈，請總統另外委派「年輕有力的人」前來領導南方軍隊。假如李將軍將皮克特的慘敗歸罪於其他人，他可以隨便找出十幾個、二十個甚至上百個理由來，他隨口就可以舉出例如師長不盡職責、後援部隊進展太慢、炮兵部隊沒有及時跟進協同步兵作戰等。

但李將軍沒有將責任推卸給他人。當皮克特率領他殘餘的部隊回來時，李將軍一個人騎著馬去迎接了他們。他令人肅然起敬地自我批評說：「這次戰役的失敗，我應該承擔全部的責任。」

在人類戰爭史上的著名將領，很少有人擁有李將軍這份勇氣和品德，敢於坦蕩地承認自己軍事決策上的錯誤。

阿爾伯特．哈伯德是個極具煽動性的作家，他文章裡的譏諷文句經常會引發人們對他的反感，但是哈伯德是一個講究化解衝突技巧的人，他經常可以把對手變成朋友。當讀者憤怒地寫信批評他時，他會這樣回覆：「你說得對，看完你的信件，經過仔細思量之後，連我也無法全盤地贊同自己那時的想法。昨天寫的這些，今天看了自己也不以為然。我現在很想知道你對這個問題的具體看法，如果下次你到了我家附近，很歡迎你來我這裡做客，這樣我們就可以就這個問題進行深入探討了。」

要是你收到一封這樣的信，你還能說些什麼呢？

如果我們做對了，我們就要巧妙婉轉地讓他人贊同我們的觀點。但如果我們錯了，就得迅速、坦白地承認自己的錯誤。在日常生活中靈活地使用這種自我批評的方法，不但能夠獲得我們意想不到的結果，而且在若干情形下，比為自己所犯下的錯誤進行辯護要有趣得多。

別忘記古人用經驗教訓換來的這句話：「爭奪，不會讓你獲得更多。可是當你謙讓時，你卻能夠獲得比你所期望的更多。」

因此，在生活中讓他人認可你的第三項規則是：學會認錯。

”如果你錯了，要迅速而明確地承認錯誤。“

贏取友誼與影響他人實踐清單

・是否有將「學會認錯」帶入你的日常生活中？
・在閱讀下一章前，是否把本章認真地閱讀過兩遍以上？
・閱讀中是否經常停下來反思自己，並思考如何將書中的每一項建議應用到實際生活中？
・你覺得這章的哪些字句對你有啟發作用？
・這個月你複習過這本書了嗎？
・最近是否有出現可以應用「迅速而明確地承認錯誤」的時機？應用後的結果如何？
・是否請朋友監督你，要求他們發現你違反某項原則時，適時地提醒你？
・自己在這一週裡做錯了哪些事？哪些地方有待進步？該如何改進？
・請將這一實踐經歷寫入記事本裡。

4 從友善待人開始

盛怒之下你對他人發上一通脾氣，固然能夠使你宣洩掉心中的怨氣，可是這樣做，別人的感受又如何呢？他可能分享你的輕鬆和快樂嗎？你挑釁的語氣，仇視的態度，他是否接受？

威爾遜總統說：「假如你握緊拳頭來找我，那麼我也要告訴你，我的拳頭握得比你的還要緊。但若你換另一種方式來找我，並對我說：『假如我們彼此意見不同，那就讓我們坐下來一起商量，想想我們意見不同的原因到底在哪，一起找出癥結所在。』這樣我們不需要多久的時間就會發現，我們彼此思想上並不存在太大的差距，同多異少。換句話說，只要善於忍耐，加上我們彼此解決問題的誠意，我們就可以把問題解決好。」

約翰．洛克菲勒對威爾遜總統所說的這句話所包含的道理，極為推崇。那是一九一五年的事了，約翰．洛克菲勒還是康乃狄克州一個毫不起眼的小人物。那次煤鐵礦工罷工，也是美國工業史上最血腥的罷工之一，震撼了整個康乃狄克州長達兩年之久。

那些礦工要求康乃狄克州煤鐵公司加薪，遭到了拒絕，而康乃狄克州煤鐵公司的董事長就是約翰．洛克菲勒。剛開始礦工們只是破壞房產，事情發展到最後，政府不得不調動軍隊進行鎮壓。這樣的流血事件接二連三地發生，參加罷工的礦工很多都死在了槍口之下。

那個時候，仇恨繚繞在康乃狄克州的每一個角落，可是洛克菲勒要負責做罷工礦工復工的工作，而他也真的做到了。他是如何獲得被鎮壓的礦工的諒解，並且完成這一使命的？整個事情的經過是這樣的：

洛克菲勒花了幾個星期的時間去拜訪被鎮壓礦工和死難礦工的家庭，然後他召集罷工代表並發表演說。這篇演講稿是他的成功傑作，因為它使得那些憤怒的礦工們平息了心中的怒火。他的演說當即就贏得了多數人的贊同。這次演說中，他極為友善的態度感動了罷工的礦工，使得他們回到了自己的工作崗位。但是，演說中人們最為關心的加薪問題，罷工的礦工們一個字都沒有聽到他有提及。

以下就是這篇著名演講稿，請注意它在文字語句間流露出來的那種友善氣息。千萬別忘了，洛克菲勒的這次演說是講給前幾天還想要將他吊死在酸蘋果樹上的那些礦工們聽的。可洛克菲勒所講的話，卻比醫生、傳教士所講的更為和藹謙卑。

洛克菲勒的演說開頭是這樣的：

今天是我有生以來最值得紀念的一天，因為這是我第一次有幸和公司的勞工代表、職員，以及督察委員會的朋友聚在一起，所以我倍感榮幸，終生難忘。要是在半個月前舉行這次聚會，在你們當中即使有我認識的人，也是非常少的，我站在這裡和一個陌生人沒有什麼兩樣。

前段日子，我有機會前往南煤區你們的住所，和各位代表做過個別溝通，拜訪了你們的家庭，見到了你們的老婆和孩子，因此今天我們再次在這裡見面，在我看來就可以算作朋友，而不是陌生人了。在這種友好互助的氣氛下，我很高興有這樣的機會，和大家一起討論有關我們共同利益的事，以及我們共同的前途。

參與這次聚會的，包括公司職員、勞工代表，我有幸站在這裡都是承蒙各位的厚愛，雖然我既不是職工，也非勞工代表，但我認為我和在座各位的關係非常密切，因為我代表著股東，自己也是董事會成員之一。

這樣的演說難道不是化敵為友的最具有代表性的例證嗎？如果洛克菲勒一開始就不顧後果地和情緒激憤的礦工們大辯一場，在礦工面前，用罷工帶來的既成事實斥責和威脅他們，同時指出他們所犯的錯誤，那麼結果又將如何呢？顯然，那一定會激發更多的憤怒和仇恨，礦工會有更多甚至更激烈的反抗，並且會毫不退讓地堅持自己的罷工大潮。

假設有這樣一個人，實際上他在我們的生活和工作當中確實存在，他內心對你已經抱有成見，對你有厭惡的情緒，即使你找出所有最有道理的理由，也無法讓他接受你的觀點。使用強迫手段是無法使他接受你的意見的，要是我們退讓一步，用真誠的態度，友善、溫和的話語和他進行溝通，那麼你和他之間的衝突就有可能化解。

一個世紀之前，林肯就說過類似的話，他說：「一滴蜂蜜，比一加侖的膽汁，可以捕獲更多的蒼蠅。」這是一句古老而真實的諺語。對待他人也是如此，你想要讓別人贊同你的觀點，首先必須要讓他相信你是他最忠誠的朋友，這樣一來，你與他的關係就走向了寬敞而富有理性的大路，因為有一滴蜂蜜注入了他的內心。

從商業的角度來講，如果企業家能夠明白在職員罷工時使用親和的態度來對待，那麼他會知道，這樣的舉動也是值得的。現在我用一個例子來證實我上面說的話：

懷特汽車公司擁有二千五百名員工，為了增加薪水，工會組織員工罷工。公司總裁羅伯特．布萊克並沒有為之震怒而斥責威脅員工，他甚至連指責員工的罷工行為是一項暴行的話都沒有說過，相反地，他還對罷工員工的行為大加稱讚。在報紙上，他刊登了一則廣告，稱自己公司的罷工員工的行為是「放下工具以求和平之舉」。

布萊克先生看到罷工的糾察隊員顯得無聊，便為他們買來棒球，請他們在公司空地上打棒球。他還為罷工員工中喜歡保齡球的租了個大房子供他們娛樂。

布萊克對公司罷工員工的和善行為，使他獲得了回報。不久，罷工的工人反而弄來了掃把、鐵鍬、垃圾拖車，將工廠四周的紙屑、火柴和菸蒂打掃得乾乾淨淨。那些正在為加薪和要求公司承認工會而罷工的工人們，在罷工中還幫助工廠打掃衛生，清理工廠四周的環境，這樣的情形在美國歷次罷工中是從來沒有過的，而且是聞所未聞的事。那次罷工在一個星期內和解，企業高層和員工之間沒有因此而產生一絲怨恨。

丹尼爾．韋伯斯特是美國著名的政治家、法學家和律師，他被很多人奉為天神，在法庭辯論中他從來不做無謂的爭辯，只是向法官和對方律師提出自己最有力的見解，在平時與他人交流時，措詞也非常溫和。

他常用的語言是：「在座的各位陪審員先生們所考慮的這點……」「這情形似乎還有進一步探討的可能……」「諸位先生，下列幾項事實，我相信大家是不會粗心疏忽的……」或「我相信你們對人情都是十分了解的，所以輕易就能夠看出這些事實的重要性……」等等。

韋伯斯特的措詞中絲毫沒有威脅、執意壓迫，或者強加於人的意思。他所使用的是輕鬆友善的說話方式，在輕描淡寫中說服對手，就是這種方式，使得他在美國律師行業中出類拔萃。

你可能永遠不會被要求解決罷工或向陪審團發言，但你有可能想要降低你的租金。那麼，這種友善的方式會對你有幫助嗎？讓我們來看看。

工程師斯特勞布希望減低目前的房租，它太昂貴了，可是他知道自己的房東是個老頑固。斯特勞布在講習訓練班上對我們說：

我寫信給房東，告訴他，我的租約期滿，就要搬出公寓，其實我並不想搬出這個公寓。如果他能適當地減低房租，我還是願意在他的這個出租房裡住下去。但是我很清楚這樣理想的情況不可能出現，即使有，機會也是極小的，原因是我很清楚他以前的許多房客都像我這樣嘗試過，但是都以失敗告終。他們還告誡我，房東是個很難應付的人。可是我對自己說，我正在學習如何與他人相處的課程，我很願意用自己學習到的知識在那個房東身上碰碰運氣。

接到我的信後，房東帶著他的祕書過來。我站在門口，用舒瓦伯那種熱烈歡迎的方式迎接他們。我並沒有在一開始就提到房租的事情，而是先對他講我有多麼喜歡他這間公寓，對他管理房子的方式大加讚賞，並且告訴他，我十分希望能夠繼續在這裡住下去，可是我實在付不起如此昂貴的房租。

我敢打賭，從來沒有一個房客會如此熱情地歡迎他，他甚至有些不知所措了。

接下來，他也真誠地對我講述了他遇到的諸多煩心事：一些房客總是對他抱怨，有一個房客曾經寫了十四封信給他，有的語言極具侮辱性。還有一個房客恐嚇他說，如果再不制止樓上那個房客徹夜的打呼聲，他就要立刻取消租房合約。

房東對我說：「對我來說，能擁有你這樣能夠滿足的房客，簡直是太珍貴了。」然後，沒等我提出要求，他就主動將租金降低了。我希望能夠再少一些，便說出了自己負擔得起的金額，他毫不猶豫地同意了。

臨走時，他還向我詢問房間裡是否有需要裝修的地方。

試想，當時如果我使用和其他房客同樣的方式，直接要求降低房租，那麼我一定會和他們有相同的遭遇。我最終能獲得如此的結果，都是因為我運用了親切、讚美和同情的方法。

讓我們再來看看一位女士經歷過的事情。她是在社交圈上名聲很好的長島沙灘花園城的黛夫人。黛夫人說：

最近，我邀請幾個朋友共進午餐，對我來說，這是個重要的聚會，我當然希望聚會中的所有事情都能順利並且令人滿意。

我的管家名叫艾彌爾，他經常幫助我將這樣的事情處理得很好，然而這一次，他卻讓我失望了。

那次午餐的飯菜做得很糟糕，艾彌爾也沒有到場，只派來了一個廚師。這個廚師完全不了解高級宴會的情況，這次宴會失敗透了。我心裡充斥著怒火，但在客人面前也只能強裝笑臉，心想，再見到艾彌爾肯定不能輕饒他。

後來有一天，我聽了一場有關人際關係學的演講，我意識到如果一味地責備艾彌爾，就會激怒他，使他懷恨在心，心情糟糕，那樣以後可能再也沒法請他幫忙了。

我試著從他的立場考慮：首先，午餐的食材並不是他買來的，他自己並沒有親自下廚做菜，只能怪那個廚師太笨，才把那次宴會弄砸，對於艾彌爾而言，他也是沒有辦法。其次，也許是我自己把事情看得過於嚴重，不經思索就大發脾氣，這是不對的。最後我決定用友善和讚許以及誇獎的方式來處理這件事情，並且我相信這樣做一定有效。

隔天，我見到艾彌爾，沒有生氣，也沒有斥責。我對他說：「你知道嗎？艾彌爾，在我宴請客人的時候，要是你在場的話，就讓我放心多了。你是全紐約最好的管家，昨天宴會的菜，不是你親手去採購回來做的；昨天發生那樣的事情，我知道，對你來說也實在是沒有辦法。」

艾彌爾聽我這樣說，陰沉的臉上立刻閃現出笑容來，他對我說：「夫人，真的，那問題就出在那個廚師身上，和我一點關係都沒有，真不是我的錯。」

我趁機對他說：「艾彌爾，我準備再舉辦一次家宴，到時我需要你對宴會安排的建議，你認為我們是不是應該再給那個廚師一次機會？」

艾彌爾急忙點頭說：「當然，太太，你放心，一定不會再出差錯了。」

到了下個星期，我再次設宴款待客人，艾彌爾向我提供了功能表的詳細資料。我給了他很多的小費，沒有再提起上一次的錯誤。

我們來到宴席，餐桌上擺著兩束好看的鮮花，艾彌爾親自在旁邊細緻地照料著，對每一位來賓都親切友好。就算我宴請的是瑪麗皇后，也不會比這更周到了。食物可口，服務熱情，服侍在旁的侍者是四個而不是一個。最後一道甜點是由艾彌爾親自端上來的，整個宴會圓滿成功。

散席後，我宴請的主客笑著問我：「那個管家被你施了什麼魔法？我從沒見過如此殷勤周到的侍者。」他說的沒錯，這一切都是友善和真誠的讚賞換來的。

很多年以前，我在密蘇里州西部居住的時候，每天都要赤腳經過一座樹林到鄉村學校。有一天，我讀到一篇關於太陽和風的寓言故事，太陽和風在爭論誰的力量大。

風對太陽說：「我馬上就把我的力量證明給你看……你看見那個穿風衣的老人沒有？我可以馬上把他的風衣脫下來，到時候你就知道我們兩個誰的力量大了。」

接著，風刮了起來，幾乎形成了颶風，可是風刮得愈大，老人把風衣往身上裹得愈緊。

最後，風只好停了下來。這時，太陽從雲朵後面露出了和善的笑臉，陽光溫柔地灑在老人身上。沒多久，老人就一邊擦著額頭上的汗水，一邊把身上的大衣脫了下來。於是，太陽對風說：「憤怒和暴力永遠都比不上溫柔和善的力量。」

我剛讀過這段寓言，波士頓城就發生了一件能夠證明這段寓言所包含的真理的故事。波士頓是美國文化教育中心，小時候，我從來不敢奢望有機會去那裡一次。三十年後，波士頓的B醫生成為我訓練班裡的學員，他為我們證實了這一真理。以下就是B醫生在班上所講到的事情：

在那個時期裡，波士頓各大報紙上幾乎遍布虛假的醫藥廣告，例如專門替人打胎，用駭人聽聞的話恐嚇病人，使他們害怕，這些庸醫們這麼做的目的主要是為了錢財。患者在接受他們治療之後就得聽任他們擺布，這樣就造成了許多無辜患者的死亡，可是這些庸醫被繩之以法的卻少之又少，他們只需要花費少量金錢，或者動用政治勢力，就能夠輕易擺脫法律的制裁。

這種惡劣的情況愈來愈嚴重，最終引發了波士頓上流社會人士群起而攻之。牧師在佈道時抨擊、痛斥那些刊登汙穢廣告的報紙，指責他們沒有職業道德，祈求上帝能停止那類廣告的刊登。其他的市民團體、商人、婦女協會、青年團體等紛紛站出來痛斥，可是仍然無濟於事。州議會中也有過激烈的爭論，要讓那些刊登有害的廣告的行為成為非法，並將發布廣告的人繩之以法，但是由於對方有政治背景，效果並不明顯。

那個時候，B醫生是一個基督教團體的主席，他曾經嘗試過幾乎所有的方法，但都以失敗告終。這樣看來，對付這種醫藥界敗類的運動簡直一點希望都沒有了。

一個夜晚，時間已經非常晚了，B醫生毫無睡意，依舊苦苦思考著那件事。最終，一個所有波士頓人都沒有想到過的方法浮現在他腦海裡，他要嘗試使用和善、同情和讚美的方法，讓那些報紙自動停止刊登那種不負責任的廣告。

B先生寫了一封信給波士頓銷量最好的報紙，他對該報紙大加讚美，在信中說這份報紙刊登的新聞內容翔實，尤其是上面的社論，更是讓人過目難忘，作為家庭類報紙毫無疑問是最好的。B醫生在他的信中說他們的報紙是全州最好的報紙，也是全美國最完美的新聞讀物之一。接著他話鋒一轉，寫道：

前幾天，我的一位朋友對我說，他的女兒有一天讀到你們報上的一則墮胎廣告，就問他那是什麼意思，他很尷尬，不知道怎麼向天真可愛的女兒來解釋。

在波士頓的高素質家庭中，你們這份報紙很受歡迎。在其他家庭裡，不知道會不會發生和我朋友家裡同樣的事情。若是你有這樣一個天真可愛的年幼女兒，你願意她看到那樣的廣告嗎？若是她也問你類似的問題，你又該怎樣回答呢？

貴報的製作在各方面都非常完美，然而因為存在這樣的情況，很多父母只好禁止他們年幼的孩子閱讀貴報。對於這點，我深深地為貴報感到惋惜，而除我以外的上萬讀者，肯定也會和我有一樣的想法。

信發出去兩天，這家報紙的發行人給B醫生回信了，這封信標明的日期是一九〇四年十月十三日。B先生把這封信保存了三十多年，當他來到我的訓練班時，他把這封信展示給大家看，信的內容是：

本月十一日，本報編輯送來一封你寫的信，閱讀後深覺感激，這是本報紙自創刊以來，一直沒能實施的事情。

從星期一起，本報將刪除所有報導中不受讀者歡迎甚至被讀者反對的廣告。至於某些暫時無法取消的醫藥廣告，在經過編輯謹慎處理後，以不引起讀者反感為原則進行刊登。

感謝您信中的建議，使我受益匪淺。

發行人海斯格爾

《伊索寓言》是一部經久不衰的作品，它能流傳到今天，祕密是什麼呢？是作品中體現的人性。生活於西元前六百多年的伊索，原是希臘克羅伊斯宮裡的奴隸，他編寫這本書，對於人性的教育，就如同波士頓報社發生的情況，即使是在二千五百年前的希臘雅典也是如此：太陽比風更能讓人脫去外衣。用慈愛和友善的方式與他人接近，能夠讓他人改變原有的心意，這比用暴力的攻擊征服他人更有效。

請記住林肯所說的那句話：「一滴蜂蜜，比一加侖的膽汁，可以捕獲更多的蒼蠅。」因此，在生活中讓他人認可你的第四項規則就是：從友善待人開始。

”從友善待人開始。“

贏取友誼與影響他人實踐清單

- 是否有將「從友善待人開始」帶入你的日常生活中？
- 在閱讀下一章前，是否把本章認真地閱讀過兩遍以上？
- 閱讀中是否經常停下來反思自己，並思考如何將書中的每一項建議應用到實際生活中？
- 你覺得這章的哪些字句對你有啟發作用？
- 這個月你複習過這本書了嗎？
- 最近是否有出現可以應用「友善待人」的時機？應用後的結果如何？
- 是否請朋友監督你，要求他們發現你違反某項原則時，適時地提醒你？
- 自己在這一週裡做錯了哪些事？哪些地方有待進步？該如何改進？
- 請將這一實踐經歷寫入記事本裡。

5 試著讓對方說「是」

和別人交談的時候，別從一開始就討論彼此意見相左的事，先說一些彼此基本上談得來的事。假如可以，你更應該說出你的見解，告訴對方，你們所追求的目標差不多，只是使用的方式稍微不同而已。這樣一來，交談一開始對方就會連連說「是！是！」總的來講，就是要盡量防止你談話的對方說「不」這個字。

奧弗斯特里特教授在他寫的那本《影響人類的行為》一書中說道：「『不』這個字是人際交往中的一種障礙，是人最不容易克服的一種反應。當別人說出『不』之後，他為了維護自己的尊嚴就不得不堅持下去。爭論之後，他也許會覺察到自己錯了，說出這個『不』是不對的，但是在那種場合他必須維護自己的尊嚴。而你對自己所說的每一句話，也必須堅持到底。因此，為了讓與你交談的對方從一開始就朝著你的方向，正確地引導他，那是和他人的交流中非常關鍵的技巧。」

那些有交談技巧的人，在他們說話時，你注意傾聽，這樣一開始的時候他們就能夠得到交流者很多的肯定反應，從而可以將聽者的心理朝正確的方向引導。

不說其他，就拿人們在交談前的心理狀態來講，當一個人「不」字說出口之後，他的心裡就潛藏下了這種拒絕和反抗的意識，進而使得他所有的生理器官、腺體、神經系統、肌肉完全陷入這種狀態，形成一個防禦、緊張狀態。相反地，當一個人給出的是肯定的回答時，他就不會出現這種反應，而是表現出一種積極、開放和接納的狀態。因此，當一次談話開始時，能夠引出對方更多肯定的回答，就更容易為後來的談話贏得對方的贊同和欣賞。

得到「是」這個反應，本來是一件極其簡單的事，但在實際生活當中卻經常被人們忽視。有些人好像一張嘴就準備反對別人的意見，好像只有這樣做才能顯得自己和別人不同。激進的人和保守的人會談，一般很容易將對方激怒。這樣做，如果僅僅是為了心理上的快感，或許是可以被原諒的，如果是需要去完成一件事，那這樣做就太不划算了。

如果你的妻子、顧客、學生或者丈夫，他們在和你溝通時一開口就說「不」字，那麼就算你絞盡腦汁，有極大的耐心，也是很難改變他們的反抗和抵抗情緒的。說「是」的方法在現實生活中的運用是非常巧妙的，紐約格林威治儲蓄銀行的出納詹姆斯．艾柏森，使用這種方法挽回了一位富翁開立帳戶。

艾柏森回憶當時的情形時說：

有個人走進我們銀行準備開戶，我按照我們銀行的規定將申請表遞給他，有些問題他回答得很爽快，有的卻不願意回答。

在我還沒有研究人際關係學之前，我處理這種情況的一般做法是直接告訴顧客，如果他不把表格填上，就只能拒絕他開戶。當然，在說出這些話時我會有一種權威感，覺得自己很有尊嚴，甚至會揚揚得意。

但是這天上午，我運用了剛剛在訓練班學到的一點點知識，決定不和顧客談銀行對顧客所要求的條件，而是和顧客談他所需要的事情。因此我決定先誘使他回答：「是！是！」於是，我首先贊同他的觀點，告訴他，那些表格上需要他回答的問題，其實並不是非填寫不可的。

我對那位顧客說：「你是否願意在你離開這個世界後，你存在我們這家銀行的錢，由銀行轉交給你最親愛的人？」

那位顧客立刻回答我說：「當然。」

我接著對他說：「那麼，你就依照我們銀行的辦法去做怎麼樣？把你最親愛的人的姓名等基本情況填寫到這份表格上，假如你萬一出現不測，銀行就會立即將這筆存款移交到你最親愛的人手上去。」

那位顧客聽了我的話後又說：「嗯，不錯。」

那位固執的顧客態度的轉變的原因，是他完全明白了填寫銀行的那份表格對他有利。他在離開銀行之前，不但把表格填好了，還接受我的建議，用他母親的名字開一個信託帳戶，有關他母親的情況也都按照表格要求填上了。

讓顧客一開始就說：「是！是！」對方便忘記了爭執的事情，並且很愉快地按照我的建議去做了。

西屋電氣公司的推銷員約瑟夫．艾利森，也講述過自己的一段成功推銷的經歷：

在他負責推銷的地區有一位非常有錢的企業家。他們公司很想賣給他一批貨物，然而，過去他們公司的那位推銷員花了近十年的工夫，卻始終沒能與這位富商談成一筆生意。他接管了這一地區之後，也用了三年的時間去那裡兜攬他的生意，但是也沒有任何結果。經過十三年不斷地訪問和會談後，這位富商僅買了幾臺發動機，但這帶給他希望，假使這次交易成功，發動機沒有問題，這位富商感到滿意，或許今後他還會買進更多的發動機。

而這些發動機到底會不會發生故障？當然，他知道不會有任何故障。於是，過了段時間，他便去拜訪這位富商。

他去的時候原本很高興，但是他高興得似乎太早，這位富商見到他，當面就和他說：「艾利森，我們不打算再買進你們公司生產的發動機了。」

他吃了一驚，立刻問他出了什麼問題。

富商說道：「我從你們那裡買的發動機散熱功能不好，我無法把手放到上面去。」

他知道，和富商爭論，對事情沒有一點好處，以前也曾經出現過類似的事情，他要想辦法讓富商說「是」。

他對那個富商說：「史密斯先生，我完全同意你說的，如果那臺發動機散熱不好，我勸你就不要再買了。你當然不希望所買的發動機熱度超出電工協會制定的標準，對不？」

富商點頭表示同意。他得到了富商的第一個「是」字。

他接著又說：「一臺標準的發動機在工作時可以高出室內溫度攝氏二十一度，這是美國電工協會規定的，是不是？」富商同意他的這一說法，接過話說：「當然是你說的那樣，可是你們公司生產的發動機，比協會規定的溫度還要高出很多。」

艾利森沒有和他爭辯，只是問富商：「你們工廠的溫度是多少？」

富商想了想說：「大概攝氏二十四度。」

艾利森說：「那就是了，廠溫攝氏二十四度，再加上原有的攝氏二十一度，一共是四十五度。假若你把手伸到攝氏四十五度的開水中，手會不會被燙傷呢？」

他還是說「是」。

最後艾利森向富商建議說：「史密斯先生，以後你不用手去觸碰那臺發動機不就好了！」

富商接受了他的建議，說：「我想你說的是。」他們交談了一會兒後，富商把他的祕書叫來，為下個月定下了三萬美元的貨物。

艾利森花費了很多年的時間，損失掉數萬美元的生意，到最後才明白與客戶爭論不是生意人明智的做法。你必須從對方的觀點去看待問題，想方設法讓對方給你肯定的答覆，這才是成功的祕密所在。

古希臘大哲學家蘇格拉底是個風趣的老頑童，他生前喜歡打赤腳，四十歲時就禿頭了，卻和一個只有十九歲的妙齡少女結了婚。他為全人類做出了傑出貢獻，歷史上很少有人能夠與他相比。他成功地改變了人們的思維習慣，直到今天，人們還尊崇他為有史以來最能影響這個紛擾世界的勸誡者之一。

蘇格拉底到底使用了什麼方法？他曾做過指責他人過錯的事嗎？沒有，蘇格拉底從來沒那樣做過。

他的處世技巧現在被我們稱為「蘇格拉底式辯證法」，也就是以「是」做為他唯一的反應觀點。他談話的對象，從來都是他的反對者，他們與他辯論，但到後來那些人都願意接受他的觀點，原因在哪裡呢？那就是他能夠連續不斷地獲得他的反對者的認可，到最後使他的反對者在不知不覺中，接受了在數分鐘前還堅決否定的結論。

當我們想指出他人的過錯時，首先要想起蘇格拉底，並問一些能夠獲得對方肯定性的回答的問題。

中國有句充滿東方智慧的諺語：「輕履者行遠。」

中國人花了五千年漫長的歲月來研究人的天性，那些博學的中國知識分子寫下了許多充滿智慧的言語，就如同「輕履者行遠」這句話一樣。

如果你想獲得他人的認同，第五項規則就是：試著讓對方說「是」。

”立即讓對方說：是！是！“

贏取友誼與影響他人實踐清單

- 是否有將「試著讓對方說『是』」帶入你的日常生活中？
- 在閱讀下一章前，是否把本章認真地閱讀過兩遍以上？
- 閱讀中是否經常停下來反思自己，並思考如何將書中的每一項建議應用到實際生活中？
- 你覺得這章的哪些字句對你有啟發作用？
- 這個月你複習過這本書了嗎？
- 最近是否有出現可以應用「立即讓對方說：是！是！」的時機？應用後的結果如何？
- 是否請朋友監督你，要求他們發現你違反某項原則時，適時地提醒你？
- 自己在這一週裡做錯了哪些事？哪些地方有待進步？該如何改進？
- 請將這一實踐經歷寫入記事本裡。

6 給對方說話的機會

與人交談時要盡量讓對方把自己的看法說出來，因為每一個人對自己的事或問題要比旁人清楚得多。許多人，當他們想要別人贊同自己的意見時，就是話說得太多了，把話說過了頭，所以達不到想要的結果。尤其是做推銷工作的人，職業習慣使他很容易犯話多的毛病。因此，在與人交往的時候，你應該多問對方所關心的問題，並讓對方自己來訴說。

交談中或許你並不同意對方的看法，或許忍不住要插嘴，但是請你不要這樣做，因為這樣做很危險。當對方還有很多看法想要訴說的時候，他的注意力不會集中在你的身上。因此，你在那一刻必須忍耐，並且還要保持舒暢的心情安靜地聽下去，而且還要用最為誠懇的態度鼓勵他，讓他把所有要說的話都說完，讓他將自己的想法表達清楚。

這樣的溝通策略運用在商場上是否有效呢？讓我們看看下文的這個例子：

幾年前，美國最大的一家汽車公司正要採購一年份的坐墊布料。當時有三家生產這種布料的廠家把樣品送過去給他們備選，該公司的高層管理人員驗看樣品之後，便與三家生產商約定商談日期，到時再決定選購哪一家生產商的產品。

奇伯是其中一家廠商的代表，可是偏偏就在商談的那天患上了嚴重的咽喉炎。當輪到他去見汽車公司那些高階管理人時，他竟然連一點聲音都發不出來。但他仍被帶進了會議室，和紡織工程師、採購部門經理、行銷部主任，以及那家汽車公司的總經理見面。當他站起來想要介紹自己和他所在廠的產品時，只能發出沙啞的聲音來。

他們圍著一張圓桌坐著，因為奇伯嗓子發不出聲音，他只能用筆把他想說的話寫在一張紙上，他寫道：「諸位，我得了很嚴重的咽喉炎，說不出話了。」

總經理說：「好吧，那就讓我替你說。」這位總經理代替他說了。他把奇伯廠家的樣品逐一展開讓大家看，並且稱讚這些產品的優點。產品評估會就這樣開始了。由於是這位總經理代替奇伯介紹產品，在產品評估討論的時候，奇伯只能用點頭、微笑，以及手勢來表達自己的意思。

這是個奇怪的產品評估會議，會議討論的結果是奇伯獲得了這家汽車公司的訂貨合同，他們一次就向奇伯訂購了五十萬碼的坐墊布料，總價值一百六十萬美元。這是奇伯迄今為止經手的最大一筆訂購單。

奇伯也知道，如果不是自己得了嚴重的咽喉炎說不出話，他很有可能失去這份訂貨合同，因為在這之前，他對這次產品評估會的個人判斷是完全錯誤的。這一次意外的事故讓他明白了一個道理，就是讓別人替自己說話，有時是很好的方法。

賓夕法尼亞州荷蘭農民區是個富庶的農民區，費城電器公司的職員范伯在那裡進行調查的時候，也發現了類似的情況。

當范伯經過一戶整潔的農民家庭時，他問該區代表：「這些人怎麼不愛用電？」

該區代表愁眉苦臉地說：「他們都是些愛財如命的人，幾乎沒有買過我們的任何東西。而且，他們還很討厭電器公司，我已經好幾次試圖與他們接近，但還是毫無結果。」

范伯相信該區電氣代表所說的是實話，可是他想再去嘗試一下。他上前敲了這家農戶的門，不一會，門打開了一條小縫，年老的特根堡太太從裡面探出半個頭來。

下文是范伯講述的當時情況：

特根堡太太看見是電器公司的代表，立即就關上了房門。范伯又去敲門，老太太再次把房門打開，這一次她乾脆直截了當地告訴我們她對電器公司的看法。

我向她解釋說：「很抱歉，特根堡太太，得打擾您一會兒，我不是來向您推銷東西的，我來只是想買一些雞蛋。」

這次她把頭探出來，門開得大了一些，用懷疑的目光直盯著我們。我接著解釋說：「我看到您餵養的都是多明尼克雞，所以我想在您這裡買一打新鮮的雞蛋。」

她聽我這樣說，又把門開大了些：「你怎麼知道我養的是多明尼克雞？」她突然好奇起來。我解釋說：「我自己也是養雞的，但是從來就沒有見過比您這裡更好的多明尼克雞了。」

這位特根堡太太質疑地問：「那你為什麼不用自己的雞蛋呢？」我回答她說：「我養的是萊亨雞，那雞下的蛋是白色的。您會烹飪自然就肯定會做蛋糕，棕殼雞蛋比白色的雞蛋好，難道不是這樣嗎？我太太總對她做蛋糕的手藝感到自豪。」

這個時候，特根堡太太才放心地從門後出來，她的態度一下子溫和了許多。同時我也看到了院子裡的奶牛棚，因此繼續說：「我敢打賭，您養雞賺來的錢比您丈夫賣牛奶賺來的錢要多很多吧，特根堡太太。」她聽了很高興地說：「當然是我賺的錢多。」可她固執的丈夫卻不肯認同這個事實。

接著，她邀請我們參觀她的養雞房，在參觀的時候，我不失時機地讚賞她養雞的技術，並且問了很多關於養雞的問題，和她在養雞的經驗方面交換意見。

這個時候，特根堡太太突然想起了一件事，她說她的鄰居們都在自己的雞房裡裝置了電燈，據說效果相當好。她徵求我的意見，要是她也在雞房裝置電燈的話，是不是划算。兩個星期之後，特根堡太太的雞房亮起了電燈。我做成了這筆生意，而特根堡太太因此得到了更多的雞蛋，這筆生意是雙贏的，何樂而不為呢？

這個證例的重點是，如果范伯不投其所好，他就永遠都無法將電器賣給這位荷蘭的老太太。

有的人你絕對不能要求他去做什麼，而必須是讓他自己去做。

一份在紐約市銷量很大的報紙，在經濟版一欄中，刊登出一則占據很大篇幅的廣告，說要聘請一個有特殊專長和經驗的人。科波尼斯寫信過去應徵，幾天後他收到約他面試的回信。在他前去應徵之前，科波尼斯花了很多精力在華爾街打聽所有有關這家商業機構創辦人的創業事蹟和人生故事。

當科波尼斯與這家機構的總裁見面時，他說：「如果我能進到您這樣有成就的商業機構工作，我會感到非常自豪。據說，在二十八年前，您還在創業的初期階段時，除了一間辦公室、一把椅子、一張桌子，以及一名速記員外，什麼也沒有，真的是這樣嗎？」

幾乎每一個在事業上有成就的人，都喜歡回憶自己早年創業時的艱難情形。科波尼斯對面的這位老總也不例外。他談到了自己用四百五十美元現金和一股創業的意志，創造出今天的成功事業的奮鬥歷程。又談到自己如何克服創業實踐中的困難，如何與失望搏鬥。每逢節假日都不休息，每天工作十二小時到十六小時，最後，他又如何戰勝困難。現在，華爾街最有地位和身分的金融家都來向他請教問題。他對於自己所取得的成就感到自豪。最後他隨便問了問科波尼斯的經歷就叫來他的副總經理，指著科波尼斯說：「我想這位先生就是我們需要的那個人。」

科波尼斯費盡心思和周折去蒐集、了解他未來上司過去的創業光輝史，這是他對自己未來上司表示出的關心，並且誘導和鼓勵對方多說話，讓這個上司給自己講述他的經歷，而使自己給上司留下美好的第一印象。

在現實生活中，所有的人都喜歡多談論自己的成就，而真的喜歡聽別人講述的人可以說是少之又少，即使聽眾是我們的朋友。

法國哲學家拉羅什福柯曾說：「假如你想得到仇恨你的人，好勝心強過你的朋友就可以了；可是，如果你想得到更多朋友，那麼讓你的朋友強過你就好。」

這句話應該怎麼理解呢？當朋友覺得在許多方面勝過你的時候，他的自尊與在他人心目中占有重要地位的欲望得到了滿足。而當你顯現出在任何一個方面超過他時，他會有種自卑感，從而會引發他無端的猜忌。

德國有句諺語：「當我們所猜忌的人發生不幸時，我們內心會產生一種惡意的快感。」

生活就是這樣，有些人，甚至是我們自己的朋友，他們寧願看到你遭遇到困難，也不願意看到你成功，因為那樣他們的內心才感到一種「公平」的快樂。

因此，在生活中，我們應該虛懷若谷，為人處世要處處謙讓，即便是你很成功，也不要過於張揚、驕傲。謙虛會永遠使人喜歡你，所有的人都願意和你親近。著名作家考柏就有這樣的為人處世的技巧。有一次，在法庭聽證會上，一個律師對考柏說：「考柏先生，我聽說，在美國，您是一位很著名的作家，對不？」

考柏回答說：「實在不敢當，那是個十分僥倖的事。」

在生活當中，我們應當謙遜，因為你我都沒有什麼了不起的，一百年之後，一切都會過去，我們當中誰都會被人們遺忘。生命短暫，不要把我們不值一提的所謂成就當成是一個值得炫耀的資本，沒有人會喜歡聽的。在生活當中，我們應該多鼓勵別人，多給他人說話的機會。仔細想想吧，你和我確實是沒有什麼可以向他人炫耀的。

如果你想獲得他人的認同，第六項規則就是：給對方說話的機會。

「鼓勵對方多說話。」

贏取友誼與影響他人實踐清單

- 是否有將「給對方說話的機會」帶入你的日常生活中？
- 在閱讀下一章前，是否把本章認真地閱讀過兩遍以上？
- 閱讀中是否經常停下來反思自己，並思考如何將書中的每一項建議應用到實際生活中？
- 你覺得這章的哪些字句對你有啟發作用？
- 這個月你複習過這本書了嗎？
- 最近是否有出現可以應用「鼓勵對方多說話」的時機？應用後的結果如何？
- 是否請朋友監督你，要求他們發現你違反某項原則時，適時地提醒你？
- 自己在這一週裡做錯了哪些事？哪些地方有待進步？該如何改進？
- 請將這一實踐經歷寫入記事本裡。

7 讓別人與你合作

你對自己所啟發的想法，是否比他人用銀盤盛著交到你手上的那些想法更有自信？假如是的話，那麼，如果你要把自己的想法和意見硬塞進別人的喉嚨，那豈不是很愚蠢的做法嗎？如果只提出自己的建議，然後讓別人自己去得出結論，這樣做是否是最聰明的做法呢？

下面就有一個例子：

費城的阿道夫·塞茨先生是我訓練班的一個學員，他在訓練班接受過培訓之後，突然覺得自己必須給公司裡那些意志渙散的推銷員，提振他們的工作熱情和信心。因此，他在公司裡召開了一次推銷員會議，在會上他鼓勵推銷員們告訴他，他們對他的期望；在會議中，他把員工們所提出的意見都寫在黑板上。然後，他對員工們說：「我完全可以給你們這些你們想得到的東西，但是我希望你們告訴我，在滿足你們的要求之後，我在你們那裡能夠得到什麼？」

他很快就得到了員工們給出的滿意答案，那就是忠心、誠實、樂觀、進取、合作，和每天八小時的熱忱工作。其中有的員工甚至願意每天工作十四個小時。這次會議的結果是，它讓公司的每一個員工在工作中充滿了新的朝氣。

塞茨先生說：「我在精神上和他們做了一次交易。對他們，我竭盡全力，所以他們也都付出了最大的努力。他們最需要的，便是談論他們的願望和想法。」

沒有人願意被強迫買一件物品，或是被派去做什麼事情。我們都喜歡隨心所欲地買東西，或者按照自己的意願做事，而且希望有人和我們談論我們的願望、需求和想法。

我再來舉一個例子：

從尤金·威森先生的情況來看，他在參加我這個研究人際關係學的訓練班之前，曾經損失了他應得的大筆佣金。威森是一個推銷員，在一家服裝圖樣設計公司工作，幾乎每週他都要到紐約去面見某個著名的設計師，這樣已經持續三年了。威森說：「他從不拒絕接見我，但是他也從不買我的圖樣，每次，他都認真地翻看我帶去的圖樣，然後說：『不行，威森先生，看來今天我們還是無法合作。』」

一百五十次失敗後，威森發現是自己太墨守成規了。於是，他決定每週抽出一個晚上的時間，用來研究人際關係，以開發新觀點，激發新的熱情。

沒過多久，他就決定用一種新的方法去試試。他帶著幾張那些設計師沒有完成的圖樣，走進那個買主的工作室，對那個買主說：「我希望你可以幫我一個忙……我這裡有幾張沒有設計完的圖樣，你可不可以告訴我，怎麼做才能符合你的需求？」

這位買主一聲不吭地看了一會兒圖樣，接著說：「威森先生，你把圖樣放在我這裡，幾天後再過來見我。」

三天後，威森再次去了他那裡，聽了買主的建議後，他把圖樣帶回去，按照買主的意思把圖樣完成。不必說，這次交易自然成功了。

這件事情發生在九個月之前，自從完成了那次交易，這位買主又訂購了十幾張圖樣，全部都是按照他的意思完成的，就這樣，威森賺了一千六百多美元的佣金。

威森說：「直到現在，我才明白過去為什麼會失敗。我總是強迫他買我覺得他會需要的圖樣。然而，現在我用的方法和以前完全不同了。我請他說出建議，讓他覺得那些圖樣是他親自設計的。現在，我不需要再向他推銷，他會自動來找我買了。」

富蘭克林・羅斯福在做紐約州長的時候，完成了一項不尋常的功績——他不但和政黨的重要人物保持著良好的關係，而且還讓他們對原先反對的改革措施表示贊同。讓我們來看看他是如何做的。

當重要職位出現人員空缺時，他就請那些政黨要員推薦接任的人選。羅斯福說：

一開始，他們推薦的都是些不受歡迎的人。於是我會對他們說，任命這樣的人不好，而且民眾也不會贊成的。

接著，他們又推選出一個人，這個人雖然沒什麼值得批評的地方，但是也沒什麼建樹。我就告訴他們，這個人無法達到民眾的期望。我請求他們選出更適合這個職位的人。

第三次，他們推薦的人看來差不多可以了，然而還是不太理想。

為此，我向他們表示感謝，請求他們再試一次。到了第四次，他們終於推薦了我需要的人，我對他們的幫助表達了感激之情，接著，便任用了這個人，而且把任命此人的功勞歸於他們。趁著這個機會，我對他們說，我做的事情讓他們感到愉快了，現在，輪到他們做些能夠讓我愉快的事情了。

我相信，對於此事，那些黨政要員們也非常願意去做，他們對政府諸如選舉權、稅法及市政法案等重大的改革採取支持的態度。

切記，無論什麼事情，羅斯福都會盡可能地徵求別人的意見，並且尊重他們的建議。當羅斯福任命重要人選時，他讓那些黨政要員們感到，能夠選出合適的人選，都是他們自己的功勞。

長島的一個汽車商也是用這種方法，賣給了一對蘇格蘭夫婦一輛舊汽車。以前，這個汽車商把汽車一輛一輛地展示給那對蘇格蘭夫婦，他們總是挑三揀四，嫌這不合適，嫌那有損壞的，或者就是太貴了。對此，這個汽車商來我的訓練班上請求幫助。

我們告訴他，不要強迫這種意志不堅定的人買你的汽車，要讓他自己主動買，也不用告訴他哪種款式的車子才合適。反正就是要讓他們覺得最後的決定符合他們的意願。

結果，情況有了好轉。幾天後，有一個顧客打算把自己的舊汽車換成新的，這個汽車商就立即想到那個蘇格蘭人，或許他們會喜歡這種老式汽車。他給那個蘇格蘭人打了個電話，說想請教他們一個問題。

那個蘇格蘭人接到電話後，立刻就趕來了，汽車商對他說：「我知道，在購物方面你們是內行人，我想請你給這部舊汽車估個價，然後，在做新舊交換的生意時，我心裡就能有譜了。」

聽到這些話，那蘇格蘭人笑容滿面——終於有人看得起他，願意向他請教了。他坐進車子，駕駛了一圈，然後說：「這樣的車子，你如果能以三百美元買進就算是撿到便宜了。」

汽車商問他：「如果我以三百美元買進，再以同樣的價格賣給你，你要不要？」「當然要，這是他自己估的價，是他自己的意願，這筆生意就這麼做成了。

同樣是使用了這樣的方法，一位X光儀器製造商將一批儀錶機械賣給了布魯克林市的一家大醫院，並且獲得了很高的一筆利潤。這家醫院計畫增加一個新部門，需要一套最好的X光儀器設備，推銷員們把負責此事的L醫生團團包圍住，七嘴八舌地向他推薦自己的東西。

可是其中的一個製造商比較聰明，懂得人際關係的技巧。他寫了一封信給L醫生。信的具體內容如下：

最近我廠完成了一套X光儀器，第一批貨已經運到我們的辦事處，但不敢說非常完美，所以我們還想再進行一些改進。不知你是否有時間到我們這裡來參觀一下，並且指點我們改進，以便這些儀器更符合你們的要求，如果你能賞臉光顧，我們將不勝感激。我知道你的日常工作非常繁忙，請告訴我你定下的時間，我將派車去接你。

在我的訓練班上，L醫生講述了這件事的經過：「當我接到那封信時，感到十分吃驚，不但出乎意料，而且還很高興。從來都沒有X光儀器製造商會來徵求我的意見，這一次，我體會到了被人重視的感覺，而且覺得非常榮幸。那個星期，我每天晚上都很忙，但是我特地取消了一個約會去看那套新儀器，愈看愈滿意。那套儀器並不是被強迫買下的，而是我覺得它很好，就做出了購進的決定，完全是我自己的意願。」

威爾遜總統執政期間，愛德華・豪斯上校在國內以及國際事務上的處理，對他有極大的影響力。威爾遜總統對豪斯上校的祕密諮詢及意見依賴的情況，遠遠超過對自己內閣依賴的程度。

那麼，豪斯上校是如何影響威爾遜總統做決策的呢？很幸運，我們現在知道了這個祕密。因為威爾遜自己曾對亞瑟・何登・史密斯透露過，而史密斯又在《星期六晚郵報》的一篇文章中，引述了豪斯的這段話：

認識威爾遜總統之後，我發現要改變他一項看法的最好辦法，是把這個新觀念，很自然地移植到他的心裡，讓他產生興趣，這樣就能夠讓他自己經常想到它。這種方法的第一次奏效，純粹是一次意外的發現。有一次，我去白宮拜訪他，催促他執行一項政策的實施，而總統顯然對這項政策不是十分贊同。但幾天後，在餐桌上，我很驚訝地聽見他把我的建議當作他自己的意見說了出來。

豪斯上校是否會打斷他說：「這不是您的主意，而是我的。」不，沒有，豪斯上校是不會這樣做的。他非常老練，不願意追求榮譽，他只要事情的成果。因此他讓威爾遜繼續認為那是他自己的想法。豪斯上校甚至更進一步，他讓威爾遜總統獲得這些建議的公開的榮譽。

要記住，我們接觸到的所有人，都會具有威爾遜的那種人性的弱點，所以，就讓我們使用豪斯上校的人際方法吧。

幾年前，有個住在新布倫瑞克的人，也是以同樣的方法得到了我的光顧。那個時候，我正打算到新布倫瑞克去釣魚、划船。我寫了封信給旅行社，打聽這方面的資料，順便請他們幫忙安排一下。

很顯然，我的姓名和住址被發放到了各接待處，該地的野營區和嚮導所立刻寄了信件和小冊子給我。這麼多的介紹，我不知道該如何選擇。這時，有一家野營區的負責人做了件聰明事，他把他們曾經接待過的幾個住在紐約的客人的名字和電話給了我，讓我打電話給他們，親自對他們野營區的服務進行調查。

在這張名單中，我驚訝地發現了一個熟人的名字，於是我打電話給他，向他打聽他的野營情況。然後我立即給那位野營區負責人，告知他我的抵達日期。

雖然每一家野營區的負責人都會以熱情真誠的服務來迎接我的光顧，然而只有這個野營區負責人能夠讓我心甘情願地接受他的服務。

因此，如果你想獲得他人的認同，第七項規則就是：讓別人與你合作。

”讓對方覺得這是他/她的想法。“

贏取友誼與影響他人實踐清單

- 是否有將「讓別人與你合作」帶入你的日常生活中？
- 在閱讀下一章前，是否把本章認真地閱讀過兩遍以上？
- 閱讀中是否經常停下來反思自己，並思考如何將書中的每一項建議應用到實際生活中？
- 你覺得這章的哪些字句對你有啟發作用？
- 這個月你複習過這本書了嗎？
- 最近是否有出現可以應用「讓對方覺得這是他/她的想法」的時機？應用後的結果如何？
- 是否請朋友監督你，要求他們發現你違反某項原則時，適時地提醒你？
- 自己在這一週裡做錯了哪些事？哪些地方有待進步？該如何改進？
- 請將這一實踐經歷寫入記事本裡。

8 學會換位思考

切記，當對方不承認自己的錯誤時，你不要斥責他。只有愚蠢的人，才會在這時責備別人，聰明人絕對不會這樣做，他會試著了解、原諒對方。

這個人為什麼會有這樣的想法和行為，一定有自己的理由，我們要把那個隱蔽的原因探測出來，然後，就可以清楚地了解他的性格和行動了。

你要讓自己站在他的立場，並且對自己說，「如果我是他，遇到這樣的事情，我會怎麼想，又會怎麼做？」你做了這樣的思考，就可以省下很多時間，免去很多煩惱。因為你已經知道了事情的原因，就不會憎惡日前的情況了。除此以外，你還可以增加很多人際關係上的技巧和方法。

在肯尼斯．古德編寫的《如何點人成金》一書中，有這樣一段話：「暫停一分鐘，把你對自己事情的關心程度和他人對此的冷淡態度做一比較，就會發現，世界上每個人的感受都是一樣的。從此，你就能夠像林肯、羅斯福一樣，掌握了人際關係的唯一堅實基礎。換句話說，應付人的成功，就是要感同身受地站在別人的角度思考，並理解別人的觀點。」

很多年以來，我大多數的消遣時間都在離自己家不遠的公園裡散步、騎馬，因此，逐漸地就對樹木有了愛護之心，每當我聽到樹林起火的消息時，心裡就會非常難過。這些火災不是粗心的吸菸者造成的，而大多是孩子們在林間野營生火時不小心引發的。有時樹林起火很嚴重，需要消防隊來才能撲滅。

而在公園的旁邊，樹立著一個告示牌：凡是引起樹林火災的肇事者，將被罰款或監禁。可這塊告示牌立得很偏，又毫不起眼，根本引不起人們的注意。有一位騎警是負責管理這座公園的，可是他對於自己的職責並不認真履行，因此，公園經常會出現起火的情況。

有一次，我急忙跑去告訴他，樹林起火了，正在急速蔓延，讓他通知消防隊。但沒想到他反應極其冷淡。他告訴我這不是他的事，那片起火的樹林不在他所管轄的範圍內。自那次之後，每逢騎馬到公園，我就自己執行保護公園樹林的職責。

剛開始時，我從未考慮過孩子們是怎麼想的，我看到他們在樹林裡生火野炊時，心裡很不快，就想立即制止他們。事實上，我做錯了！剛開始，我看見孩子們在樹林裡生火，就立即騎馬過去嚴厲地告訴他們說，在樹林裡生火是要被關起來的，要他們馬上把火熄滅。我還威脅他們說，如果不聽我的勸告，我就馬上讓警察把他們抓起來。實際上我只是在發洩自己對那警察不滿的情緒，因為我不希望有人在樹林裡生火而再度引起火災，但是我當時並沒有告訴孩子們我的想法。

那麼，我這麼做的結果如何呢？

那些孩子聽從了我的話，但是心裡極不服氣，在我騎馬離開不久，他們又重新生起了火，甚至有把整片樹林燒光的想法。

幾年後，我開始學習在生活裡如何待人處事、與人相處的知識和技巧，知道了在生活中應該多從他人的角度看問題。從此，我不再在與他人相處時，使用命令式的語言。如果是幾年後的今天，我再看到在公園樹林裡生火的孩子，我可能會這樣跟他們說話：「小朋友們，你們的晚餐準備做什麼吃？我小時候和你們一樣，也喜歡在野外做野炊，現在還記憶深刻。可是，你們知道嗎？在公園的樹林裡隨意生火是很危險的事情。但我知道你們是最乖的孩子，不會惹出什麼事情來的，對吧？

「如果是其他的孩子，我相信他們不會有你們這樣小心地注意不引起火災。

他們看到你們生火玩，自己也跟著玩起火來，回家時忘記把火熄滅，因此，火把周圍乾燥的樹葉都引燃了，結果整個樹林都被燒了。如果我們再不小心，這座公園就沒有樹木了。

「你們中有誰知道，在公園裡生火是被禁止的，違者是要坐牢的。我不是干涉你們野炊，我希望你們都玩得開心。只是你們不要讓火靠近乾燥的樹葉，在你們回家時，不要忘了滅火，在原有的火堆上蓋些泥巴。如果下次你們再想燒烤，我建議你們去那邊的沙丘，那裡不會有引起火災的危險。小朋友們，謝謝你們，祝你們玩得開心。」

如果多年前我和那些在公園裡生火的孩子說這些話，相信會有很好的效果，而且那些孩子肯定會很配合。因為他們在心理上不會牴觸和反感我說的話，他們不會感覺到被別人命令去做什麼事。他們既保全了面子，又會玩得很開心。這樣一來，大家都很滿意，因為一開始我是站在他們的立場上來處理這件事的。

在我們想要別人去完成一件事情的時候，我們自己不妨先閉上眼睛思量一番，要站在對方的立場上把整個情形想一想。然後問自己：「他為何要這樣做？」當然，這事情是有點麻煩，而且又費時間，可是你有沒有想過，這麼做你會獲得更多的友誼，並且為自己減少了不必要的麻煩，也不會為彼此之間增加不愉快的氣氛。

哈佛大學商學院陶亥姆就曾說過：「在我要跟一個人會談之前，我願意在他的辦公室前的走廊上來來回回走上一兩個小時，我要把我需要向他說的話，想得更有條理些，而且我會設想對方會怎樣回答我的問題，我絕不會冒失地沒有準備地就闖進他的辦公室。」

在你看完這本書的時候，一定能增加你的一種趨向：即當你接觸到每一件事時，你首先會為對方著想，而且能夠以對方的觀點去看待這事。雖然你在這本書裡只能學習到這些，但它會讓你在今後的生活和工作當中受益無窮。

因此，如果你想獲得他人的認同，第八項規則就是：學會換位思考。

”誠實地試著從別人的角度看問題。“

贏取友誼與影響他人實踐清單

- 是否有將「學會換位思考」帶入你的日常生活中？
- 在閱讀下一章前，是否把本章認真地閱讀過兩遍以上？
- 閱讀中是否經常停下來反思自己，並思考如何將書中的每一項建議應用到實際生活中？
- 你覺得這章的哪些字句對你有啟發作用？
- 這個月你複習過這本書了嗎？
- 最近是否有出現可以應用「試著從別人的角度看問題」的時機？應用後的結果如何？
- 是否請朋友監督你，要求他們發現你違反某項原則時，適時地提醒你？
- 自己在這一週裡做錯了哪些事？哪些地方有待進步？該如何改進？
- 請將這一實踐經歷寫入記事本裡。

9 了解他人的需求

你是否想知道一個神奇的句子？一個可以停止爭論，消解怨恨，製造好感，讓人們能夠傾聽你說話的句子？

沒錯，這句話就是：「我絲毫不會責怪你所做的一切，如果換作是我，也會做出這樣的決定。」

世界上最狡猾固執的人，聽到這樣一句簡單的話，也會立即不再強硬。可是，你說這句話的時候，必須是真誠的，因為如果你是他，你必定和他有相同感受。讓我以艾爾・卡彭為例：如果你來自遺傳的身體、性格和思想與卡彭完全一樣，而且你和他也有一樣的處境、一樣的經驗，那麼你就會成為和他一樣的人。因為，他會淪為盜匪，全都要歸因於此。

因為正是那些東西——而且只有那些東西——才使他成為現在的他。例如，你不是響尾蛇的唯一原因，是你的父母不是響尾蛇。

你能夠成為現在的樣子，從你自身來講，可以歸功之處很少。那個蠻不講理，讓你惱火的人，會成為那個樣子，做為他自己來講，也沒有什麼錯。你要做的，只能是惋惜、可憐和同情這個可憐的人。你必須牢記的是：如果沒有上帝的恩典，我也會和他一樣。

明天，你遇到的人中可能會有一大半都渴求別人的同情，如果你能夠同情他們，他們就會對你友好。

我在一次的廣播節目上，談論《小婦人》一書的作者奧爾柯特女士。我自然清楚她生長的地方是麻薩諸塞州的康考特，然而由於一時疏忽，我把這個地名說成了「新罕布什爾州的康考特」，如果這種錯誤只出現一次，或許還能夠原諒，可是我卻一連說錯了兩次。

那次廣播之後，我受到了大量質問、指責，甚至收到了侮辱的信件和電報，我無法抵抗的頭上似乎圍著一群嗡嗡亂叫的野蜜蜂。其中有一位在麻薩諸塞州康考特長大成人的老婦人，當時她正在費城居住，她對我發洩了她的強烈怒火。讀了她的信，我不禁對自己說：「感謝上帝，幸虧我沒有和這樣的女人結婚。」

我打算寫封信給她，對她說，弄錯了地名是我的不對，可是她卻一點都不懂得禮節。這自然是我對她能說的最不客氣的話。最後，我還會告訴她，她給我的印象有多麼的惡劣。可是我並沒有那樣做，我盡力約束、克制自己。我知道，如果我真的那樣做，那就太愚蠢了。

我不想和愚蠢的人爭論，所以我決定使她化仇恨為友善，我告訴自己：「如果換作是我，恐怕也會是這樣的態度。」所以，我決定對她心懷同情。後來，在去費城之前，我打了個電話給這位老婦人，我們的通話內容大致如下：

我說：「某某夫人，幾週之前，妳寫了一封信給我，為此，我非常感激！」電話裡傳出她溫和流暢的聲音：「很抱歉，我聽不出你的聲音，能否告知你是哪位？」

我說：「對妳來說，我是一個陌生人，我的名字是戴爾・卡內基。幾個星期前，妳收聽了我在電臺的廣播節目，並且指出了我犯的不可饒恕的錯誤。我竟然把《小婦人》的作者奧爾柯特女士的生長地點弄錯了，這是多麼愚蠢的事情啊，我要向妳表示歉意，妳花費時間寫信為我指出錯誤，我也非常感謝妳。」

她在電話裡說：「對不起，卡內基先生，我在信裡對你發脾氣，態度非常粗魯，應該是我向你道歉，請求你的諒解才對。」

我堅持說：「不，不，那不是妳的錯，是我應該道歉，就算是個小學生，也不應該犯我那樣的錯誤。第二個星期，我已經在節目裡更正了那個錯誤，但是我覺得，我應該親自向妳道歉。」

她說：「我的家鄉是麻薩諸塞州的康考特，二百年來，我的家族在那裡一直富有聲望，我的家鄉一直都是我的驕傲。當你把奧爾柯特女士說成是新罕布什爾州人時，我真的難過極了。然而我為寫了那樣的信深感愧疚和不安。」

我對著話筒說：「我願意實在地說，我要比妳難過十倍。我的錯誤並不會影響那個地方，可是卻傷害了我自己。像妳這樣一位有身分、有地位的人，是不會輕易給電臺播音員寫信的。以後，如果妳再在我的節目中發現錯誤，我希望妳還能來信指點。」

她在電話裡說：「你願意接受別人的批評，這種態度讓別人願意接近你，喜歡你，我相信你是個很好的人，我也非常願意認識、接近你。」

從以上的通話內容來看，當我站在她的立場，對她表示同情並且道歉時，我也得到了她的同情和歉意。我對自己能夠控制激動情緒、以友善應對侮辱而感到滿意，她能夠因此喜歡我，也給我帶來了更多的快樂。

所有在白宮工作的要員，幾乎都要遭遇此類人際關係問題的困擾，連塔夫特總統也不例外，他從自己的經驗中總結出一個結論：沒有什麼比同情更能夠消除惡感。在他編寫的《倫理服務》一書中，有這樣一個有趣的例子，講述的是他如何平息一位失望卻又有毅力的母親心中的怒火。

塔夫特總統是這樣講的：

在華盛頓居住的一位太太，她的丈夫在政界很有勢力；她要我為他的兒子安排一個職位，為此纏了我將近兩個月。她還請了幾個議院中的參議員，陪同她找到我，幫忙為她兒子職位的事情說話。

然而，只有技術型人才能夠擔任這個職位。後來，有關的主管推薦給我另外一個人擔任此職。沒過幾天，我就收到了那位母親的來信，指責我忘掉了別人施予我的恩惠，而且是我拒絕讓她過上快樂的生活。她的意思就是，我可以輕易讓她得到快樂，可是我卻不願意這樣做。還說自己曾經是如何勸她那一州的代表支持我的一項重要法案，可是我不但不報答她，還讓她過得不愉快。

當你收到這封信的時候，首先，你就會思考用怎樣嚴厲的言詞去應對這樣一個粗魯而沒有禮貌的人，然後，你或許就要開始寫信了。

但是，如果你足夠聰明，你會把這封信鎖起來，兩天後再拿出來——這樣的信，推遲幾天郵寄不會有什麼影響。然而兩天後，你再把這封信拿出來重新看一遍時，就會決定不再把它郵寄出去了，這便是我使用的方法。

然後，我冷靜地坐下來，用最客氣的言詞回信給她。我告訴她，我很明白一個母親在遇到這種事情的時候，會感到非常的失望。但是我對她坦白地說，這個職位的委任，並不是以我的個人意願就可以決定的，必須要找到一個適合這個職位的技術型人才，而那個主管推薦的正是這樣的人才，所以我才會接受。我希望她的兒子能夠在原先的工作崗位上繼續努力，並且期待他能夠有所成就。

看了我的信，她平息了怒火，並且寄來一封信，對她的魯莽言詞表示了歉意。

由於我所委任的那個人短時間內還不能來上班，因此沒幾天，我又收到了一封以她丈夫名字署名的信，然而信上的筆跡卻和前兩封一模一樣。這封信上說，因為兒子工作的事情，他的太太已經患上了神經衰弱，現在病倒在床上，胃裡似乎長了腫瘤。為了能夠讓他的太太恢復健康，他問我是否可以把已經委任的那個人換成他兒子。

我回了一封信，是給她丈夫的，我在信中說，希望他太太的病情是診斷錯誤的，而且我非常同情他們遇到這樣的情況，可是現在已經完全不可能撤回已經委派的人了。

幾天後，接任的人正式到職。就在我接到那封信的隔天，我在白宮舉辦了一場音樂會，而最先到達現場向我和塔夫特夫人致敬的，便是這對夫婦。

胡洛克算得上是美國第一個音樂會經紀人，他對如何應付諸如夏里亞賓、伊莎朵拉．鄧肯、帕芙洛娃這樣的藝術家，有二十多年的經驗。胡洛克對我說，為了能夠和那些性情古怪的音樂家友好相處，他總結出一個寶貴的經驗：必須要徹底同情他們可笑又古怪的性格。

胡洛克曾經擔任世界低音歌王夏里亞賓的經紀人三年時間。夏里亞賓的行為就像是被寵壞了的孩子，這讓胡洛克傷透了腦筋，用胡洛克的原話來說就是「無論在哪個方面，他都糟透了」。

例如，如果晚上有要登臺演唱的音樂會，當天中午，夏里亞賓就會給胡洛克打電話說：「我身體很不舒服，嗓子特別疼，看來今天晚上我無法登臺了。」聽了這樣的話，胡洛克會和他爭論嗎？不，他才不會這麼做！

他知道，做為一個藝術家的經紀人，絕對不可以這樣處理事情，所以，他會立刻動身前往夏里亞賓住的旅館，面帶同情地說：「可憐的朋友，你太不幸了，今天晚上你當然不能演唱了。我現在就去通知取消你的節目，跟你的名氣比起來，這損失掉的三千美元的收入並不算什麼。」

聽了胡洛克這樣的話，夏里亞賓會歎口氣，懷著感觸的心情說：「或者，你下午五點再來，看看到那時候，我的情況會不會有所好轉！」

五點的時候，胡洛克先生再次來到夏里亞賓的旅館，並且堅持要幫夏里亞賓取消他的節目。然而，夏里亞賓卻說：「你再晚一點過來，也許到那時候我會好一些的！」

七點半，這位低音歌王終於同意登臺演唱了，他提出的唯一條件，就是在他登臺之前，胡洛克先生要先上去告訴聽眾，夏里亞賓患了重感冒，嗓子不舒服。胡洛克會應付著答應他，因為只有這樣，夏里亞賓才會登臺演唱。

在蓋茲博士編寫的著名的《教育心理學》上，有這樣一段話：「追求被同情是人類的普遍現象，孩子受傷後，會急著展示他的傷口，甚至故意弄傷自己，以此來博得大人的同情。」

成人也是如此，他們到處訴說自己的損失或者意外傷害，或者是患上的疾病，以及手術的過程。「一般人都有自憐的習性。」

因此，如果你想獲得他人的認同，第九項規則就是：了解他人的需求。

”同情並理解他人的想法與需求。“

贏取友誼與影響他人實踐清單

- 是否有將「了解他人的需求」帶入你的日常生活中？
- 在閱讀下一章前，是否把本章認真地閱讀過兩遍以上？
- 閱讀中是否經常停下來反思自己，並思考如何將書中的每一項建議應用到實際生活中？
- 你覺得這章的哪些字句對你有啟發作用？
- 這個月你複習過這本書了嗎？
- 最近是否有出現可以應用「同情並理解他人的想法與需求」的時機？應用後的結果如何？
- 是否請朋友監督你，要求他們發現你違反某項原則時，適時地提醒你？
- 自己在這一週裡做錯了哪些事？哪些地方有待進步？該如何改進？
- 請將這一實踐經歷寫入記事本裡。

10 激起他人高尚的情操

我出生在密蘇里州的一個小鎮裡，附近的卡尼鎮就是當年的美國大盜傑西・詹姆斯的故鄉，我曾經去過那裡，傑西的兒了仍然生活在卡尼鎮。

他的妻子對我講述了當年傑西如何搶劫銀行和火車，然後把搶來的錢分送給附近的窮人，讓他們贖回抵押給銀行的田地的事蹟。

當時的傑西・詹姆斯或許覺得自己是個理想主義者，和兩代以後的杜奇・舒爾茨、「雙槍」克勞利、卡彭一樣。事實上，你遇見的所有人都會覺得自己很崇高，每個人在評價自己時，都認為自己善良、公正無私。

銀行家約翰・摩根在他的一篇分析文章中寫道：人們做每件事通常有兩個理由，一個是聽起來不錯的，一個是真實的。

人們會經常考慮那個真實的理由，而我們面對自己內心的時候都是理想主義者，更喜歡考慮那個聽起來不錯的理由。所以，想要改變一個人的意志，就需要把他高尚的動機激發出來。

如果在商業上使用這種方法，會不會太理想化呢？讓我們來看看賓夕法尼亞州某房屋公司的漢米爾頓·法瑞爾先生的例子：法瑞爾的客戶中有一個總是無法滿足的人，他對法瑞爾恐嚇說要從他的公寓搬走，但是這個房客每月五十五美元的租約還有四個月才到期，可是他卻說要立刻搬走，不理會什麼租約。

對於整個經過，法瑞爾這樣說道：

那個房客已經在這裡住了整整一個冬天。我知道，如果他們搬走了，在秋天到來之前，這間公寓是很難再租出去的。我眼睜睜看著自己將要失去二百二十美元，心裡萬分焦慮。

這件事如果是發生在以前，我肯定會找到那個房客，讓他重新讀一遍租約，並且告訴他，想立刻搬走，仍然要把剩下的四個月租金全部付清。

而這一次我卻用了另外一種方法，一開始便這樣對他說：「杜先生，聽說你打算搬家，但是我不相信這是真的。從各方面的經驗來看，我可以判斷出你是一個說話算數的人，這一點，我可以和自己打賭。」

這個房客安靜地聽著，沒有插一句嘴，我繼續說：「現在，我建議你把你決定的事情暫時先放一放，不妨再仔細考慮一下。到下個月繳房租的日子前，如果你還是打算搬家，我會接受你的決定。」

我停頓一下，接著說：「到那個時候，我會承認自己錯誤的判斷。但是我依然會相信你是個守信用的人，能夠遵守自己曾經立下的合約。因為，畢竟我們究竟是人還是猴子，都在於我們自己的選擇。」

果然如我所料，到了下一個月，這個房客主動來繳房租了。他對我說，他已經和妻子商量過此事，他們打算繼續住在這裡，他們覺得，履行租約是最光榮的事情。

已經去世了的諾斯克利夫爵士，有次看到報紙刊登出一張他不願意被公開的照片，於是就寫了封信給那家報社的編輯。在那封信裡，他沒有寫：「請不要再公開我那張照片，我很討厭那張照片。」他想激起對方高尚的動機。他知道，每個人都會熱愛自己的母親。因此，在那封信中，他換了一種語氣說：「因為我的母親不喜歡我的那張照片，所以請貴報以後不要再公開那張照片。」

當約翰・洛克菲勒希望記者停止對他孩子的拍攝時，他也激起了對方高尚的動機。他沒有說：「我不希望孩子的照片被公開。」他了解每個人內心中都不希望自己的孩子被傷害。他換了種語氣說：「各位，我相信你們當中很多人都是有孩子的，你們應該知道，孩子是不適宜成為新聞人物的。」

居魯士・柯蒂斯原本是緬因州一個窮人家庭的孩子，長大後成為《星期六晚報》以及《婦女家庭雜誌》的主編。在雜誌創辦初期，他沒有能力像別的雜誌一樣，可以支付高額稿酬聘請國內一流作家為他撰稿，然而，他卻成功地運用了人們高尚的動機。例如，他能夠請到《小婦人》的作者奧爾柯特在她聲望最高時為他撰寫稿子，誰都想不到柯蒂斯會使用這樣的特殊方法！他簽出一張一百美元支票，但並沒有把支票交給奧爾柯特，而是捐給她最喜愛的一家慈善機構。

也許有人會持懷疑的態度：「在諾斯克利夫、約翰・洛克菲勒和情感豐富的小說家身上使用這種方法或許會奏效，可是，如果是對那些不可理喻的人，能否使用同樣的方法呢？」

沒錯，這話說得很正確，任何東西都不可能在任何情形下產生同樣的效果；同樣地，不可能有一樣東西，可以在所有人身上都產生效果。如果你對你現在得到的結果感到滿意，那就沒有必要再改變什麼了。如果你覺得不滿意，那就不妨做些嘗試。

我以前的學員詹姆斯・湯瑪士曾經講過一個真實的故事，不管怎樣，我相信你會喜歡的：

某家汽車公司，有六個顧客拒絕支付一筆修理費用，他們不承認這一帳目，說帳目中有些地方弄錯了。可是每一張帳單上都有他們的親筆簽名，所以公司覺得這些帳目不會出錯。

以下是那家汽車公司信用部職員到顧客那裡催款時的步驟，你來看看，他是否會成功。

一、拜訪每一位顧客，坦白地告訴他們，此行的目的是按照公司的委派，來索取他們積欠的帳款。

二、清楚地向顧客表示，公司是絕對不可能弄錯帳目的，如果有錯，也是顧客的責任。

三、向他們暗示，公司顯然要在汽車業務方面比顧客內行得多。

來。

四、因此，沒有必要再做一些無謂的爭論。然而，他們最終卻爭論了起來。

這些方法能否讓顧客們心甘情願地還清欠款？這個問題，你不妨試想一下。事已至此，那位汽車公司的信用部主任不得不派出幾個法律方面的人才去應對，幸好總經理知道了這件事，於是查看那幾位顧客以前的付帳記錄，發現他們之前從未拖欠過。據此，總經理認為應該是公司的收帳方式有問題，於是，總經理找到湯瑪士，派他去收那些很難收回來的「爛帳」。

以下是湯瑪士先生的催款步驟，他是這樣做：

一、我去拜訪每位顧客，同時，也是去催要一筆積壓了很長時間的欠款，然而我卻對欠款隻字未提。我對他們說，我來的目的是為了調查公司對顧客的服務情況。

二、我明確地告訴顧客，在他們說完自己的想法之前，我是不會插嘴的，因為公司也不是完全不會犯錯誤。

三、我告訴他們，我只不過是關心他們的汽車；而我相信，沒有人會比他們更了解他們自己的汽車，所以我願意在這個問題上先聽他們的意見。

四、我讓他們盡量傾訴，自己則安靜地聽著，並且表示對他們的同情，當然，他們也希望我持這樣的態度。

五、等到那些顧客平靜下來，我便讓他們從公正的角度考慮這件事，我當然也想激發他們高尚的動機。於是，我說：「首先，我希望你能明白，我也認為這件事情的處理並不是很恰當，我們公司上次派來的人給你的生活帶來了困擾，並且惹惱了你，這實在是不應該，為此，我深表歉意。聽了你剛才所說的一切，我被你的耐心和公正的態度感動了。

「正因為你心胸寬大，才使得我有膽量請你幫我個忙，這件事情，你可以比其他人做得更好，也比其他人更適合去做。而且，你會比別人更能夠了解我給你開的這張帳單，請你仔細看一遍，看看是什麼地方錯了，你就把你自己當成是我們公司的總經理，可以全權做主，我們會按照你說的去做。」

他有沒有再次查看帳單？沒錯，他當然這樣做了，那些顧客都付清了欠款，而且在之後的兩年裡，那幾位顧客都先後購買了我們公司的新汽車。

湯瑪士先生這樣說：「我從經驗中得知，當不了解顧客的情況下，最好的辦法就是要先把那位顧客當作是誠實可靠的人，而且相信他是非常願意付帳的。一旦他確定了帳目是正確的，他就會毫不猶豫地還清。換句話說，每個人都是誠實並且願意履行義務的。即便是一些讓人為難的人，如果他能感覺到，在你眼裡，他是多麼的誠實正直，大多數時候，他也會以同樣的反應來對待你。」

因此，如果你想獲得他人的認同，第十項規則就是：激起他人高尚的情操。

”訴諸對方的高尚情懷。“

贏取友誼與影響他人實踐清單

‧是否有將「激起他人高尚的情操」帶入你的日常生活中？
‧在閱讀下一章前，是否把本章認真地閱讀過兩遍以上？
‧閱讀中是否經常停下來反思自己，並思考如何將書中的每一項建議應用到實際生活中？
‧你覺得這章的哪些字句對你有啟發作用？
‧這個月你複習過這本書了嗎？
‧最近是否有出現可以應用「訴諸對方的高尚情懷」的時機？應用後的結果如何？
‧是否請朋友監督你，要求他們發現你違反某項原則時，適時地提醒你？
‧自己在這一週裡做錯了哪些事？哪些地方有待進步？該如何改進？
‧請將這一實踐經歷寫入記事本裡。

11 學會包裝你的觀點

這是多年前的一件事了，當時《費城晚報》受到惡意謠傳的攻擊。有人指責《費城晚報》版面的廣告多於新聞報導。他們說晚報內容貧乏，沒有實質上的東西，缺少真實的報導，失去了吸引力。報紙的消費者感到非常不滿，當然，報紙的銷路也受到嚴重的影響。這家報紙立即採取了有效的措施，設法阻止這種惡意謠言的擴大傳播。

在這樣的情形下該採取怎樣的措施呢？

該晚報將歷年每一天中的各項閱讀資料剪輯下來，分門別類地編輯成一本書，叫做《一天》，該書厚達三〇七頁，與一本價值二美元的書差不多，而價錢卻只有幾美分。

這書的出版，展現了《費城晚報》豐富翔實的新聞資料。這比任何圖表、數位和辯解都有趣得多、清晰得多，並且給讀者的印象極其深刻。

柯特・考夫曼在他的《商業上的表演》一書中，舉出很多的例子。為了說明如何增加一家公司的營業額，這本書舉了一家電器公司是如何銷售電冰箱的例子。為了向買主證明其電冰箱在接通電源之後不會有噪音，他們請買主在冰箱旁邊擦燃火柴，要是還能聽見擦火柴的聲音，那就說明他們所生產的冰箱沒有噪音。此外還有以下例子：洛博克帽子公司的經營項目上寫著，公司有電影明星安蘇珊簽過名的帽子，每頂銷售一・九五美元；范爾巴把活動陳設窗撤掉後，丟掉了百分之八十的顧客；一家玩具公司，用米老鼠做為商標後，讓瀕臨破產的公司起死回生；克萊斯勒汽車公司在一輛汽車上放上幾頭大象，來證明他們公司所生產的汽車是如何的堅固和耐用。

紐約大學的巴頓和伯西調查分析了一・五萬個銷售案例，並因此寫了一本名為《如何贏得辯論》的書。在他們的書中，他們把其中的規律總結寫成了一篇演講稿，稱之為「銷售的六個原則」。他們再把這篇演講拍攝成影片，在數百家大公司的職員面前放映。他們還在各個公共場所舉行示範表演，並在表演中指出售貨時正確與錯誤方法的區別。

這是個表演的時代，假使只是敘述事物的原理，那是不夠的，而且沒有具體的效果。這個原理需要具體化，需要生動有趣、戲劇化，這樣就需要人的表演。你也應該有像他們一樣的表演才能，演員能做，無線電臺能這樣傳播，那為什麼你不可以那樣去做？

那些櫥窗設計師，他們知道戲劇化能夠引起大眾的注意。例如，一個鼠藥製造商為一個零售商布置了一個別開生面的櫥窗，別出心裁地在裡面放了兩隻老鼠，以證明他的鼠藥的功效。不出所料，在短短的一個星期內，他們售出的鼠藥是平時銷售額的五倍。

《美國週刊》的編輯博因頓做了一次市場調查，他寫了一篇內容翔實的報告。這次調查是為一家知名潤膚露製造商做的，它是雜誌的重要廣告客戶。博因頓寫的報告中表明有另外一家潤膚露公司準備跟他們競爭，他必須把這一情況向他的廣告客戶說明。

博因頓承認和廣告客戶的第一次接洽並不成功。但後來，他換了一種方法，完全改觀。

他說：

第一次進客戶的辦公室與他接洽，我真是昏了頭，沒多久我們就轉到了討論調查方法那條彎路上去了。他辯駁，我也跟他爭論，對方指出是我調查出了錯，我則努力地證明自己並沒什麼不對。

最後，雖然在理論上我占盡優勢，自己也感到很滿意，但約談結束的時間到了，我和他的會談也跟著結束，而我在他那裡一無所獲。

第二次，我對那些數目和資料隻字未提，而是用戲劇性的手法把事實演示了出來。

我走進他的辦公室時，他正在接聽電話，等他忙完了手中的事，我打開隨身攜帶的手提箱，從裡面拿出了三十一瓶潤膚霜擺在他的辦公桌上，那些東西都是同業的競爭產品，這一點，他很清楚。

來之前，我在每個瓶子上都貼了一張紙條，上面寫著我調查的結果，以及這個商品的歷史。

結果怎麼樣呢？

這次不再有爭論了，反倒發生了令我感到驚訝的事情。他一瓶接一瓶地拿起潤膚霜來看標籤上的說明，接著他和我友好地展開談話。我們的交談十分融洽，他問了我一些其他問題，並且顯得很感興趣的樣子。本來這次會談他只給了我十分鐘的時間，但是二十分鐘過去了，四十分鐘過去了，快到一個小時的時候，我和他還在繼續愉快地交談著。

其實這次我說的和上次一樣，所不同的是，這次我把事實具體化了，並向他進行了展示，但事情的結果卻是多麼的不一樣！

因此，如果你想獲得他人的認同，第十一項規則就是：學會包裝你的觀點。

”把你的想法戲劇化地表達出來。“

贏取友誼與影響他人實踐清單

- 是否有將「學會包裝你的觀點」帶入你的日常生活中？
- 在閱讀下一章前，是否把本章認真地閱讀過兩遍以上？
- 閱讀中是否經常停下來反思自己，並思考如何將書中的每一項建議應用到實際生活中？
- 你覺得這章的哪些字句對你有啟發作用？
- 這個月你複習過這本書了嗎？
- 最近是否有出現可以應用「把想法戲劇化地表達出來」的時機？應用後的結果如何？
- 是否請朋友監督你，要求他們發現你違反某項原則時，適時地提醒你？
- 自己在這一週裡做錯了哪些事？哪些地方有待進步？該如何改進？
- 請將這一實踐經歷寫入記事本裡。

12 對固執的人用激勵法

舒瓦伯管理的一家工廠廠長是一個非常負責的人，但是他卻無法讓他手下的工人在生產量上達到標準。舒瓦伯向那個廠長詢問出現這種情況的原因，這樣一個有能力的人，卻無法使工人們在生產量上達標，這究竟是為什麼？

廠長回答說：「我也不明白，我有時用和善的語氣鼓勵他們，有時又不得不呵斥他們，甚至用降級和開除威脅，也都沒有用，他們還是不願意努力工作。」

他們這次談話的時間，是在日班快要結束，夜班即將開始的時候。

舒瓦伯找那個廠長要了一支粉筆，然後走到旁邊問一名工人：「今天你們這班總共完成了多少個單位？」工人回答說：「六個。」

聽了這話，舒瓦伯一聲不吭地用粉筆在地上寫了一個大大的「六」，然後就離開了。

夜班工人接班時看到這個「六」，便打聽其中的含義。

日班工人回答說：「剛才大老闆過來了，問我們今天總共做了多少個單位，我說是六個，然後他就在地板寫了這個『六』。」

隔天早晨，舒瓦伯又去工廠，發現夜班工人已經把「六」擦掉，改成了一個大大的「七」。

日班工人來上班了，他們看到地板上已經換成「七」，感到夜班工人的工作效率比日班工人要高。沒錯，這就沒什麼問題了，他們要比夜班工人表現得更好，於是，他們立刻抓緊時間工作。那天，日班快要結束時，他們寫下了一個非常大的「十」，工作情況就這樣慢慢好起來。

沒多久，這家原先產量落後的工廠，終於在產量上超過了其他工廠。

這是為什麼呢？

用舒瓦伯自己的話來說，就是：「假如我們要完成一件事情，一定要鼓勵競爭，這並不意味著要爭搶著去賺錢，而是要有超過別人的意志。」

對於一個有志氣的人來講，好勝的意志再加上勇於挑戰的心理，是效果最好的激勵。

如果沒有這樣的「激勵」，西奧多・羅斯福不會當上總統。他是個勇敢的騎士，從古巴一回來就被選為紐約州州長的候選人。但是，他的競爭對手卻指出他已經不是紐約州的合法居民了，他得知這個情況後，非常恐慌，準備退出競選。

民主黨黨魁湯瑪斯．普拉特轉身對羅斯福大聲說道：「原來聖胡安山的英雄是個懦夫嗎？」就是因為這樣的一句話，激起了羅斯福的求勝欲，他站了出來抵抗反對黨。而後的各種演變，歷史上都有詳細的記載。

這個挑戰改變的不只是羅斯福自己的一生，也影響了美國的歷史。無論是舒瓦伯、普拉特還是史密斯，都清楚地知道挑戰的力量。

鬼島西端有一座惡名昭彰的「辛辛監獄」。那裡沒有典獄長，凶狠的犯人在監獄裡稱王稱霸，胡作非為。艾爾弗雷德．史密斯需要一個勇敢堅定的人去做「辛辛監獄」的典獄長，然而有誰可以勝任此職呢？他召來了新漢普頓的劉易斯．勞斯。

他以輕鬆的語氣對勞斯說：「去『辛辛監獄』如何？那邊需要一個經驗豐富的人！」

勞斯知道「辛辛監獄」的情況，知道那裡有多麼危險，隨時都會受到政治變化的影響。到那裡任職的典獄長不停地更換，沒有一個人能待在那裡超過三個星期，他要為自己的終生事業考慮，是不是值得去冒這個風險。

看著他猶豫不決的樣子，史密斯微笑著說：「小伙子，我不會怪你的。那的確不是個安全的地方，但是那裡需要一個有能力、有氣魄的大人物。」

史密斯是不是就這樣下了一個挑戰？勞斯的心中激起了要做這個「大人物」的念頭。

於是，他去了那裡，而且長久地做了下去。結果，他成為當時最著名的典獄長。他曾經寫了一本《辛辛監獄兩萬年》的書，剛一出版，就在全國暢銷，還上了電臺的廣播。

他在監獄裡的見聞成了電影素材，很多電影都採用了他的故事，他對罪犯「人道化」的見解，帶來了後來很多的監獄改革奇蹟。

費爾斯通橡皮公司的創辦人費爾斯通曾經說過這樣的話：「不要以為用高薪就可以讓人才聚集在你的身邊，只有激發他們的競爭力，才能使他們的工作效率發揮出來。」

挑戰是所有人都喜歡的競技，不但可以表現自己，還能夠展現自己的實力，證明自己的價值，所以，有很多稀奇古怪的競技比賽誕生了，例如競走比賽、喚豬比賽、吃饅頭比賽等等。這些都能夠滿足人們好勝的欲望，使人們獲得被重視感。

因此，如果你想獲得他人的認同，第十二項規則就是：對固執的人用激勵法。

“向對方拋出挑戰。”

贏取友誼與影響他人實踐清單

- 是否有將「對固執的人用激勵法」帶入你的日常生活中？
- 在閱讀下一章前，是否把本章認真地閱讀過兩遍以上？
- 閱讀中是否經常停下來反思自己，並思考如何將書中的每一項建議應用到實際生活中？
- 你覺得這章的哪些字句對你有啟發作用？
- 這個月你複習過這本書了嗎？
- 最近是否有出現可以應用「向對方拋出挑戰」的時機？應用後的結果如何？
- 是否請朋友監督你，要求他們發現你違反某項原則時，適時地提醒你？
- 自己在這一週裡做錯了哪些事？哪些地方有待進步？該如何改進？
- 請將這一實踐經歷寫入記事本裡。

這本書你已經閱讀一部分了，現在請合上它，立刻將你學到的人際關係知識運用到生活實踐中去吧，你將會看到奇妙的效果！

如何讓他人認可你的十二項規則：

規則一：不要與他人爭論。

規則二：尊重他人的意見。

規則三：學會認錯。

規則四：從友善待人開始。

規則五：試著讓對方說「是」。

規則六：給對方說話的機會。

規則七：讓別人與你合作。

規則八：學會換位思考。

規則九：了解他人的需求。

規則十：激起他人高尚的情操。

規則十一：學會包裝你的觀點。

規則十二：對固執的人用激勵法。

第四篇

如何讓他人接受你的觀點

1 用聰明的讚賞開始談話

一個週末，我的一位朋友被邀請到白宮做客，當時正是柯立芝總統執政時期。在他踏進柯立芝私人辦公室的大門時，剛好聽見總統在誇獎他的一個女祕書：「今天妳打扮得真好看，讓妳顯得很有活力，妳真是漂亮的年輕人。」

柯立芝總統是個不愛說話的人，他幾乎從未讚美過別人，可是這次，他卻這樣誇獎了他的女祕書，那個女祕書的臉一下子紅了，低下頭去。柯立芝又對她說：「不要高興得太早，我是為了讓妳高興，才說出剛才那樣的話。現在，我想提醒妳，以後在公文的標點符號使用上要注意一些。」

柯立芝使用的這個方法雖然有些直白，可是他卻運用了巧妙的心理學技巧。當我們在聽到批評的話之前，先聽到一些讚美的話，那些批評的話就容易接受多了。

在理髮店裡，理髮師為客人刮臉前，會先在客人臉上塗一層香皂水。

一八五六年，麥金利競選總統的時候，就運用了理髮師刮臉的這個原理。

共和黨的一位要員，竭盡全力寫出了一篇自認為很成功的演講稿，他覺得這篇演講稿算得上是他的不朽之作。他找到麥金利，興奮地把演講稿朗誦了一遍，麥金利卻覺得這篇演講稿並不是那麼完美，雖然有一些可取之處，但發表出去，或許會遭到外界強烈的批評，引起不小的風波。麥金利不想拒絕這位要員的熱情之心，但是他也不能就這麼妥協了。讓我們來看看麥金利是如何處理這件事的：

麥金利說：「這可真是一篇了不起的演講稿，很難見到這麼精彩的稿子，我相信，沒有人能比你寫得更好了。它確實在很多場合都非常適用，但是在有些特殊的場合，它是不是也一樣適用呢？當我也站在你的立場上想時，我也覺得你寫得很慎重，做為演講稿再合適不過。可是現在，要全面考慮這篇稿子的影響，必須站在黨的立場上來想。你按照我特別指出的那幾個方面，回家重新寫一篇，然後送一份給我看。」

那位要員毫不猶豫就回家照做了，麥金利看了他重新撰寫的演講稿子，用藍色鋼筆修改好。結果，在那次總統競選中，那位要員成為發揮最大作用的助選員。

我要讓大家看看林肯寫過的第二封最著名的信。林肯第一封最著名的信是寫給畢克斯貝夫人的，對她在戰場上犧牲的五個兒子表示哀悼。

這第二封最著名的信，林肯寫的時候可能只用了不到五分鐘的時間。可是，當一九二六年公開拍賣那封信時，以一萬二千美元的高價售出，比林肯在一生中的積蓄還要多。

一八六三年四月二十六日，當時正值美國內戰的巔峰，全美國處於最黑暗的時期，那天，林肯寫下了這封信。那個時候，已經是內戰開始後第十八個月了，林肯手下的將領們帶著北方聯軍進行著愚蠢的人類大屠殺，然而沒有任何效果。北方聯軍一次又一次慘遭失敗，成千的士兵臨陣脫逃，舉國震驚，人心慌亂。甚至連參議院裡的共和黨議員也起了內訌，開始叛亂。而且，更嚴重的是，他們要逼林肯辭去總統職務。

當時林肯說了這樣的話：「現在，我們已經達到了毀滅的邊緣——我覺得，連上帝似乎都在反對我們，我看不見哪怕一丁點希望的光芒。」就是在這樣混亂而且黑暗的時期，林肯寫下了這封信。

我給大家看這封信，是想讓你們看看林肯是如何想辦法改變一個頑固的將領的，因為當時美國的命運就掌握在這個將領的手中。

自從林肯當了總統以後，這應該是他寫過的語氣最苛刻而且不留情面的信，但即使是這樣，你依舊可以看到，在指出這個約瑟夫．胡克將軍的嚴重錯誤之前，林肯先讚美了他。

沒錯，胡克將軍犯了嚴重的錯誤，可是，林肯在信中並沒有直接批評他。林肯寫信時非常克制，他在信中寫道：「在有些事情上，我對你的處理方式不是很滿意。」他具有高超的交際手腕，使用的是外交時的辭令。

這封信是這樣寫的：

你現在是麥克軍隊的司令官，我任命你擔任這個職位，是有充分的理由。即使是這樣，我也希望你能明白，在有些事情上，我對你的處理方式不是很滿意。你是一個英勇善戰的將軍，我對這一點十分堅信，而且感到欣慰。除此以外，我也堅信你可以分清政治和職責，在這方面你是正確的。你對你自己信心十足，這種品質是非常崇高的。

你野心勃勃，在很多方面，這種野心是有益無害的。可是，當伯恩賽德將軍帶領軍隊的時候，你的野心卻讓你對他橫加阻撓。在這件事情上，你犯了錯誤，無論是對你的祖國，還是對你很有作為的同僚，你的錯誤都是非常嚴重的。

我曾經聽說，你說軍隊和政府需要有一個獨裁領袖，我相信你說過這樣的話。但是，我把軍隊的指揮權交給你，當然不是為了這個目的。而且，我也從來都沒有這麼想過。

一個將領，要想獲得當獨裁者的資格，必須在戰爭中取得勝利。現在，我希望你能夠先取得軍事上的勝利。然後，我會將獨裁權授予你，即使這麼做會給我帶來生命危險。

政府將會像支持別的將領一樣，竭盡全力支持你。我非常害怕你灌輸給軍隊和軍官的那種不信任上級的思想會回應到你自己身上，為了能夠消除你那種危險的想法，我願意盡我所能幫助你。

就算是拿破崙還在世，如果軍隊中有這種思想流傳，他能從中得到什麼呢？此刻，要小心行事，不要輕舉妄動，要盡一切努力，爭取我們的勝利。

你並不是柯立芝、麥金利或者林肯，你只是個普通人，但是這種哲理，在日常事務上也是同樣有用的。我們來看看在費城華克公司任職的卡伍先生身上發生的故事。卡伍先生和你我一樣，都是普通人，也是我在費城辦的一個訓練班的學員。這個故事，他曾經在訓練班裡公開演說過。

華克公司在費城承包了一幢辦公大樓的建設工程，竣工日期也已定好了。這項工程從一開始就進行得很順利，直到大樓將要竣工的一天，承包大樓外部銅工裝飾的商人突然說他的貨物不能按時到達了。這簡直是晴天霹靂，如果整個工程因此暫停下來，就不能在指定日期內竣工了，這就免不了要遭受巨額的罰款，單單是一個承包銅工裝飾的商人，就要為公司帶來如此巨大的損失。

在經過很久的長途電話的激烈爭論之後，事情沒有任何進展。於是，卡伍被公司派遣到紐約找那個商人作當面交涉。卡伍走進那個商人的辦公室，頭一句話就是：「先生，你知道嗎？你的姓名在紐約布魯克林區是獨一無二的！」聽到這話，商人覺得非常出乎意料，他搖著頭說：「我從來都不知道這個事情。」

卡伍接著說：「今天早上，我下火車後，在公用電話本裡查找你的位址，發現在這個區裡叫這個名字的，只有你一個人。」

那個商人說：「我從未注意過這個。」然後，他把電話本找出來翻找，看上去很感興趣的樣子，正如卡伍所說，布魯克林區叫這個名字的只有他一人。「沒錯，這個姓名很少見，」那個商人不無自豪地說，「我的祖籍是荷蘭，二百年前，我們的家族就來到了紐約。」然後，他興致勃勃地談論起他的祖先，以及家族情況。

等商人談完了他的家族，卡伍又找了個新的話題，對他擁有的規模龐大的工廠進行了讚美。「我從未見過如此乾淨，設備如此完善的銅器工廠。」卡伍說。「沒錯，我用了畢生的精力來經營這個工廠，它讓我感到無比光榮，我可以帶你參觀一下整個工廠，你有時間嗎？」那個商人說。

參觀的時候，卡伍對工廠的組織系統讚歎連連，對於比別的工廠有優勢的地方，他都一一指出，當看到幾種特殊器材的時候，他都大加讚賞。那個商人告訴卡伍，那幾種特殊器材是他親自發明的，他為此花了不少時間向卡伍說明器械的特殊功能和使用方法。最後，他一定要請卡伍共進午餐。切記，直到這一刻，對於自己的真正來意，卡伍還沒有說過一個字。

吃過午飯，那個商人說：「現在我們來談正事吧。我明白你來這裡的目的。只是沒有想到，見到你之後，會和你聊得這麼開心，」他面帶笑容繼續說道：「你可以先回費城，我一定會把貨物準時運送到你們那裡，我保證，就算別的生意被耽誤了，也要保證先供應你們的工程。」

卡伍從頭到尾沒有提出一句要求，可是他卻順利地達到了目的。所需的全部材料如期而至，整個工程在規定時間內竣工，一點也沒有耽擱。假設一下，當時如果卡伍和那個商人進行了激烈的爭論，結果是不是還會如此令人滿意呢？

所以，想讓他人接受你的觀點，第一項規則就是：用聰明的讚賞開始談話。

”從讚美和真誠的欣賞開始。“

贏取友誼與影響他人實踐清單

- 是否有將「讚美和真誠的欣賞」帶入你的日常生活中？
- 在閱讀下一章前，是否把本章認真地閱讀過兩遍以上？
- 閱讀中是否經常停下來反思自己，並思考如何將書中的每一項建議應用到實際生活中？
- 你覺得這章的哪些字句對你有啟發作用？
- 這個月你複習過這本書了嗎？
- 最近是否有出現可以應用「用聰明的讚賞開始談話」的時機？應用後的結果如何？
- 是否請朋友監督你，要求他們發現你違反某項原則時，適時地提醒你？
- 自己在這一週裡做錯了哪些事？哪些地方有待進步？該如何改進？
- 請將這一實踐經歷寫入記事本裡。

2 如何批評——不會因此而被人憎恨

某天中午，舒瓦伯走進他的一家鋼鐵廠，無意間看到工廠裡的幾位工人正蹲在牆頭下抽菸，而就在那幾名工人頭頂高一點的牆上，正懸掛著「禁止吸菸」四個大字的警示牌。你們是否覺得，舒瓦伯看到這個情景，會立刻嚴厲地對工人說：「你們難道不認識字嗎？」如果你們是這樣想的，那就錯了，這種行為是舒瓦伯從來都不會做的。

舒瓦伯從口袋裡掏出自己的菸盒，徑直走到那幾位工人面前，分給他們一人一根雪茄菸，他一邊分菸一邊說道：「兄弟們，別客氣，但是，假如你們想抽菸的時候，能到工廠外面去抽，那就再好不過了。」那幾名工人已經明白自己犯了嚴重的錯誤，但是舒瓦伯不但沒有因此責怪他們一句，還把雪茄菸分給他們抽，維護了他們的自尊心，這讓工人們對舒瓦伯更加尊敬和欽佩。像舒瓦伯這樣的人，你怎麼能不喜歡他呢？

以上這種方法，約翰·沃納梅克也經常使用，他是位於費城一家規模龐大商城的老闆，每天都要到他的商城去看看。有一天，他來到商城，看到一名女顧客站在櫃檯外面想買東西，可是沒有一個售貨員去接待她。沃納梅克看看四周，發現售貨員們都聚集在較遠的櫃檯一角，正聊得開心。沃納梅克沒有聲張，只是悄悄走進櫃檯裡側，親自接待那名女顧客，然後，他拿著賣出去的商品，走到售貨員旁邊，讓他們去包裝，自己則走開了，沒有多說一句話。

傳教士亨利·畢傑牧師在一八八七年三月八日去世了。那天之後的第二個禮拜日，阿博德牧師接受邀請，接替畢傑牧師登臺佈道。他提前撰寫了一篇佈道稿，以便佈道順利，他相信只要自己竭盡全力，一定會有出色的表現。那篇佈道稿，他反覆修改很多次才滿意，他很高興地把稿子讀給妻子聽。但實際上，這篇稿子根本一點都不出色，和一般的演講稿沒什麼區別。

假如他的妻子是個沒有修養的人，那她肯定會這麼對阿博德牧師說：「親愛的，千萬不要用這篇稿子。它太糟糕了，枯燥得好像教科書一樣，無論是誰，聽了這樣的佈道都得睡過去。你講道這麼多年，難道還不明白嗎？你就不能把話說得自然一點嗎？就不能像平時說話那樣嗎？」當然，她可以對自己的丈夫說這樣的話，可是，如果她這樣說了，會有什麼樣的結果呢？

我相信阿博德太太知道這樣講話的後果，所以，她沒有那樣說，而是婉轉地暗示丈夫，這篇佈道稿，如果發表在《北美評論》上，的確將是一篇優秀的文章。換句話說，她首先對丈夫的文章進行了讚美。同時，在暗中提醒他，這篇稿子並不適合佈道之用。阿博德明白了妻子的意思，於是他把那篇費了很大心血寫出的稿子撕得粉碎，然後，空著手就去佈道了。

切記，當我們要勸說別人不要去做什麼事情的時候，我們必須避免正面的批評。因為那樣會損傷對方的自尊心，讓他覺得失去了受尊重感。如果一定要說出來，不妨用婉轉的暗示來提醒對方。你這樣做就是尊重了他，你的好意對方不但會心領，還會非常感激你。

所以，想讓他人接受你的觀點，第二項規則就是：必須避免正面的批評。

”間接、委婉地讓人們注意到錯誤。“

贏取友誼與影響他人實踐清單

- 是否有將「避免正面的批評」帶入你的日常生活中？
- 在閱讀下一章前，是否把本章認真地閱讀過兩遍以上？
- 閱讀中是否經常停下來反思自己，並思考如何將書中的每一項建議應用到實際生活中？
- 你覺得這章的哪些字句對你有啟發作用？
- 這個月你複習過這本書了嗎？
- 最近是否有出現可以應用「間接、委婉地讓人們注意到錯誤」的時機？應用後的結果如何？
- 是否請朋友監督你，要求他們發現你違反某項原則時，適時地提醒你？
- 自己在這一週裡做錯了哪些事？哪些地方有待進步？該如何改進？
- 請將這一實踐經歷寫入記事本裡。

3 永遠先談自己的錯誤

我的侄女約瑟芬．卡內基，幾年前離開家，來到紐約當我的祕書。那年她十九歲，三年前畢業於一所中學，工作經驗非常少。而現在，她已經是一名相當出色的祕書了。

她剛來幫我工作的時候，有很多地方需要改進。有一次，我剛要開口責怪她，就制止了自己，我在心裡對自己說：「等一下，別著急，戴爾．卡內基。你要知道，你比約瑟芬年長一倍，也有超過她一萬倍的辦事經驗。你怎麼能要求她擁有和你一樣的想法和判斷呢？戴爾，你想想，你的十九歲是什麼樣子的？難道你忘記你犯過的那些愚笨的錯誤了嗎？」

從客觀的角度考慮過這些之後，我發覺，做為一個十九歲的年輕人，約瑟芬比當年的我強多了。因此，從那開始，每當我需要指出約瑟芬的錯誤時，我都會這樣對她說：「約瑟芬，妳剛剛出了點錯，不過上帝明白，我犯過比妳更嚴重的錯誤。做好每一件事情的能力並不是天生的，必須積累經驗，才能擁有那種能力。況且，我像妳這麼大時可比妳差遠了，妳無論在能力還是態度上，都比我當年強多了。我清楚自己曾經犯下的錯誤有多愚蠢，我從來都不想責怪妳，或者任何別的人。可是，妳難道不覺得這樣是種更聰明的方法嗎……」

在指出別人的錯誤前，先承認自己也不是完美的人，然後再指出別人的錯誤，這樣做，對方就會覺得那些批評的話容易接受得多了。

伯恩哈德·馮·比洛親王是個處事圓融的人，在一九〇九年，他就已經深刻地體會到上面的這種方法在為人處事上的重要性。那個時候正值德皇威廉二世統治時期，威廉二世目中無人，驕傲自負，建立了陸軍和海軍，把全世界都當成了自己的敵人。

然後，發生了一件舉世震驚的事情。威廉二世講了一些讓人難以想像的荒唐話，震撼了整個歐洲乃至全世界。更可怕的是，他在英國訪問時，竟然在英國群眾面前，發表那些荒謬自大的言論，甚至還允許《每日電訊報》全文刊登。

他說過的那些話簡直可笑至極，比如，他說他是友好地對待英國的唯一一個德國人；他正在建造海軍，用來應對日本的危害。他甚至說，要想讓英國避免受到法國和俄國的威脅，只能靠他一個人的力量。他還說，英國羅伯特爵士能在南非戰勝波耳人，全是因為他的計畫。

過去一百年的和平時期，在歐洲，沒有一個國王會說出這樣讓人震驚的話來。英國為此極其憤怒，歐洲其他各國也都大為震驚，一時間，如同蜜蜂一般湧動起來。德國的政治家們更是嚇壞了。

在這段騷動的時期裡，威廉二世也逐漸感覺到事情的嚴重性，開始緊張起來。他暗示比洛親王，讓他代替自己承擔這一切。沒錯，威廉二世想讓比洛親王宣稱是他建議威廉二世講出那些荒唐的言論，一切都是他的責任。

然而，比洛親王這樣對威廉二世說：「但是，陛下，恐怕無論是德國人還是英國人，都不會相信這些話是我建議陛下說的。」

這話一出口，比洛親王就發現自己犯了個很嚴重的錯誤。果然，威廉二世立刻怒火萬丈，他衝著比洛親王大聲吼叫：「在你眼中，我就是一頭蠢驢嗎？連你都不會犯的錯誤，我卻犯了！」

比洛親王明白在指出威廉二世的錯誤前，應該先讚美他，可是已經來不及了。他只有採取第二種方法——批評之後再讚美。這種方法帶來的奇蹟很快就會顯現出來的，讚美便有這樣的效果。

比洛親王畢恭畢敬地說：「陛下，我的意思絕對不是那樣的，您在很多方面都比我強很多，當然，我指的並不只是海軍方面的知識，還有很多，尤其是自然科學方面。每當陛下說起風雨表或者無線電報等科學知識時，我總會反省自己，我感到很羞愧，我在這些方面都了解得太少了。任何一門自然科學我都不懂，化學和物理簡直一竅不通，就連一些普通至極的自然現象我都無法解釋，我常常為此感到十分慚愧。但是，好在我對歷史方面的東西略通一二，在政治，尤其是外交方面，有一點點能力，這些，好歹可以彌補我在自然科學方面的不足。」

比洛親王這樣的讚美，貶低了自己，抬高了威廉二世，讓威廉二世露出了笑容。聽了比洛親王如此的解釋，威廉二世原諒了他，並且真誠地說：「我不是經常對你這麼說嗎？我們的配合能夠聞名天下，都是因為我們能夠相互扶持、密切合作，而且我們也都願意這樣做。」

那個下午，他一次又一次不停地握著比洛親王的手，他把比洛親王的手握得緊緊的，說：「假如有人在我面前說比洛親王的壞話，我就用我的拳頭揍他的鼻子。」

幸好比洛親王反應及時，才救了自己！他雖然是個經驗豐富、富有手腕的外交家，可是一開始，他卻犯了個錯誤，他應該首先談論自己的不足，讚美威廉二世，而不是暗示威廉二世辦事愚蠢，是無法獨立的人。

幾句貶低自己、抬高別人的話，就可以把怒火中自負的威廉二世變成真誠的朋友。那麼，想一想，在我們的日常處世中，謙卑和讚美能發揮什麼樣的效果呢？這種方法，如果我們能夠恰當使用，真的可以在人際關係上發生難以置信的奇蹟。

所以，想讓他人接受你的觀點，第三項規則就是：永遠先談自己的錯誤。

”在批評他人之前，先談談自己的不足。“

贏取友誼與影響他人實踐清單

- 是否有將「永遠先談自己的錯誤」帶入你的日常生活中？
- 在閱讀下一章前，是否把本章認真地閱讀過兩遍以上？
- 閱讀中是否經常停下來反思自己，並思考如何將書中的每一項建議應用到實際生活中？
- 你覺得這章的哪些字句對你有啟發作用？
- 這個月你複習過這本書了嗎？
- 最近是否有出現可以應用「批評他人之前，先談談自己的不足」的時機？應用後的結果如何？
- 是否請朋友監督你，要求他們發現你違反某項原則時，適時地提醒你？
- 自己在這一週裡做錯了哪些事？哪些地方有待進步？該如何改進？
- 請將這一實踐經歷寫入記事本裡。

4 沒有人喜歡被他人命令

最近，我很榮幸能和美國著名傳記作家艾達·塔貝爾女士一同用餐。當我把正在撰寫此書的事情告訴她時，我們談起了人際關係的重要問題。她說，她在撰寫歐文·楊格傳記時，曾經採訪與歐文·楊格先生在同一個辦公室工作了三年的人。在採訪中，那個人說，在這長達三年的時間裡，歐文·楊格從來都沒有直接命令過任何一個人。他始終沒有使用過命令的口吻，而只是提出建議。

比如，歐文·楊格從未說過：「你去做這個，你去做那個。」或是：「你別做這個，你別做那個。」他的口吻一直都是：「你不妨這樣想一下。」或是：「你覺得那樣做好嗎？」當他寫完一封信的草稿，常常會問：「你覺得這樣寫怎麼樣？」當助理寫好一封信的草稿，拿給他看時，他會說：「也許，我們這樣寫會更好一些。」他總是給別人機會，讓他們自己去動手，助手辦事時，他決不加以干涉，而是讓他們自己總結經驗教訓。

他的這種做法，既照顧到了對方的自尊，又使人有被尊重感，讓人容易接受，也容易得到對方的真誠配合。

因急切地命令別人而滋生的怨恨可能會持續很久，即便是糾正別人明顯的錯失，也不能急切。賓夕法尼亞州懷俄明市的學校老師丹・桑塔雷利，在我的訓練班上分享過這樣一個例證：

有個學生因違規停車而堵住了學校工地的入口，一位老師怒氣沖沖地跑進教室，高聲質問：「是誰幹的好事，把車停在學校工地的入口？」那個學生承認是他停的。可是那位老師卻不甘休，高聲呵斥道：「趕緊把你的車挪開，要不然我派人把它拖走。」

那個學生把車停在不恰當的位置，當然是錯誤的。但自從那天以後，在這個班上幾乎沒有一個學生對那位老師有好感，事事與他敵對，使他無法正常教學。

這位老師要怎樣才不至於給自己惹來麻煩呢？他應該和氣地問學生：「堵在過道上的車到底是哪位同學的？」然後再告訴那位同學，如果不把車挪開，別的車沒辦法通行。這麼一說，當事人會樂於接受，同學們也會對他產生好感。

兩相比較，提問比命令更容易讓人接受，而且還會激發起被提問的一方的創造力。試想，假若被命令者參與整個決策的過程，他怎麼會不接受命令呢？

伊恩．麥克唐納是南非約翰尼斯堡一家生產精密儀器零件的小型工廠經理，有一回他接到一份比較大的訂單，但是他發現自己所在的這家工廠無力完成這批訂貨。他沒有為了完成任務，直接命令工人們拚命工作，而是把大家召集起來，將情況一五一十地陳述清楚，然後問大家：「我們有辦法完成這批訂貨嗎？每個人是不是都能採取一些措施？或者，能不能暫時調整一下工作的時間？」

工人們紛紛出主意，並堅持要把訂單接下來，而且按時完成了任務。所以，想讓他人接受你的觀點，第四項規則就是：不用命令的口吻指使別人。

”先提問，而不是直接下命令。“

贏取友誼與影響他人實踐清單

- 是否有將「不用命令的口吻指使別人」帶入你的日常生活中？
- 在閱讀下一章前，是否把本章認真地閱讀過兩遍以上？
- 閱讀中是否經常停下來反思自己，並思考如何將書中的每一項建議應用到實際生活中？
- 你覺得這章的哪些字句對你有啟發作用？
- 這個月你複習過這本書了嗎？
- 最近是否有出現可以應用「先提問，而不是直接下命令」的時機？應用後的結果如何？
- 是否請朋友監督你，要求他們發現你違反某項原則時，適時地提醒你？
- 自己在這一週裡做錯了哪些事？哪些地方有待進步？該如何改進？
- 請將這一實踐經歷寫入記事本裡。

5 顧全別人的面子

幾年前，美國通用電器公司發生一件非常棘手的事情——他們想要撤掉查爾斯．史坦梅茲會計部部長的職位。

史坦梅茲在電學方面可以算是一個頂級人才，但在會計部部長的位置上，他卻無所作為。而史坦梅茲又是個敏感的人，所以公司不敢引起他的不滿。因此，公司給了他一個特殊的新頭銜——通用電器公司顧問工程師，而派另一個人去做了會計部的部長。

為此，史坦梅茲感到很愉快。

通用電器公司的主管也對這個結果感到滿意，他們在沒有激起絲毫風波的情況下，將一個有特殊專長的高階職員進行調動，而且這期間，他們沒有發生任何衝突和不愉快，因為他們顧全了史坦梅茲的面子。

顧慮別人的面子是多麼重要的一件事！可是我們又有多少人想到過這一點

呢？我們對別人的感情進行折磨，不留一點情面，挑剔別人的錯誤，甚至加以威脅。在別人面前，我們責怪他們的孩子或是他們手下的職工，一點都沒有顧及人家的感受！

實際上，我們要做的只不過是花幾分鐘思考一下，然後說一兩句溫和體貼的話，對別人的想法或者做法能夠做到諒解，這樣，就可以避免很多刺激和打擊了。

下一次，當我們需要辭退員工時，要知道如何去做。

一個名叫格雷琪的會計師寫過一封信給我，我在這裡引用他信中的幾段話：

> 辭退職工並不是一件容易的事情，當然，被辭退的人更不會覺得高興。我負責的業務是有季節性變動的，所以每到三月，我都必須辭退一批職工。
>
> 做我們這一行的，流傳著一句俗語「任何人都不願意負責掌管斧子」。所以，這種辭退的事情，愈快解決愈好，這已經成為一種習慣。當我要辭退一個職工時，我總是會這樣對他說：「請坐吧，現在我們工作的季節已經過去了，這裡已經沒有適合你做的工作了。我相信你之前也很明白，我們只是在需要人的時候，才請你們來幫忙的。」

我說的這些話會讓他們有很不好的感覺，一種失望和被拋棄的感覺。他們中的大部分人一輩子都在會計行業中到處討生活。這些將他們匆匆辭退的單位，他們對其沒有任何喜愛之情。

最近，我決定在辭退那些職工的時候稍稍換一些方法，我先仔細查看他們在這段時間的工作情況，然後再讓他們來見我。然後，我這樣對他們說：「某某先生，這段時間，你的工作情況非常好。上次公司派你到紐瓦克辦的那件事是很難完成的，可是你卻做得這麼出色。公司能擁有你這樣的人才真是幸運。你很有才華，而且有遠大的前程，不管到什麼公司，都會做出一番成績的。我們公司很感激你，也很信任你，並且希望你以後如果有機會，還會回來幫忙。」

那些被公司辭退的職工，感覺也沒有以前那麼沮喪了，他們不會再因此覺得受了委屈。他們知道，以後如果公司有需要，還是會請他們回來工作。所以，當新的工作季節到來，我們請他們回來工作時，他們也會更加懷著感激之情地投入工作了。

已經去世的馬婁先生擁有一種特殊的能力，他可以讓兩個水火不容的仇人和好，他是怎麼做到的呢？在勸解之前，他會先認真地找出敵對雙方都有道理的地方，然後對此大加讚賞，直到雙方都得到滿足。無論事情最終是怎麼解決的，在這過程中，他絕對不會指出任何一方的錯誤。

每個領導者都懂得要保全別人的面子。

全世界真正的偉人，他們的眼中不會只有自己在某個方面取得的成就。比如，有這樣一個例子：長達數百年的敵對和仇視達到了頂點，一九二二年，土耳其人決定將希臘人驅逐出境。

土耳其總統凱末爾懷著沉重的心情對士兵說：「地中海是你們唯一的目的地。」這句話帶來了近代歷史中一次激烈的戰爭。最終，土耳其獲得了勝利。當鐵考彼斯和狄阿尼這兩位希臘將軍向凱末爾請求投降時，遭到了圍觀的土耳其民眾的侮辱和嘲笑。

可是，凱末爾總統並沒有表現出因戰爭勝利而驕傲的樣子。

他握著兩位希臘將軍的手，把他們請上座位，說：「兩位將軍請坐，你們肯定累壞了。」在談過戰爭方面的事情後，為了讓兩位將軍在心理上少受一些痛苦，凱末爾立刻說：「戰爭，就好像競技比賽，高手有時也難免會失誤。」

所以，想讓他人接受你的觀點，第五項規則就是：顧全別人的面子。

“顧全對方的面子。”

贏取友誼與影響他人實踐清單

- 是否有將「顧全別人的面子」帶入你的日常生活中？
- 在閱讀下一章前，是否把本章認真地閱讀過兩遍以上？
- 閱讀中是否經常停下來反思自己，並思考如何將書中的每一項建議應用到實際生活中？
- 你覺得這章的哪些字句對你有啟發作用？
- 這個月你複習過這本書了嗎？
- 最近是否有出現可以應用「顧全對方的面子」的時機？應用後的結果如何？
- 是否請朋友監督你，要求他們發現你違反某項原則時，適時地提醒你？
- 自己在這一週裡做錯了哪些事？哪些地方有待進步？該如何改進？
- 請將這一實踐經歷寫入記事本裡。

6　不要吝惜溢美之詞

巴洛是我的故交，他對狗和馬的性情十分了解，他把一生的精力都花在了馬戲團和技術表演團上。我喜歡觀看他訓練新加入的狗的樣子，我注意到，每當那隻狗在動作上有一點點進步，巴洛都會讚美牠，並且輕輕拍牠，把肉餵給牠吃。

這不是什麼稀奇的事情。幾個世紀以來，訓練動物的人都是用著同樣的方法。讓我感到奇怪的是，當我們想要改變一個人的想法時，為什麼沒有想到運用訓練狗那樣的方法呢？就如同用肉代替鞭子一樣，我們為什麼沒有想到用讚美來代替責怪呢？哪怕一點點的進步，我們也一樣要讚美，這樣，就可以鼓勵別人取得更多的進步。

辛辛監獄的典獄長勞斯發現，對凶惡的犯人即使極其微小的進步都加以讚美，這種方法是很有效果的。在我撰寫此書的時候，收到了勞斯典獄長寄來的一封信，信中寫道：「我發現，犯人們在受到適度的表揚後，更願意和我們合作了。

表揚比嚴厲的懲罰和責備有效得多，而且有助於恢復他們的人格。」

我從來都沒有進過監獄，至少到目前為止還沒有。可是同樣的道理，當我回憶我的過去時，發現我的生活中某些方面曾經因為幾句讚美的話，而有了深刻的轉變。你回憶一下，在你的人生中，是否也有過類似的事情？讚美賦予人奇妙的力量，這樣的例子真是數不盡。

五十年前，在那不勒斯的一家工廠，有一個十歲的孩子在那裡做工，這個孩子從小就懷著長大後成為一個歌唱家的理想。可是，他的第一個聲樂老師卻狠狠打擊了他。那個老師說：「你的嗓子太糟糕了，沒有比你的聲音更難聽的了，你不能唱歌。」

然而，這個孩子的媽媽——一個貧窮的農村婦女——抱著孩子，安慰他，讚美他，說他一直都在進步，一定可以唱歌的。為了省下給孩子繳付學習聲樂的費用，媽媽光著腳去做工。這位媽媽的鼓勵和讚美改變了孩子的一生，或許，你曾經聽說過這個孩子的名字，他便是當代傑出的義大利傳奇男高音——恩里科・卡羅素。

很多年前，倫敦有個渴望成為作家的青年。可是生活好像和他作對似的，他到處碰壁，什麼事情都和願望相違背。他受了不到四年的正式教育，因為還不起債，他的父親進了監獄，這個青年因此生活在飢餓中。最後，他找到了一份工作——在一間遍地老鼠的倉庫裡，為墨水瓶黏貼標籤。

晚上，他和另外兩個從倫敦貧民窟來的骯髒的小孩一起住在樓頂的一間小房子裡，那裡光線陰暗。他在寫作上的信心被削弱了。在這樣的環境裡，他寫完了他的第一篇稿子，夜裡，他悄悄把稿子放進郵筒，怕被別人嘲笑。就這樣，他一次又一次寫稿和投稿，然而，他寄出去的稿子，也一次又一次被退了回來。

但是，激動人心的一天終於來了，他的一篇稿子被刊登了。雖然沒有一分錢的稿酬，但編輯對他的作品表示了肯定，這個青年激動地流出了眼淚。

因為一篇稿子的刊登而得到的肯定和讚美，讓這個青年的一生發生了轉變。如果沒有那次的肯定，他可能要終生待在老鼠遍地的倉庫裡做工。或許你知道這個青年的名字，他便是英國著名的文學家狄更斯。

五十年前，一名青年在一家店鋪裡做事，每天早上五點起床打掃店鋪衛生，每天要做十四個小時的苦力。就這樣，過了兩年，這個青年再也無法忍受這樣的生活。一天早上，他等不到吃早飯的時間，就步行去找他的媽媽，他的媽媽在十五英里以外的一戶人家當管家，他一口氣走到了那裡。

他哭著求他的媽媽，樣子好像發瘋一般，他發誓再也不要回到那家商鋪去做工了，否則，他寧願自殺。他寫了一封訴苦的長信，寄給他以前的校長，在信中，他說他已經沒有活下去的意志了，他的心已經碎了。校長給他回了信，在信中讚美了他，誇他聰明，應該去找一份更合適的工作，然後，校長讓他回到學校去當教員。

校長的讚美改變了青年的前途。這個青年在英國文學史上，刻下了自己的名字。因為，從那以後，他撰寫了七十七部書籍，他手中的筆，為他帶來了一百多萬英鎊的收入。說到這，也許你知道這個青年的名字了，他就是英國著名的歷史學家喬治．威爾斯。

一九二二年，加利福尼亞有個貧窮的年輕人，沒有錢可以讓妻子過上更好的生活。禮拜日，他在教會唱詩班唱歌。如果誰家辦婚禮，偶爾也會花五美元讓他唱歌。他太窮了，住不起城裡的房子，只好在農村一座葡萄園裡，每月花十二．五美元，租個破屋子。雖然他住的房子租金十分便宜，但對於他來說，還是無法承受。他欠了房東十個月的房租，迫不得已，只好靠幫房東摘葡萄來抵房租。後來，他告訴我，那段時間，他窮得買不起吃的，只能用葡萄充飢。

對生活的失望讓他幾乎放棄了自己深愛的歌唱，為了謀生，他打算去做推銷載重汽車的工作。就在這個時候，他的朋友舒爾茨鼓勵了他，舒爾茨讚美他的嗓音有發展的潛能，建議他去紐約學唱歌。

最近，那個年輕人告訴我，就是這樣一句簡單的讚美和鼓勵，讓他的終身事業有了轉變。他聽了舒爾茨的話，找朋友借了二千五百美元，開始了在紐約的聲樂學習。或許，你也聽說過他的名字，他就是出色的歌唱家鐵貝得。

說到改變一個人想法的方法，如果我們要鼓勵別人，讓他們發現自己的潛能，那麼，我們要做到的不只是幫助他們改變想法，而是要幫助他們改變一生的命運！

這話說得過火了嗎？已經去世了的威廉．詹姆斯曾經是哈佛大學一位著名的教授，同時也是美國最負盛名的心理學家和哲學家，他為我們留下了這樣一段著名的話：「相比於我們應該取得的成就，我們現在還處於半醒的狀態，我們只用到了自己全部潛能的一小部分。換句話說，我們按照現在的狀態生活，是在我們最大能力範圍之內的，我們都有各種各樣的力量，卻從來都沒有很好地加以利用。」沒錯，我們都有各種各樣的力量，卻從來都沒有很好地加以利用。這些潛在力量中的一種，就是鼓勵、讚美別人，讓他們知道，他們所擁有的潛能能夠帶來巨大效果。

所以，想讓他人接受你的觀點，第六項規則就是：不要吝惜溢美之詞。

”讚美最微小的進步，讚揚每一次的進步。且要『由衷地讚許，大方地讚美』。“

贏取友誼與影響他人實踐清單

- 是否有將「不要吝惜溢美之詞」帶入你的日常生活中？
- 在閱讀下一章前，是否把本章認真地閱讀過兩遍以上？
- 閱讀中是否經常停下來反思自己，並思考如何將書中的每一項建議應用到實際生活中？
- 你覺得這章的哪些字句對你有啟發作用？
- 這個月你複習過這本書了嗎？
- 最近是否有出現可以應用「讚美最微小的進步，讚揚每一次的進步」的時機？應用後的結果如何？
- 是否請朋友監督你，要求他們發現你違反某項原則時，適時地提醒你？
- 自己在這一週裡做錯了哪些事？哪些地方有待進步？該如何改進？
- 請將這一實踐經歷寫入記事本裡。

7 給人戴一頂高帽子

琴德太太是我的一個好朋友，她住在紐約白利斯德路。幾個星期前，她剛剛僱了一個女僕，並通知她下一個週一開始過來工作。琴德太太打電話給那個女僕之前剛離職的那一家的女主人，女主人對這個女僕並不滿意。但是，當下週一來臨，女僕來上班的時候，琴德太太卻對她說：

「妮莉，前天我和妳之前工作的那家通了電話，那個太太說妳很會做飯，還會照顧小孩，是個真誠守信的人，但是她說妳平時有些隨便，房間總是打掃不乾淨。我不相信她說的這些話。誰都能看到，妳穿得這麼乾淨整潔，我相信妳可以把房間整理得像妳自己一樣乾淨整潔，我敢打賭。而且，我知道，我們一定會相處和睦的。」

沒錯，她們真的相處得非常和睦，聽了琴德太太的話，妮莉為了維護她的名譽，真的做到了琴德太太所說的那樣。整個房間被她整理得整整齊齊，她寧願多花些時間和精力，也不想給琴德太太留下任何不好的印象。

華克倫是包德文鐵路機車工廠的總經理，他曾經說過這樣的話：「無論是誰，只要你對他的某方面能力表示讚許，並且得到他的尊重，那麼，他就會願意接受你的指點。」

換句話說，如果你想讓一個人某些方面的缺點有所改善，你要讓他知道，他已經在這些方面具備一些優點了。莎士比亞說過：「即使有些美德你沒有，也要假設你有。」要假設別人有你想要讚許的美德，讓他帶著好的名譽去努力，他不想讓你失望，所以，他一定會竭盡全力。

喬潔特．李布朗在她撰寫的《一生的紀念：我與梅特林克的生活》一書中，曾講到一個身分卑賤的比利時女僕身上發生的驚人轉變。她寫道：

隔壁的飯館裡有一個女僕，每天的用餐時間，她都會為我送來飯菜，大家叫她「洗碗瑪麗」。因為她剛開始在飯館工作時，是做洗碗之類雜活的。她的長相十分古怪，鬥雞眼，O型腿，瘦得簡直只剩下骨頭了，整天耷拉著眼皮，一副沒睡醒的樣子。

有一天，她為我送來通心粉的時候，我真誠地對她說：「瑪麗，難道妳不知道妳有豐富的內在美嗎？」

平時，瑪麗好像習慣於控制自己的感情，即使有高興的事情，也不願意表現出來，生怕這樣會給她帶來什麼災禍。她把裝著通心粉的碗放在我的桌子上，歎著氣說：「太太，您說的這些，我是從來都沒有想過也不敢想的。」她對我的話沒有任何懷疑，也沒有再多問什麼，只是默默走回廚房，一遍遍回想我對她說的話，她堅信我不會拿她開玩笑。

自從那天開始，她好像也在注意自己了。她自卑的內心彷彿已經在發生著某種變化。她相信自己是沒有被人發現的寶藏。她開始注意打扮自己，她原先那顯得衰老的身體上，逐漸閃爍出青春的光芒。

兩個月之後，當我要從那個地方離開的時候，瑪麗突然來找我，並且告訴我，她很快就要嫁給廚師侄子的事情。她壓低聲音對我說：「我要嫁人了。」她向我表達了感謝之意。我用了短短的一句話，就讓她的人生發生了轉變。

喬潔特・李布朗把美好的名譽給了「洗碗瑪麗」，而這個美好的名譽改變了她的人生。

利士納也使用這樣的方法影響了在法國的美國士兵的行為。深受人們歡迎的美國將軍哈巴德曾經對利士納說，他接觸過很多的軍隊，而在法國的二百萬美國士兵組成了他心目中最整齊、最讓他滿意的隊伍。

這種讚美是不是有些誇張了？也許是這樣的。可是，讓我們來看看利士納是怎樣運用這個讚美的。

利士納是這樣說的：「我把哈巴德將軍所說的話完完整整地轉達給士兵們，我從來沒有對這句話有任何懷疑。就算這句話是假的，那些士兵們聽到哈巴德將軍的讚美，也會盡全力達到那個水準的。」

古語中有這樣一句話：給一隻狗取個好聽的名字，否則，還不如勒死牠。

無論是有錢人、窮人、乞丐還是強盜，幾乎所有人都希望能夠竭盡全力維護別人賦予他的美好名譽。

辛辛監獄的典獄長勞斯曾經說過：「想要制伏一個騙子或者一個強盜，只有一種方法，那就是，像對待一位體面的紳士一樣對待他，把他看作一個行為規矩的正人君子。這樣，他會因為覺得有人相信他而感到溫暖和自豪。」

這真是一句精彩的話，對我們每個人都非常重要。

所以，想讓他人接受你的觀點，第七項規則就是：給人良好的聲譽。

“給對方一個好名聲，他會更加努力。”

贏取友誼與影響他人實踐清單

- 是否有將「給人良好的聲譽」帶入你的日常生活中？
- 在閱讀下一章前，是否把本章認真地閱讀過兩遍以上？
- 閱讀中是否經常停下來反思自己，並思考如何將書中的每一項建議應用到實際生活中？
- 你覺得這章的哪些字句對你有啟發作用？
- 這個月你複習過這本書了嗎？
- 最近是否有出現可以應用「給對方一個好名聲，他會更加努力」的時機？應用後的結果如何？
- 是否請朋友監督你，要求他們發現你違反某項原則時，適時地提醒你？
- 自己在這一週裡做錯了哪些事？哪些地方有待進步？該如何改進？
- 請將這一實踐經歷寫入記事本裡。

8 讓錯誤看起來容易改正

我有一個朋友，四十歲，幾天前才剛訂婚。他的未婚妻建議他去學跳舞，但在他這個年齡，看上去已經太晚了。他這樣向我講述了學跳舞的經過：

上帝知道，我需要學習舞蹈，因為我現在跳起舞來，和二十年前初學舞蹈時沒什麼區別。我請來的第一個舞蹈老師告訴我，我必須從頭學起，因為我的舞步沒有一個是正確的，也許她說得沒錯，但是聽了這話，我覺得沒有一點信心了，沒有了再學下去的欲望，於是辭退了她。

我請來了第二個舞蹈老師，她說的話或許並不是真心的，但是我聽上去覺得很開心，她淡淡地說：「你的基本步子沒錯，就是舞步有點過時了，但學幾種新近流行的舞步對你來說應該很容易。」

第一個舞蹈老師將我對舞蹈的熱情打消了，而第二個舞蹈老師卻讓我重拾起興趣，她耐心地指點我的舞步，不停地誇獎我。「你在音樂的節奏上很有天賦，」她說，「你肯定是個天生的舞蹈家。」然而，我心裡明白，我只是一個不入流的跳舞者。可是我卻真心希望她所講的都是事實。沒錯，她說那些話，或許都是為了我的學費。

但是不管怎樣，現在，我在舞蹈上已經比以前有了明顯的進步。她用那些話激勵了我，我非常感謝她，她帶給我希望，讓我願意努力做到更好。

對你的小孩、丈夫或者員工說他在某些方面有多糟糕，在這些方面沒有一點能力，絲毫不能讓人滿意，這樣，他想要努力和進步的念頭就被你破壞掉了。然而，如果使用相反的手段，給他們多一些鼓勵和讚美，不要把事情複雜化，讓他們明白，你相信他們還有很多沒有發揮的潛力，那樣，他就會竭盡所能，做到你所期盼的。傑出的人際關係專家洛威爾．湯瑪士，使用的正是這種技巧。他會給你自信和勇氣，他能夠激勵你的進步。讓我們來看一個例子：

最近幾個週末，我一直都是和湯瑪士夫婦一起度過的。上個星期六晚上，他們要玩橋牌，勸我也加入，然而我對橋牌幾乎是一竅不通，對我來說，這個遊戲就像蒙著神祕的面紗，我始終都學不會。我只好說：「不了，不了，我不會玩。」

湯瑪士對我說：「戴爾，橋牌沒什麼難的，只要多費點腦子判斷和記憶就行了，除此以外，沒有任何別的技巧，你以前寫過關於記憶的文章，所以橋牌對你來說也是輕而易舉。」

因為湯瑪士說我在橋牌遊戲方面有天賦，於是，我平生第一次參與了橋牌遊戲，有了這樣的開始，我逐漸感到橋牌遊戲並不像我想像的那麼難。

說起橋牌，我想起了埃立．克卜生，所有玩橋牌遊戲的地方，幾乎沒有人對這個名字感到陌生。他撰寫的關於橋牌遊戲的書籍，已經被翻譯成十二種語言，發行銷售不少於一百萬本。然而，他對我說過，如果不是一個年輕的女士說他有玩橋牌遊戲的天賦，他後來也不會以橋牌為業。

一九二二年，他來到美國，打算去當哲學或者社會學方面的教師，可是卻沒有找到這樣的工作。

然後，他做過推銷煤和推銷咖啡的工作，都以失敗告終。

那個時候，他從來都沒有想過以後會向別人教授橋牌遊戲。他是個對紙牌遊戲並不精通的人，而且性格固執，他經常會向一起玩牌的人提出很多麻煩又古怪的問題，所以大家都不願意和他一起玩牌。後來，他遇見了約瑟芬．狄隆小姐——一位漂亮的橋牌教師，他對她一見鍾情，沒過多久，他們就結婚了。那時候，狄隆小姐發現克卜生在玩橋牌遊戲時，總會非常細緻地分析自己手中的牌，於是，她誇獎克卜生在橋牌方面有天賦。克卜生告訴我，就是這一句讚美的話，讓他日後成為橋牌方面的職業專家。

所以，想讓他人接受你的觀點，第八項規則就是：讓錯誤看起來容易改正。

”多多鼓勵，讓錯誤看起來容易改正。“

贏取友誼與影響他人實踐清單

- 是否有將「讓錯誤看起來容易改正」帶入你的日常生活中？
- 在閱讀下一章前，是否把本章認真地閱讀過兩遍以上？
- 閱讀中是否經常停下來反思自己，並思考如何將書中的每一項建議應用到實際生活中？
- 你覺得這章的哪些字句對你有啟發作用？
- 這個月你複習過這本書了嗎？
- 最近是否有出現可以應用「多多鼓勵，讓錯誤看起來容易改正」的時機？應用後的結果如何？
- 是否請朋友監督你，要求他們發現你違反某項原則時，適時地提醒你？
- 自己在這一週裡做錯了哪些事？哪些地方有待進步？該如何改進？
- 請將這一實踐經歷寫入記事本裡。

9 榮譽是性價比最高的獎賞

一九一五年，美國全國上下都震驚不已，因為近一年來，歐洲各國大規模互相殘殺，戰爭規模在人類歷史上都是極其少見的。沒有人知道歐洲還能不能恢復和平。然而，威爾遜總統決定要努力解決歐洲和平問題，他打算派一個和平大使作為代表，去和歐洲交戰各國會談。

當時的國務卿威廉·詹寧斯·布萊恩是最主張和平的人，他自告奮勇要為此事效力。他知道這件事情將會讓他萬世留名，這無疑是個絕佳的機會。然而，威爾遜總統派遣的卻是另外一個人——布萊恩的好友豪斯上校。豪斯上校知道，布萊恩一旦知道了這個事情，一定會發很大的脾氣。

豪斯上校在日記中這樣寫道：「當聽說擔任歐洲和平大使的人是我時，顯然，布萊恩失望極了，布萊恩說，他本來自己準備去做這件事的。我這樣跟他說，讓一個政府要員去為此事奔波，總統覺得這樣很不合適。如果這樣，人們會有非常大的疑問：美國政府怎麼會讓一個國務卿來處理這件事情？」

這話中的暗示，你看出來了嗎？豪斯上校好像要讓布萊恩知道他的地位是多麼的重要，擔任和平大使是不合適的。聽了這話，布萊恩終於滿意了。

豪斯上校是個有豐富的為人處世經驗的人，在人際關係的處理上，他遵守了一項重要的規則，那就是：「永遠讓他人樂意按照你富有建設性的話去做。」

威爾遜總統請威廉·吉布斯·麥卡杜擔任自己的內閣成員時，也用到了這項重要的規則。這是他能夠賦予別人的最高榮譽，然而，威爾遜總統的做法，讓人更加感到了自己的重要性，獲得了加倍的榮譽感。下面這個故事，是麥卡杜自己講的：

威爾遜總統對我說他正在組織內閣，如果我同意擔任財政部長的職務，他會感到非常高興並且感謝我。他在說這個事情的時候，語氣顯得非常愉快，他讓我覺得，我如果同意接受這個榮譽，會幫他解決一個大問題。

然而，非常可惜的是，這種絕妙的交際手腕，威爾遜總統沒有一直用下去，假如他堅持下去，歷史的演變或許就是另外一個樣子了。

比如，發生在他身上的「美國國會和共和黨不贊同美國加入國際聯盟」事件。當時，威爾遜總統不同意帶魯特、休斯或者洛奇等其他著名的共和黨黨員，一起去參加巴黎和會，反而帶了兩位在黨內沒什麼名望的人隨行。他讓共和黨受到了冷落，讓他們感覺不到創辦國聯是他們自己的意見。相反地，他讓人覺得創辦國聯只是他個人的想法，不需要他們插手干預。威爾遜在這些事情上的簡單處理，導致了他自己事業的毀滅，而且影響到了他身體的健康，甚至縮短了他的壽命。最終，美國沒有加入國聯，否則，此後的世界歷史將會有更大的改變。

「雙日頁」出版公司是非常有名的出版商，他們一直都明確地履行著這項規則：讓他人樂意按照你富有建議性的話去做。著名作家亨利說，有時候，他請「雙日頁」替他出版某本書，「雙日頁」拒絕了他，可是他們的拒絕顯得很委婉，不會讓人有尷尬為難的感覺，相比別的出版商接受出版，「雙日頁」得體的拒絕反而更讓人覺得愉快。

我有一個朋友，很多人邀請他去演講，所以，他不得不拒絕一部分人。邀請他的都是他的朋友或者交往很深的人。在拒絕別人的時候，他措詞婉轉得體，所以，就算遭到了他的拒絕，對方依然會滿意而歸。

他運用了什麼樣的方法呢？對他的朋友說，他忙得沒有時間？或者找些其他理由？不，他沒有。他對別人的邀請表示感激，而且表達了他的遺憾之情，然後，他會向對方推薦一位同樣優秀的演說家。換句話說，他的拒絕，不會讓人覺得不高興。

他會這樣建議：「你怎麼不邀請我的朋友——《鷹報》的編輯洛格斯先生為你們演講呢？他的演講很棒。」「哎，那位伊考克先生以前在巴黎生活了十五年，你有沒有想過，他在歐洲當通訊員時，經歷了多少事情啊，他肯定會有很多奇妙的故事可以講。」「那有一個郎法洛先生，他手裡有好幾部在印度狩獵的紀錄片。」

萬特是紐約萬特印刷公司的經理，他想在避免對方反感的前提下，改變一位技術師的想法和需求。這位技術師的職責是管理幾臺打字機，以及其他二十四小時運轉的機器。他說他需要一名助手，他經常抱怨自己的工作時間太長而工作又太多。

可是，萬特先生沒有給他配備助手，也沒有縮短他的工作時間，卻讓這位技師感到了滿足。這是怎麼回事呢？萬特的辦法非常簡單，他為那位技術師準備了一間私人工作室，在工作室的門上釘了個牌子，最上面寫著「服務部主任」幾個字，下面是那位技術師的名字。

這樣，他就不再是一個誰都可以隨便使喚的修理工，而是一名部門主任了，他從中獲得了自尊，有了受尊重感，現在，他再也沒有抱怨過，工作起來也是非常愉快的樣子。

這是不是顯得很幼稚？也許是的。但是就在拿破崙身上，也曾發生過這麼一件事。他率領他的榮譽軍進行訓練時，為士兵們頒發了一千五百枚十字徽章，他的十八名將軍則被封為「法國陸軍元帥」，他稱他的榮譽軍為「偉大的軍隊」。對這一切，使得人們嘲笑他幼稚，說他拿一些玩具哄騙那些出生入死的老軍人。對此，拿破崙是這樣回答的：「沒錯，人，有的時候就是被玩具統治著。」

這種賦予頭銜或者權力的方法，對拿破崙有效，同樣地，對你也會有效。我前面提到過的我的朋友琴德夫人，她擁有一片草地，就在她房子的後面，但是淘氣的孩子們常常來踩壞那片草地，這讓她很是煩惱。對那些孩子，琴德夫人用盡了勸說和恐嚇的方式，可是都不起作用，最終，她想出了一個好辦法。

她從那些孩子中挑出最淘氣的一個，給了他一個威風的頭銜，讓他覺得很有成就感，她請那個孩子做她的「密探」，守護著草地，把那些跑進草地的孩子趕走。這個辦法真的起作用了，那個小「密探」在院子後方點燃一堆火，把鐵棍燒得通紅，拿著鐵棍威脅侵入草地的孩子，誰再敢進入草地，他就用燒紅的鐵棍燙他。

人類的天性就是如此。

所以，想讓他人接受你的觀點，第九項規則就是：讓他人樂意按照你富有建設性的話去做。

”讓對方樂意做你建議的事情。“

贏取友誼與影響他人實踐清單

- 是否有將「讓對方樂意做你建議的事情」帶入你的日常生活中？
- 在閱讀下一章前，是否把本章認真地閱讀過兩遍以上？
- 閱讀中是否經常停下來反思自己，並思考如何將書中的每一項建議應用到實際生活中？
- 你覺得這章的哪些字句對你有啟發作用？
- 這個月你複習過這本書了嗎？
- 最近是否有出現可以應用「讓他人樂意按照你富有建設性的話去做」的時機？應用後的結果如何？
- 是否請朋友監督你，要求他們發現你違反某項原則時，適時地提醒你？
- 自己在這一週裡做錯了哪些事？哪些地方有待進步？該如何改進？
- 請將這一實踐經歷寫入記事本裡。

這本書你已經閱讀一部分了，現在請合上它，立刻將你學到的人際關係知識運用到生活實踐中去吧，你將會看到奇妙的效果！

讓他人接受你的觀點的九項規則：

規則一：用聰明的讚賞開始談話。

規則二：必須避免正面的批評。

規則三：永遠先談自己的錯誤。

規則四：不用命令的口吻指使別人。

規則五：顧全別人的面子。

規則六：不要吝惜溢美之詞。

規則七：給人良好的聲譽。

規則八：讓錯誤看起來容易改正。

規則九：讓他人樂意按照你富有建設性的話去做。

第五篇

一封創造奇蹟的信

我敢打賭，我知道你現在在想些什麼，你可能正對自己這樣說：「『創造奇蹟的信』！太可笑了，那是賣狗皮膏藥的藥品廣告！」

如果你有這樣的想法，我不會怪你。若是十五年前，我看到這樣的標題，我也會這樣想。是不是覺得懷疑？好吧，我喜歡有「懷疑」精神的人。我在二十歲以前，一直住在密蘇里州，一直很欣賞當地人的質疑精神。

似乎人類思想之所以有進步，都是從懷疑、發問，和挑戰而來的。

老實說吧，用「一封創造奇蹟的信」這標題是準確的嗎？不，坦白說，那是不準確的。這個標題把事實輕描淡寫了！這裡所發表的信件，它所產生的效應比「奇蹟」更好上一倍的效果。誰下的斷語？

這個就是肯．戴克，他是美國最著名的銷售員，曾擔任「約翰斯曼威爾公司」的推銷經理，現在是「高露潔棕欖皮特公司」廣告主任，同時也是美國全國廣告商協會董事會成員。

戴克先生說，他以前寄給代理商的詢問函件，所得到的覆函，總數不到發出信函的百分之八。如果有百分之十五的回信，他就認為是很不錯了。他還這樣告訴我，如果回信比例，達到百分之二十，那該是奇蹟了。

可是戴克有一封信，即在本篇中的這一封，它的比例數，竟達到百分之四十二．五，也就是說比「奇蹟」還好上一倍。別小看它，這封信不是兒戲，也不是意外，其他許多信件，也獲得了同樣的效果。

怎麼做到的？戴克解釋說：

「在我加入卡內基先生訓練班後，信件的效力立即增加。我知道我過去所使用的方法完全錯誤。我試著應用這本書上的每一項規則，結果我發出的信函，回信率竟增加五至八倍。」

下文是原信。這封信裡的語氣、含意，讓對方覺得自己很重要，會使人很願意幫發信人的忙。我的評論，注在括弧裡。

尊敬的布蘭克先生：

不知道您願不願意幫我解決一點小困難？

（讓我們先了解情況。試問一個遠在印第安那州的木材商，突然接到紐約約翰斯曼威爾公司一位高階職員的來信；而這封信一開頭就說，那位紐約的高階職員，要請對方幫助他解決一項難題。我們可以想像得到印第安那州的那位木材商，會對自己這樣說：「好吧！如果紐約那位先生真遇到什麼困難，那他是找對人了。我一向很樂意幫助人，我看看他到底遇到了什麼困難。」）

> 去年，我曾使我們公司相信各家木材代理商銷售增加的原因，是由於我們「約翰斯曼威爾公司」，舉辦了直接通訊的效果。最近，我寄出各商家的詢問函件有一千六百封，使我感到興奮的是，已收到他們覆函數百封，那表示他們贊成這項合作有顯著的效果。因此，我們又完成了一項直接通訊的新計畫，相信您也會喜歡的。可是，今天早晨我們公司總經理，和我討論到關於去年所實施計畫的報告，並問我關於營業額方面的情形如何，究竟有多少買賣成交？所以，我必須請您幫助我，讓我能獲得這項資料。

（「請您幫助我獲得這項資料」，這是一句很好的措詞，那位紐約大商人終於說了實話，而他也給遠在印第安那州的一個代理商，誠實而懇切的重視。可是需要注意的是：戴克並沒有說出任何一句他公司如何重視的話。可是，他使對方立即知道，他是如何需要對方的協助和說明。戴克又向對方承認亟需要對方的幫忙；否則無法向總經理作一圓滿的報告。印第安那州的那名商人，也是一般人，當然喜歡聽這些話。）

我期望您幫助的是：一、在來函附上的明信片上，請你告訴我，去年你所成交的生意，有哪些是由直接通訊獲得成功的。二、請你告訴我，那些買賣的總額是多少。如果你肯賜下覆函，我非常感激。我對你所提供的資料，極為珍惜，而且感謝你的好意。

誠摯的戴克
推銷部主任

很簡單的一封信，不是嗎？但它卻能產生奇蹟……因為請對方幫忙，使對方有了自尊、自重的感覺。不論你是銷售海綿屋頂材料，或者是坐福特汽車去歐洲旅行，那種心理學是有效的。

再舉一個例子：有一次我和霍默．克洛伊驅車前往法國旅行，突然迷了路。我們把那部「老爺車」停下，詢問當地村民前往下個城鎮的路。

我們問路的舉動在當地引起轟動……這些人穿的是木鞋，以為所有美國人都很富有，而汽車在那一帶，更是少見。駕著汽車遊覽法國的美國人，一定是百萬富翁，也許就是汽車大王「福特」的堂兄堂弟。可是他們知道的事，有些是我們不知道的。我們比他們有錢，但我們把帽子脫下，恭敬有禮地向他們問路，就給了他們一種被重視感。他們立刻搶著為我們指路，其中有一個人似乎覺得這是一個難得的機會，叫旁邊的人都安靜下來，獨享這種為我們迷途指路的新奇感。

不妨自己試試！當你下次到一個陌生地方，把一個看來經濟、社會階層，比你低的人攔住，問他說：「不知你肯不肯幫我解決一點困難，請你告訴我如何到某某路、某某巷，好嗎？」

富蘭克林就用這種方法，把一個仇人變成一個終生的朋友。

富蘭克林年輕的時候，他把所有的積蓄，都投資在一家小型的印刷廠中。他設法讓自己被舉為費城議會的書記，由於那個職務，能使他做到公家的印刷生意。那職務對他來說，是很有利的，他希望能夠達到這個目的。

可是，在他的前方，卻有個很大的障礙，議會中有個最富有、最有能力的人，他極不喜歡富蘭克林，不但不喜歡，他還公開抨擊富蘭克林。

這件事對富蘭克林造成威脅。所以，富蘭克林決心要使那個人喜歡他！但該怎麼做呢？這是個難題……他為那人做些有好處的事？不，那會讓對方懷疑，說不定更會輕視富蘭克林！富蘭克林聰明過人，這難不倒他，他反其道而行，請那個仇人幫他一個忙。

富蘭克林向對方借十元美金？不，不是的。富蘭克林只要求一件有利於對方的事——一件能滿足對方的虛榮心，會讓對方高興，能很有技巧地讚賞對方的智識和成就的事。這是富蘭克林所描述的事情經過：

「我聽說他圖書室裡，有一本極少見到的奇書。我就寫了一封信給他，表示很希望能借閱他所收藏的那一本書。他很快就請人把我所希望借閱的書送來，一星期後，我如期還給他，同時還附上一封信，表示我很感激他的幫忙。幾天後，我們見面時，他主動過來跟我攀談——這是從來沒有過的事——並且很客氣。從那次之後，他表示願意幫助我任何一件事，後來我們也成了很好的朋友，直到他去世。」

富蘭克林去世迄今已有一百多年了，但他所應用的這種請人幫助的心理學技巧，仍然是人們所重視的。例如，我訓練班裡有個學員，阿姆塞爾，他運用這種心理學技巧，獲得了很大的成效。阿姆塞爾推銷鉛管和熱氣用品已經很多年了；他一直想要跟布魯克林的一個鉛管技師進行交易。這個鉛管技師的業務很大，同時信用也非常好，可是阿姆塞爾一開始就吃了閉門羹。這個鉛管技師是個不拘小節、蠻橫、粗暴的人，他坐在辦公椅上，嘴上叼著一支雪茄，每次見到阿姆塞爾就這樣說：「我今天什麼也不要，別浪費我的時間，你走吧！」

後來有一天，阿姆塞爾嘗試了一個新方法，這個方法使他獲得了一個朋友，和很多的訂單。阿姆塞爾的公司，打算在長島的皇后村買一棟房子，做為分公司。那房子正好跟鉛管技師的房子為鄰，因此他很熟悉這地區的狀況。所以，這一次他去見那技師時，就這樣說：「先生，今天我不是來跟你談買賣的，我是想請你幫一個小忙。如果你方便，只需要一分鐘的時間就夠了。」

鉛管師嘴上叼著雪茄，說：「嗯，好吧。你有什麼話快說吧！」

阿姆塞爾說：「我的公司想在皇后村開一家分公司，你對這裡的情形相信比任何人都清楚，所以我來向你請教一點意見：你認為這個計畫是否明智？」

這是過去從沒有發生過的情況！一直以來，這個鉛管技師都是自我感覺良好，看不起推銷員，都是以咆哮怒喝的態度對待。但現在，有個大公司的推銷員來請教他、徵求他的意見。

他拉過一張椅子，指了指說：「坐下來說吧。」這次，他花了一小時的時間，詳細告訴我，關於皇后村鉛業方面的情形。他不但贊成在這裡開設分公司，同時替我計畫出購置地產的程序，和購買貨物、開業等的一切情形。

他為一家頗具規模的鉛業公司指導營業方針……他從這裡獲得了被重視感。接著，從公事談到了私事，態度也變得十分友善，甚至還告訴阿姆塞爾關於他家庭中困擾的事和衝突。

阿姆塞爾說：「那天晚上，我臨走的時候，我口袋裡不但裝進大批訂單合約，而且還建立起鞏固的商業友誼。我現在和這個過去對我狂吠、咆哮的人，一起打高爾夫球，過去那種態度已完全改變，這是由於我請他幫了一件使他感到被重視的事情。」

我們再來看戴克的另一封信，看他如何巧妙地運用這種「幫我一個忙」的心理學技巧。

數年前，戴克先生一直得不到商人、包工，以及建築師的回覆信函，這使他感到非常苦惱，他發給建築師、工程師的信，常常收不到百分之一的覆函。他認為有百分之二的覆函就算不錯了，如果是百分之三那就更好了。百分之十如何呢？那該是一項奇蹟了。

可是下面的信，差不多得到了已超過他認為是奇蹟的五倍。而這封信只有兩、三頁，但字裡行間滿含友善的建議與合作的意願。

這封信所運用的心理學及措詞，都驗證了上述所提到的技巧。當你看這封信時，要仔細揣摩其中要義，找出比奇蹟還神奇五倍的原因。

親愛的社伊先生：

不知道您是否肯幫助我解決一個小問題？

一年前，我曾向我們公司建議：建築師們最需要的，是一本商品目錄——詳列本公司所有的建築材料，並且說明它的用途。現在附函寄上一本，這是我們公司首次提供這樣的服務。但目前目錄內容並不豐富，本公司並不反對我重新製作的建議，但是需要有充分的資料，以符合重製需求。

所以，這件事希望能獲得您的幫助，因此我很冒昧地請您以及全國其他四十九位建築師擔任審定。為了不麻煩您太多，我在信後附上幾個簡短的問題，如蒙賜答，感激不盡；並附上回郵，敬希不吝示下。

這件事您沒有義務必須幫忙，我們絕對尊重您的選擇。但無論如何，這本目錄是否停印，抑或更新資料再版，都需要依賴您的經驗、建議指導。

總之，我們非常感激您的合作，謝謝你。

戴克
銷售推廣經理

這裡需要說明一下，根據個人經驗，有些人看過這信，會機械式的照用這種心理學技巧。我們需要盡量激發起對方的自尊心，出於諂媚和虛偽的奉承之詞，是絕對不會有效果的。必須記住：我們每個人都渴望被人欣賞、被人重視……甚至會不顧一切地去達到這個目的。可是，沒有人會接受不誠懇的、虛偽的奉承。

我再次強調：這書中所告訴你的規則，必須發自內心地實踐才會有效果。我不希望人們使用詭詐騙術去欺騙別人，而我所欲傳達的，是一種新的生活態度。

第六篇

如何讓你的婚姻
更幸福

1 切莫喋喋不休

法國皇帝拿破崙三世和世界上最美麗的女人歐珍妮・德・蒙提荷墜入情網，接著，他們結婚了。他的那些大臣們紛紛指出，歐珍妮・德・蒙提荷只是西班牙一個並不重要的伯爵的女兒。可是拿破崙回答說：「這又有什麼關係呢？」是的，她的優雅、她的青春、她的誘惑、她的美麗，使拿破崙感到幸福。拿破崙在一次情緒激烈的言論中，向全國宣告：「我已挑選了一位我所敬愛的女人做我的妻子，我不想娶一個我素不相識的女人。」

拿破崙和他的新夫人擁有健康、權力、聲望、美貌、愛情——這是美滿婚姻所必須具備的條件。婚姻點燃的聖火，從來沒有像他們如此光亮，如此熾熱。

但是，沒有多久，這股熾烈、輝煌的光芒，漸漸冷卻下來了！拿破崙可以使歐珍妮・德・蒙提荷成為皇后，可是他愛情的力量、國王的權威，卻無法制止她對他無理地喋喋不休。

歐珍妮受嫉妒所困擾，遭疑懼所折磨，使她侮慢他的命令，甚至不許拿破崙有任何祕密。她闖進拿破崙正在處理國家大事的辦公室，攪亂了拿破崙與大臣們正在討論的重要會議。她不允許他單獨一個人，總怕拿破崙會跟其他的女人相好。

她常會去找她姊姊抱怨拿破崙，訴苦，哭泣，喋喋不休！她會闖進他的書房，暴跳如雷，惡言謾罵！拿破崙擁有許多富麗的官室，身為一國的元首，卻找不到一間小屋子，能使他寧靜安居下來。

歐珍妮小姐的那些吵鬧，所獲得的是些什麼呢？

這裡就是答案……萊茵哈特的名著《拿破崙與歐珍妮．德．蒙提荷：帝國的悲喜劇》一書上是這麼寫的：「以後，拿破崙時常在晚間，從宮殿一扇小門潛出；用軟帽遮住半個臉，由一個親信侍從，陪他去與正期待著他到來的一個美麗女子幽會。他們或者會在巴黎城內漫遊，或是觀賞平時國王所不易見到的那些夜生活。」

拿破崙之所以這麼做，就是歐珍妮．德．蒙提荷小姐造成的。事實上，她高居法國皇后寶座，她的美麗傾國傾城。可是以她皇后之尊，有傾國傾城的美麗，卻不能使愛情有喘息之力。歐珍妮曾放聲哭訴說：「我所最害怕的事終於來臨了。」這一切都是她咎由自取。在愛情和婚姻中，吵鬧是最可怕而致命的傷害。地獄中的魔鬼所發明的種種毀滅愛情的烈火中，吵鬧是最可怕的一種，就像被毒蛇咬到，絕無生望。

俄國大文豪托爾斯泰的夫人明白這一點的時候已經太晚了。當她在臨死前，向她女兒懺悔說：「你父親的去世，是我的過錯。」她的女兒們沒有回答，而是失聲痛哭起來。

她們知道母親說的是實話，她們的母親不斷的抱怨和長久的批評，摧殘了父親的生命。

托爾斯泰伯爵和他的夫人處在優沃的環境裡，應當十分快樂才對。托爾斯泰是歷史上最著名的作家之一，他的名著《戰爭與和平》和《安娜·卡列尼娜》在文學領域中，永遠閃耀著光輝。托爾斯泰倍受人們愛戴，他的讚賞者甚至於終日追隨在他身邊，將他所說的每一句話都快速地記了下來。即使他說了這樣一句「我想我該去睡了」，也會被記錄下來。

除了美好的聲譽外，托爾斯泰和他的夫人有財產、有地位、有孩子。普天下，幾乎沒有像他們那樣美滿的姻緣。他們的結合太美滿了，所以他們跪在地上，禱告上帝，希望能夠繼續賜給他們這樣的快樂。

後來，發生了一件驚人的事，托爾斯泰漸漸改變了。他變成了另外一個人，他對自己過去的作品竟感到羞愧。從那時開始，他把剩餘的生命貢獻於寫宣傳和平、消弭戰爭和解除貧困的小書。

他曾經替自己懺悔，在年輕時候，犯過各種不可想像的罪惡和過錯，他要真實地遵從耶穌基督的教訓。他把所有的田地給了別人，自己過著貧苦的生活。他去田間工作、砍木、堆草，自己做鞋、自己掃屋，用木碗盛飯，而且嘗試盡量去愛他的仇敵。

托爾斯泰的一生是一幕悲劇，而造成悲劇的原因是他的婚姻。他妻子喜愛奢侈、虛榮，可是他卻輕視、鄙棄。她渴望著顯赫、名譽和社會上的讚美，可是托爾斯泰對這些卻不屑一顧。她希望有金錢和財產，而他卻認為財富和私產是一種罪惡。

這樣經過了好多年，她吵鬧、謾罵、哭叫，因為他堅持放棄他所有作品的出版權，不收任何的稿費。可是，她卻希望得到從那方面而來的財富。

當他反對她時，她就會像瘋了似的哭鬧，倒在地板上打滾……她手拿鴉片煙膏，要吞服自殺，同時還恫嚇丈夫，說要跳井。

在他們的生活過程中，有一件事是歷史上最悲慘的一幕。他們開始的婚姻，是非常美滿的，但是經過四十八年後，托爾斯泰已無法忍受再見到自己妻子一眼。

在某一天的晚上，這個年老傷心的妻子渴望著愛情，她跪在丈夫膝前，央求他朗誦五十年前他為她所寫的最美麗的愛情詩章。當他讀到那些美麗、甜蜜的日子，現在已成了逝去的回憶時，他們倆都激動地痛哭起來……生活的現實和逝去的回憶，那是多麼的不同。最後，當他八十二歲的時候，托爾斯泰再也忍受不住他家庭折磨的痛苦，就在一九一〇年十月，一個大雪紛飛的夜晚，他離開他的妻子而逃出家門……逃向酷寒、黑暗，而不知去向。

十一天後，托爾斯泰在一個車站裡，死於肺炎。他臨死都不讓妻子來看他。

這是托爾斯泰的夫人抱怨、吵鬧和歇斯底里所付出的代價。

也許人們認為，她在若干地方吵鬧，也不能算是過分！是的，可最重要的是，那種喋喋不休的吵鬧，是否對她有了某種幫助？

「我想，我真的瘋了！」托爾斯泰夫人覺悟到這句話時，已經晚了。

林肯一生過程中最大的悲劇，也是他的婚姻。請注意，不是他的被刺，而是他的婚姻。當刺客向他放槍時，他並未感覺到自己受了傷，因為很快他就去世了。他的法律同仁赫恩登，形容林肯二十三年來所過的日子，都是「處在由於婚姻不幸，所造成的痛苦中」。那幾乎有四分之一世紀的時間，林肯夫人都是喋喋不休，毀了林肯的一生。

她永遠抱怨、批評她的丈夫，她認為林肯所做的事情沒有一件是對的。她抱怨丈夫腳步中沒有一點彈性，動作一點也不斯文，甚至做出丈夫那副模樣來嘲笑丈夫，她喋喋不休地要他改變走路的樣子。

她不愛看他兩隻大耳朵，嫌棄她丈夫的鼻子不挺直，又指他嘴唇如何難看，手腳太大，偏偏腦袋又這麼小。

林肯和他的妻子在各方面都是相反的，在教養方面、環境方面、性情上、志趣上，還包括智慧和外貌上，他們時常彼此激怒、敵視。

已故上議員阿爾伯特·貝弗里奇是研究林肯傳記的一位權威。他這樣寫著：林肯夫人那尖銳刺耳的聲音，隔著一條街都可以聽到。

林肯夫婦結婚後不久，和歐莉夫人住在一起——她是斯普林菲爾德一個醫生的寡婦，或許為了貼補家裡一份收入，不得不讓人進來寄住。

一天早晨，林肯夫婦正在吃早餐，不知什麼原因激怒了他的妻子。她端起一杯熱咖啡，朝丈夫的臉上潑去，她是在許多住客面前這樣做的。

林肯不說一句話，就忍著氣坐在那裡，這時歐莉夫人過來，用一塊毛巾，把林肯臉上和衣衫上的咖啡擦去。

林肯夫人的嫉妒，幾乎達到已使人無法相信的程度，她是那樣的凶狠、激烈，最後精神失常了。

所有那些吵鬧、責罵、喋喋不休，是不是把林肯改變了？從另一方面講，是的。那確實改變了林肯對她的態度，使他後悔這樁不幸的婚姻，而且使他盡量避免跟她見面。

斯普林菲爾德有十一位律師，他們不能都在一個地方糊口謀生。所以他們常騎著馬，去外地的法庭找點工作。其他律師們，每個都希望週末回斯普林菲爾德，回去跟家人度週末。可是林肯不回斯普林菲爾德，他就怕回家，春季三個月，秋季三個月，他寧願留在他鄉。

這就是林肯夫人、歐珍妮皇后和托爾斯泰夫人，她們與丈夫爭鬧後的結局。她們所獲得的，是生命中一幕悲劇的收場。她們把珍愛的一切和她們的愛情毀滅了。

貝西・漢堡在紐家事法庭工作十一年，曾批閱過數千件的「遺棄」案件。他對這方面有獨到的見解：「男人離開家庭的一個主要原因，是妻子無休止的吵鬧。」《波士頓郵報》曾報導過：「許多做妻子的都在連續不斷地一次次挖掘她們婚姻的墳墓。」

所以，保持你家庭的美滿、快樂，第一項規則是：切莫喋喋不休。

”絕對不要嘮叨!!!“

想要家庭幸福美滿實踐清單

- 是否有將「絕對不要嘮叨」帶入你的婚姻生活中？
- 在閱讀下一章前，是否把本章認真地閱讀過兩遍以上？
- 閱讀中是否經常停下來反思自己，並思考如何將書中的每一項建議應用到實際生活中？
- 你覺得這章的哪些字句對你有啟發作用？
- 這個月你複習過這本書了嗎？
- 最近是否有出現可以應用「切莫喋喋不休」的時機？應用後的結果如何？
- 是否請朋友監督你，要求他們發現你違反某項原則時，適時地提醒你？
- 自己在這一週裡做錯了哪些事？哪些地方有待進步？該如何改進？
- 請將這一實踐經歷寫入記事本裡。

2 不要試圖改變對方

英國大政治家班傑明．迪斯雷利說：「我一生或許有過不少錯誤，可是我絕不會為愛情而結婚。」

是的，他果然是沒有。在他三十五歲前沒有結婚，後來，他向一個有錢的寡婦求婚，是個年紀大他十五歲的寡婦。

那是愛情嗎？不，不是的。她知道他並不愛她，是為了金錢而娶她。所以那老寡婦只要求一件事，她請他等一年。她要給自己一個觀察他品德的機會。一年後，她和他結婚了。

這些話聽來乏味，平淡無奇，幾乎像做一次買賣，是不是？可是，使人們難以了解的是，迪斯雷利的這樁婚姻，卻被人稱頌是最美滿的婚姻之一。

迪斯雷利所選的那個有錢的寡婦，既不年輕，又不漂亮，跟他毫不匹配。她的談話，常會犯了文學和歷史上極大的錯誤，往往成為人們譏笑的對象。

她永遠弄不清楚，是先有希臘，還是先有羅馬。她的衣飾裝扮更是離奇古怪，完全離了譜。至於對屋子的擺設她也一竅不通。

但是，她在對婚姻最重要的事情上，是一位偉大的天才——她深知對待一個男人的藝術。

她從不讓自己所想的，跟丈夫的意見對峙。每當迪斯雷利跟那些敏銳善談的貴夫人們辯論一下午而精疲力竭地回到家裡時，她總是讓他安靜休息。在這個愉快日增的家庭裡，在相敬如賓的氣氛中，他有個靜心休息的地方。

迪斯雷利跟這個比他年長的太太一起時，那是他一生最愉快的時候。她是他的賢內助、他的親信、他的顧問。每天晚上，他從眾議院匆匆回家，他告訴她白天所見的新聞。凡是他努力去做的事，她絕不相信會失敗。

瑪麗安這個五十歲再婚的寡婦認為，她的財產能使他的生活更安逸些。反過來說，她是他心中的女英雄。迪斯雷利是在她去世後才封授伯爵的，但當他還是平民時，就陳情維多利亞女皇封授瑪麗安為貴族。所以在一八六八年，瑪麗安被封為「比肯斯菲爾德」女子爵。

無論她在眾人面前表現得如何愚蠢、笨拙，他從來不批評她，他在她面前，從不說出一句責備的話。如果有人嘲笑她，他立即為她辯護。

瑪麗安並不完美，可是在她後三十年的歲月中，她永遠不會倦於談論她的丈夫！她稱讚他，欽佩他！迪斯雷利說：「我們結婚三十年，我從沒厭倦過她。」

可是，有些人會認為瑪麗安是愚蠢的。

迪斯雷利認為瑪麗安是他一生中最重要的。結果呢？瑪麗安常告訴她的朋友們說：「感謝上帝的慈愛，我的一生，是一連串長久的快樂。」

他們倆之間，有一句笑話。迪斯雷利曾這樣說：「妳知道，我和妳結婚，只是為了妳的錢！」瑪麗安笑著回答：「是的，但如果你再一次向我求婚，一定是為了愛我，你說對不對？」

迪斯雷利承認那是對的。

瑪麗安並不完美，可是迪斯雷利夠聰明地讓她保持本色。

亨利．詹姆斯曾這樣說過：「與人交往，第一件應學的事，就是不干涉別人自己原有的獲取快樂的方法……」

利蘭．福斯特．伍德在他所著的一部有關家庭方面的書上，這樣寫道：「婚姻的成功，不只是尋找一個適當的人，而是自己該如何做一個適當的人。」

所以，想要家庭有個美滿、快樂的生活，第二項規則是：不要改造對方。

”不要試圖改變你的另一半。“

想要家庭幸福美滿實踐清單

- 是否有將「不要改造對方」帶入你的婚姻生活中？
- 在閱讀下一章前，是否把本章認真地閱讀過兩遍以上？
- 閱讀中是否經常停下來反思自己，並思考如何將書中的每一項建議應用到實際生活中？
- 你覺得這章的哪些字句對你有啟發作用？
- 這個月你複習過這本書了嗎？
- 最近是否有出現可以應用「不要試圖改變另一半」的時機？應用後的結果如何？
- 是否請朋友監督你，要求他們發現你違反某項原則時，適時地提醒你？
- 自己在這一週裡做錯了哪些事？哪些地方有待進步？該如何改進？
- 請將這一實踐經歷寫入記事本裡。

3 停止相互指責

迪斯雷利在政治生涯中的勁敵，是威廉．格萊斯頓。他們兩人，凡遇到國家大事有可爭辯的，就會起衝突。可是，有一件事卻是完全相同的：他們都有一個幸福的婚姻。

格萊斯頓夫婦共同攜手度過了五十九年美滿的生活。人們很願意想像，格萊斯頓這位英國尊貴的首相，握著他妻子的手，在壁爐前的地毯上，唱著歌的那幕情景。

格萊斯頓在公共場合，是個令人害怕的勁敵，但是在家裡，他絕不批評任何人。他每當早晨下樓吃飯，看到家裡還有人睡著尚未起床時，他會用一種溫柔的方法，以替代他原來該有的責備。

他提高了嗓子，唱著歌，讓屋子裡充滿著他的歌聲——那是告訴還沒有起床的家人，英國最忙的人在等候他們一起用早餐。格萊斯頓有他外交的手腕，可是他體貼別人，竭力避免家庭中的批評。

俄國女皇葉卡捷琳娜二世在家中也是如此。她統治了世界上龐大的俄羅斯帝國，掌握千萬民眾生殺予奪的大權。在政治上，她是一個殘忍的暴君，好大喜功地接連戰爭。只要她說一句話，別人就被判處死刑。可是，如果她的廚師把肉烤焦了，她會什麼話也不說地微笑著吃下去。這是她值得別人學習的一面。

多蘿西婭·迪克斯是美國研究不幸婚姻原因的權威者，她提出這樣的見解：無用卻傷人的指責，是導致大部分婚姻不幸的罪魁禍首之一。

所以，想要家庭有個美滿、快樂的生活，第三項規則是：停止相互指責。

如果你要指責你的孩子，你以為我會勸阻你別那麼做……不，不是那回事。我只是想告訴你，在指責他們之前，不妨先把這篇〈父親忘記了〉的文章看一下。這篇文章是刊登在一本家庭雜誌的評論專欄上。我們獲得原著者的同意，特地轉載在這裡。

〈父親忘記了〉是一篇短篇文章，卻引起無數讀者的共鳴，也成了誰都可以翻印的讀物。

前些年，那篇文章第一次刊登出來後，就像本文作者「李文斯敦．朗德」所說的：「在數百種雜誌、家庭機關，和全國各地的報紙上刊出，同時也譯成了多國文字。我也允許無數人，拿這篇文章在學校、教會和講臺上宣讀，以及不計其數的空中廣播。連大學與中學等校刊也都刊載過。有時候一篇短文會有奇異的效果出現，而這一篇就是如此。」

父親忘記了／李文斯敦．朗德

聽著，兒子：在我和你說這些話時，你正在熟睡。你的小手枕在臉頰下，漂亮的金色鬈髮貼附在你汗溼的額頭上。我獨自輕聲地走進你的房間。幾分鐘前，我在書房讀報時，一種莫名的自責懊悔襲來，於是我懷著愧疚的心來到你的床邊。

兒子，我是這麼想的，我太容易對你發脾氣了。在你穿衣準備上學時，因為只用毛巾胡亂抹了一把臉，我會責罵你；你的鞋子沒有擦乾淨時，我又會責罵你；當你把東西亂丟在地上時，我甚至還會大聲怒罵你。

早餐時，我挑你的毛病。食物灑出來了；吃飯狼吞虎嚥；把手肘支在餐桌上，沒有規矩；麵包抹太多奶油了……當你要出門去玩，而我準備去趕火車時，你轉過身向我揮手，說：「爸爸，再見！」我卻皺著眉頭說：「抬頭挺胸！」

今天傍晚，同樣的情況又出現了。我在回家的路上看到你跪在地上打彈珠，這讓你的襪子都磨破了。我當著你玩伴面前就把你押回家，讓你當眾丟臉。我還對你怒斥，長筒襪很貴的，如果你不珍惜，就自己花錢買。很難想像，這些話出自一個父親的口！

還記得嗎？回家後不久，當我在書房看報時，你小心翼翼地走進來，用一種受傷的眼神看著我，在門邊躊躇猶豫。我從報紙上抬眼看你，不耐煩地喝斥說：「你想要幹什麼？」

你一句話也沒說地跑過來，摟住我的脖子親吻我。你帶著一種上帝賦予你的，在你心中開花，即使是被忽視也不會枯萎的感情，緊緊地抱住我。隨後你就轉身跑走，飛快地上了樓。

兒子啊，在你跑開之後，報紙從我的手中滑落，一種令人難以言喻的自責湧上心頭。

天啊，我到底樣成了什麼樣的習慣？吹毛求疵的習慣，動不動就斥責的習慣——這就是我對一個小男孩所做的事情！不是我不愛你，而是我對年幼的你期望太高，我用要求自己同齡人的標準來要求你。

你的性格中有那麼多善良、美好和真實的地方。你想衝進來跟我道晚安，證明了你那顆小小的心，就像寬闊山丘上的黎明一樣大。

今晚什麼都不重要了，孩子。我在黑暗中來到你的床邊，我跪在那裡，感到羞愧！

而這只是一種虛弱無力的補償，我知道即使在你醒著的時候把這些事情講給你聽，你也不會明白。但是我已經下定決心，從明天開始我要做一位真正的父親！

我會成為你親密的朋友，在你難過的時候為你分擔，在你開心的時候與你共同快樂。我不會再不耐煩地對你說話，我會時時告訴自己：「你只是個孩子——一個小男孩！」

我想，恐怕自己一直都把你當作男人來看待。現在，我看著蜷縮在床上熟睡的你，我才發現，你還只是一個小寶寶，那個依偎在媽媽的臂彎裡，頭輕輕靠在她肩上的小寶寶。以前我對你的要求，實在太多、太高了。

”不要指責他人。“

想要家庭幸福美滿實踐清單

- 是否有將「不要指責他人」帶入你的婚姻生活中？
- 在閱讀下一章前，是否把本章認真地閱讀過兩遍以上？
- 閱讀中是否經常停下來反思自己，並思考如何將書中的每一項建議應用到實際生活中？
- 你覺得這章的哪些字句對你有啟發作用？
- 這個月你複習過這本書了嗎？
- 最近是否有出現可以應用「停止相互指責」的時機？應用後的結果如何？
- 是否請朋友監督你，要求他們發現你違反某項原則時，適時地提醒你？
- 自己在這一週裡做錯了哪些事？哪些地方有待進步？該如何改進？
- 請將這一實踐經歷寫入記事本裡。

4 好好讚美你的另一半

洛杉磯家庭關係研究所主任保羅．波普諾說：「大多數男士們尋求太太時，不是去尋找一個有經驗、才幹的女子，而是在找一個長得漂亮、會奉承他的虛榮心、能滿足他優越感的女性。」

如果一位擔任經理的未婚女性被男士邀請一起吃飯，這位女經理在餐桌上搬出她在最高學府學到的那些淵博學識來；飯後，這位女經理又堅持自付餐費，那最後的結果只能是，以後她都需自己獨自用餐了。

反過來講，一個沒有進過高等學府的女打字員，被一位男士邀請吃飯時，她會熱情地注視著她的男伴，帶著一片仰慕的神情說：「真的，我太喜歡聽了，你再說些關於你自己的事……」

結果呢？這位男士會告訴別人：「她雖然並不十分美麗，可是我從未遇到過比她更會說話的人。」

男士應該懂得欣賞女人的妝容和她們美麗可愛的服飾，可是很多男士都忘了，如果他們稍微留意，就知道女人是多麼重視衣著打扮。如果有一對男女在街上遇到了另外一對男女，女士似乎很少注意到迎面而來的男士，她們總是習慣地注意他身邊那個女子是如何打扮的。

數年前，我祖母以九十八歲高齡去世，在她去世前沒有多久，我們拿了一張很久以前她自己的相片給她看。她的老花眼看不清楚，而她所提出的唯一問題是：「那時我穿的是什麼樣的衣服？」

我們不妨想想，一個臥床不起的高齡老太太，她甚至已無法辨認自己的女兒，可是她還想知道，這張老舊的相片上她穿的是什麼衣服。老祖母問那問題時，我就在她床邊，這使我腦海中留下一個很深刻的印象。

當你們看到這幾行字時，男士們，你或許不會記得，五年前你穿的是什麼樣的外套，是哪一種襯衫。事實上，男士們也從沒想過要去記住它。然而，對女人來講，就不一樣了！

莫斯科和聖彼德堡養尊處優的那些貴族們，他們很注重禮貌，似乎這已成了那些貴族們的一種習慣。當他們吃過一桌適口的菜後，一定要請主人把廚師叫來接受讚美。

為什麼不把這種方法在你太太的身上試一試呢？當她把一盤菜燒得美味可口時，你告訴她，她把這盤菜燒得如何好，使你吃得非常適口！讓她知道你懂得欣賞，你並不是在吃草。

就像女明星德克薩斯．貴南常說的一句話：「給這個小女人大大的掌聲。」因為她們都喜歡被人這樣對待。當你這樣做時，不要怕讓你太太知道，她在你的快樂中占著如何重要的地位。

在好萊塢，婚姻是一件冒險的事，甚至於倫敦的勞埃德保險社也不願意打這個賭。在少數幾對著名的美滿婚姻中，美國演員沃納．巴克斯特夫婦就是其中的一對。巴克斯特夫人過去的名字叫溫尼弗雷德．布萊森，她放棄了極有前途的舞臺事業去結婚。

巴克斯特這樣說：「她雖然失去了舞臺上無數的掌聲和讚美。可是現在，我隨時隨地在她的身旁，她隨時可以聽到我那由衷的讚美。如果一個女子想要從丈夫身上獲得歡樂，她可以從他的欣賞和熱愛中尋找到。如果那種欣賞和熱愛是真誠的，那他的快樂也就得到了答案。」

所以，想要家庭有個美滿、快樂的生活，第四項重要的規則就是：好好讚美另一半。

”真摯地讚美你的另一半。“

想要家庭幸福美滿實踐清單

・是否有將「好好讚美另一半」帶入你的婚姻生活中？
・在閱讀下一章前，是否把本章認真地閱讀過兩遍以上？
・閱讀中是否經常停下來反思自己，並思考如何將書中的每一項建議應用到實際生活中？
・你覺得這章的哪些字句對你有啟發作用？
・這個月你複習過這本書了嗎？
・最近是否有出現可以應用「真摯地讚美你的另一半」的時機？應用後的結果如何？
・是否請朋友監督你，要求他們發現你違反某項原則時，適時地提醒你？
・自己在這一週裡做錯了哪些事？哪些地方有待進步？該如何改進？
・請將這一實踐經歷寫入記事本裡。

5 細節決定成敗

自古到現在，鮮花一直是代表愛情的語言。其實不需要花多少錢，尤其是在鮮花盛開的時候。可是，有沒有一個做丈夫的，經常記得帶一束鮮花回家給太太？你或許以為它們都貴如蘭花，再不就是你把它們看做了瑤池中的仙草，為什麼一定要等到太太進了醫院才捧一束鮮花去送她？為什麼不在明天下班回家的時候，帶幾朵玫瑰花給她呢？對你所敬愛的人，表示你常想念著她，你希望她愉快。而她的歡愉和快樂，也會使你有同樣的感受。

女人對生日，或是什麼紀念日，會很重視！那是什麼原因？那該是女人心理上一個神祕的謎！很多男人都把應該記住的日子，忘記得乾乾淨淨，可是有幾個日子千萬不能忘記：妻子的生日與結婚紀念日。

芝加哥一位法官約瑟夫．薩巴斯，他曾處理過四萬件婚姻爭執的案件，同時調解了兩千對夫婦。他曾這樣說過：「一樁細微的小事，就會成了婚姻不快樂的根源。就拿一樁很簡單的事來說，如果妻子每天早上對上班去的丈夫揮揮手說再見，就會避免很多離婚的發生。」

羅勃特·白朗寧和他夫人的生活，可能是史上最值得歌頌的了。他們永遠注意到對方細節的地方，彼此間細微的體諒使他們的愛情永恆。白朗寧對他生病的太太，體貼得無微不至。她太太有一次寫信給她的妹妹說：「我現在開始有些懷疑，我是不是像天使一樣。」

有太多的男士太低估了夫妻間每天發生的那些瑣碎小事，這樣長久下去，會忽略了這些事實的存在，就會有不幸的事情發生。

內達華州雷諾市，是美國處理離婚案件最方便和簡單的知名離婚勝地。法院每星期開庭六次，平均每十分鐘判決一樁離婚案件。你以為有多少婚姻是真正觸上離婚的暗礁，而幾乎成為一幕悲劇的？我敢說，那是極少數的。如果你有興趣，天天坐在雷諾法院裡，聽那些怨偶們提出他們離婚的理由，你就會知道大多數愛情都「損於細微的小事」。

現在你把這幾句話寫下，貼在你帽子裡或是鏡子上，使你每天可以看到：

人生只有一次；因此，我所能做的任何好事，或我所能向任何人表示的任何善意，讓我現在就去做吧。讓我不要延遲，也不要忽視它，因為我不會再有下一次的人生。

所以，如果你要保持你家庭美滿、快樂，第五項規則是：細節決定成敗。

”花點心思在夫妻相處的細節上。“

想要家庭幸福美滿實踐清單

- 是否有將「細節決定成敗」帶入你的婚姻生活中？
- 在閱讀下一章前，是否把本章認真地閱讀過兩遍以上？
- 閱讀中是否經常停下來反思自己，並思考如何將書中的每一項建議應用到實際生活中？
- 你覺得這章的哪些字句對你有啟發作用？
- 這個月你複習過這本書了嗎？
- 最近是否有出現可以應用「花點心思在夫妻相處的細節上」的時機？應用後的結果如何？
- 是否請朋友監督你，要求他們發現你違反某項原則時，適時地提醒你？
- 自己在這一週裡做錯了哪些事？哪些地方有待進步？該如何改進？
- 請將這一實踐經歷寫入記事本裡。

6 尊重對方的感受

華爾特・達姆洛希和詹姆斯・布萊恩的女兒結婚（布萊恩是美國一位大演說家，曾經一度是總統候選人）。數年前，他們在蘇格蘭安德魯・卡內基家裡認識後，就一直過著愉快的生活。

他們相處融洽的祕訣是什麼？

達姆洛希夫人曾這樣說：「我們選擇伴侶時，必須審慎小心，其次就是婚後注意彼此的禮貌。年輕的妻子們，不妨就像對待一位客人一樣，溫婉有禮地對待自己的丈夫。任何丈夫，都怕自己妻子是個罵街的潑婦。」

無禮、粗暴會摧毀了愛情的果實，這情形我相信誰都知道。可是我們對待一位客人，總是比對待自己家裡人有禮貌得多，這是很明顯的。

我們絕不至於插嘴向一位客人說：「老天！你又在說那些陳腔濫調的老故事了！」我們絕對不會尚未獲得他人的許可，就拆閱人家的信件。同時，我們也不會窺探別人的隱私。可是，我們對最親密的家人，發現他們的一絲過錯時，就會公然斥責。

多蘿西婭．迪克斯曾這樣說：「那是一樁令人驚詫的事，可是完全是事實……對我們說出那些刻薄、侮辱、傷感情的話的人，差不多都是我們自己的家人。」

亨利．克雷．里斯內說：「禮貌是內心的一種特質，它可以教人忽略破舊的園門，而專心注意到園內的好花。」

禮貌在我們婚後的生活中，就像汽車離不開汽油一樣。

奧利佛．溫德爾．霍姆斯對家裡的人體貼諒解，無微不至，即使心裡有不愉快的事，他也一定把自己的憂煩藏起，不從自己臉上顯現出來。

霍姆斯能做到這一點。可是一般人又如何呢？一般人在辦公室裡，把一件事處理錯誤，或是丟失了一樁生意時就巴不得趕回家，把從辦公室裡受到的窩囊氣發洩到家人的身上。

荷蘭人有一種風俗，人們進屋子前，把鞋子脫在門外面。我們可以向荷蘭人學習，就是回家進門前，把一天所遇到的不如意的事，都扔到門外，然後再進去。

威廉·詹姆斯曾經寫過一篇名為〈論人類的盲目無知〉的文章。他在裡面寫道：「本文現在所要講的是人類的盲目愚蠢，每當遇到跟我們自己感受不同的動物或是人時，我們總是煩惱不已。」

我們都多少有點盲目的愚蠢！很多男士不會跟顧客或是同事厲聲說話，可是會肆無忌憚地向他們的太太發怒。

如果為了個人幸福著想，他們應該知道，婚姻遠比他們的事業更重要。一個獲得美滿婚姻的人，遠比一個孤獨的天才更幸福。蘇俄小說家屠格涅夫倍受人們的敬仰，可是他這樣說過：「我寧願捨棄我所有的才華和著作……假如在某個地方，有一個女人，她關心著我是否可以早點回家吃晚飯。」

獲得幸福婚姻的機會究竟有多少呢？狄克斯女士這樣表示，她認為是失敗占多數。可是鮑賓諾的意見並非如此，他說：「一個人在婚姻上成功的機會，比其他任何事業的成功機會都大得多……一個開雜貨店的男人失敗的機會要占百分之七十，可是進入婚姻的男女，有百分之七十是幸福的。」

關於婚姻的問題，多蘿西婭·迪克斯女士曾這樣結論：「與婚姻比較，人的出生只不過是短暫的一幕，至於死亡，那更不是一件重要的事了。女人始終無法了解，為什麼男人不把家庭也看做一項事業，使這項業務蒸蒸日上，使之幸福甜美。

雖然有很多男士認為娶到一位滿意的妻子，擁有一個美滿的家庭，比獲得千百萬財富還重要。可是在一般男士中，很少有人會加以思考和為之努力，以期獲得他們婚姻的成功。他們把一生最重要的事情交付在機會上。他們認為成功或失敗，那是要看運氣如何！

女人們永遠不明白，為什麼那些男士在她們身上不運用一點外交手腕呢？每個男人都知道，如果稱讚太太幾句，說她是能幹的主婦，她會更善盡她的本分，把這件事做得更十全十美。如果丈夫讚美太太去年做的那套衣服如何美麗，她絕不會打算今年再訂製一套新式時裝。

每個男人都知道，他們可以把妻子的眼睛吻得閉了起來，只要在她的唇上熱情地一吻，即可使她啞如牡蠣般沉醉。

每個妻子都知道丈夫明白這一切，因為她已經為他預備好了一張完全的圖表，要他照著去做。可是，她卻又不知道，是應該熱愛他，還是應該討厭他。因為他寧可跟妻子吵鬧後，耗費些錢，替她買新衣服或者別的禮物，也不願意奉承她一下。

他不願意滿足她那小小的渴望。

所以，想要家庭有個美滿、快樂的生活，第六項規則是：尊重對方的感受。

”夫妻相處應要有禮貌。“

想要家庭幸福美滿實踐清單

- 是否有將「夫妻相處應要有禮貌」帶入你的婚姻生活中？
- 在閱讀下一章前，是否把本章認真地閱讀過兩遍以上？
- 閱讀中是否經常停下來反思自己，並思考如何將書中的每一項建議應用到實際生活中？
- 你覺得這章的哪些字句對你有啟發作用？
- 這個月你複習過這本書了嗎？
- 最近是否有出現可以應用「尊重對方的感受」的時機？應用後的結果如何？
- 是否請朋友監督你，要求他們發現你違反某項原則時，適時地提醒你？
- 自己在這一週裡做錯了哪些事？哪些地方有待進步？該如何改進？
- 請將這一實踐經歷寫入記事本裡。

7 不做「婚姻的文盲」

美國社會衛生局祕書長戴維斯博士有一次針對一千名女性進行調查，並說服她們坦白地回答一些有關她們切身的問題，結果卻十分驚人，使人難以置信——一般美國成年人的性生活都不快樂。

當戴維斯收到這一千名婦女的回答後，她鄭重地發表了自己的見解：離婚的一個主要原因，就是性生活不協調。

漢彌爾頓博士的研究結果，也證實有這樣的事實存在。他從一百個男人和一百個女人婚後的性生活中，找到了明確的答案。漢彌爾頓博士提出大約四百個問題，分別問各個男女婚後的性生活；同時，也詳細討論他們所提出的各項問題。這項研究花費了四年的時間，而這件工作被認為在社會學上極為重要，所以引起各慈善家所注意，紛紛解囊資助。

婚姻的癥結是什麼？漢彌爾頓博士說：「大多數婚後的衝突，是由於性生活的不和諧而產生的。也就是說，如果夫婦之間性生活十分美滿，其他許多小的衝突也自然地消失了。」

洛杉磯家庭關係研究所主任保羅．波普諾博士曾研究過數千人的婚姻情況，他也是美國一位研究家庭生活的權威者。依波普諾博士的見解，婚姻的失敗通常是以下四種原因引起的：

1. 性生活不和諧。
2. 沒有共同興趣。
3. 經濟困難。
4. 精神、身體或情緒異常。

注意，性生活居第一，經濟困難只位居第三位。很多研究離婚原因的專家也都認為性的配合十分重要，著名心理學家約翰．華生就說：「性是我們在生活中公認的一個最重要的問題，男女間幸福的破裂大多數也是由性而起的。」

有很多演講的醫生也有談到過這個問題，在今日各項學科都在突飛猛進的今天，仍會因忽略了自然的性本能，而使人們幸福的婚姻破裂，豈不可憐！

奧利佛．巴特菲爾德牧師做了十八年的傳教工作後，突然放棄了這項工作，去擔任紐約市家庭指導服務處的主任，後來他和普通年輕人一樣結了婚。他曾這樣說：「我早年做牧師的時候從經驗中發現，那些來教堂結婚的男女們雖然長久相愛，可是他們對婚姻應該注意什麼卻毫無所知。他們雖然已經走進婚姻的殿堂，卻依然是婚姻的文盲。」

他又說：「我們把婚姻中相互調適的大問題，交付給機會這兩個字。結果，離婚的比例，竟達到百分之十六這個驚人的數目。這樣的結合，不是真正的結婚，那只是尚未離婚而已，也就是讓自己去受罪。兩個人幸福的結合，他們的婚姻並不聽憑於機會，他們替自己細心謹慎的選擇、計畫，就像一位建造房子的建築師一樣。」

許多年來，巴特菲爾德為了協助這項計畫的進行，堅持凡請他證婚的那些男女們，必須坦白跟他討論未來的計畫。由這項討論所獲得的結果，他得到一個結論，那是急於結合的男女，他們都是「婚姻的文盲」。

巴特菲爾德又說：「性只是婚後生活中讓人愉快的一件事，但是必須要把這件事做得很恰當，否則其他一切都無從談起。」

可是，要怎麼做才是恰當的呢？

我們還是用巴特菲爾德的話來解釋：「感情的緘默，必須代以客觀的討論能力和婚後生活的超然態度。要獲得這種能力，最有效的辦法就是借鑑某些學理精髓、旨趣高尚的書。」

我們為什麼不從書本上去獲取這類知識呢？有三部書我認為值得一般人觀閱，那就是伊莎貝爾・哈頓所著的《婚姻中的性技巧》、麥克斯・艾克納的《婚姻中的性生活》和海倫娜・萊特的《婚姻中的性因素》。

所以，想要家庭美滿，婚姻幸福，一定要記住第七項規則：不做「婚姻的文盲」。

“讀一本關於婚姻性生活方面的好書。”

想要家庭幸福美滿實踐清單

- 是否有將「不做『婚姻的文盲』」帶入你的婚姻生活中？
- 在閱讀下一章前，是否把本章認真地閱讀過兩遍以上？
- 閱讀中是否經常停下來反思自己，並思考如何將書中的每一項建議應用到實際生活中？
- 你覺得這章的哪些字句對你有啟發作用？
- 這個月你複習過這本書了嗎？
- 最近是否有「讀一本關於婚姻性生活方面的好書」？應用後的結果如何？
- 是否請朋友監督你，要求他們發現你違反某項原則時，適時地提醒你？
- 自己在這一週裡做錯了哪些事？哪些地方有待進步？該如何改進？
- 請將這一實踐經歷寫入記事本裡。

這本書你已經閱讀一部分了，現在請合上它，立刻將你學到的家庭幸福美滿知識運用到生活實踐中去吧，你將會看到奇妙的效果！

讓家庭生活幸福美滿的七項規則：

規則一：切莫喋喋不休。
規則二：不要改造對方。
規則三：停止相互指責。
規則四：好好讚美愛人。
規則五：細節決定成敗。
規則六：尊重對方的感受。
規則七：不做「婚姻的文盲」。

附錄

給丈夫／給妻子的十個問題

一九三三年六月分的《美國雜誌》上，有一篇埃米特．克羅澤題名為「為什麼婚姻會出問題」的文章，下文是從那篇文章中摘錄下來的幾個問題。你可能會發現回答這些問題是值得的，每一個肯定的回答就給自己打十分。

給丈夫：

1. 你現在還像過去一樣的體貼、溫柔，會特地買一束鮮花送給她；每逢她生日，或是你們的結婚紀念日，會送她一份禮物；或時常給她意外地驚喜？
2. 你是否在乎她的感受，從不在別人面前批評她嗎？
3. 除了家庭費用外，你是否有另外給她一些零用錢，任憑她支用？
4. 你是否盡力去了解她，陪她一起度過疲憊、心情沮喪、易怒，以及生理期不適的時候？

5. 你至少有一半的休閒時光是與她共度嗎？

6. 除非是為了凸顯她的優點，你是否盡量避免將她與你的母親或是朋友的妻子作比較？

7. 你對她的思想、社交活動、所讀的書，是否感興趣？

8. 你能讓她跟別的男士共舞，同時接受他們密切的友誼，而你並沒有一點的嫉妒？

9. 你會想方設法尋求機會稱讚她，而且表示你對她的讚賞？

10. 她替你做了些瑣碎小事，像縫鈕釦、補襪子時，你有沒有向她說一聲謝謝？

給妻子：

1. 妳是否有給妳丈夫充分的自由，去做他所喜歡的事業？並避免批評他外面的交際應酬，和選用女祕書之類的事？

2. 妳盡力使妳的家庭，充滿著歡愉、甜蜜的氣氛……妳有沒有做到這一點？

3. 妳是否經常變換菜色，讓他每次的用餐都有意外驚喜？

4. 妳是否對妳丈夫的事業已經有認識，妳可以時常跟他討論，必要時會提出妳的見解來？

5. 當遇到經濟困難時，妳能積極、樂觀以對，也不批評丈夫的過錯，更不會拿他跟別的有錢朋友做比較？

6. 妳是否努力讓自己和丈夫的母親或其他親戚和睦相處？

7. 妳的穿著打扮，是否有引起妳丈夫的喜愛？

8. 當妳和妳丈夫意見相左不合時，妳是否會為了家庭和睦而讓步？

9. 妳有沒有努力學習妳丈夫所喜愛的運動和娛樂，使妳能和他共度休閒時光？

10. 妳是否留意每天的新聞，或是新出版的讀物，使妳能和他有共同興趣？

中英對照

西屋電器公司 Westinghouse Electric Company

麥格羅希爾出版公司 McGraw-Hill Publishing Company

布魯克林聯合天然氣公司 Brooklyn Union Gas Company

布魯克林商會 Brooklyn Chamber of Commerce

美國電氣工程師協會 American Institute of Electrical Engineers

紐約電話公司 New York Telephone Company

奧海爾 Patrick J. O'Haire

全國食品製造公會 National Association of Food Manufacturers

美國聯合通訊社 Associated Press（AP）

雷普利 Ripley

〈信不信由你〉 Believe It or Not

漢默非斯特 Hammerfest

南達科他州 South Dakota

密蘇里州華倫斯堡州立師範學院 State Teachers' College at Warrensburg, Missouri

杜洛克豬 Duroc-Jersey hogs

西內布拉斯加州 Western Nebraska

東懷俄明州 Eastern Wyoming

阿萊恩斯 Alliance

奧馬哈 Omaha

阿穆爾公司 Armour and Company

美國戲劇藝術學院 American Academy of Dramatic Arts

帕卡德汽車公司 Packard Motor Car Company

全美信用人協會 National Credit Men's Association

公開演說及其對商界人士的影響 Public Speaking and Influencing Men in Business

威廉・詹寧斯・布萊恩 William Jennings Bryan

洛威爾・湯瑪士 Lowell Thomas

第一篇

1

「雙槍」克勞利 "Two Gun" Crowley

艾爾・卡彭 Al Capone

杜奇・舒爾茨 Dutch Schultz

辛辛監獄 Sing Sing prison

劉易斯・勞斯 Lewis Lawes

約翰・沃納梅克 John Wanamaker

史金納 B. F. Skinner

漢斯・薛利 Hans Selye

喬治・約翰斯頓 George B. Johnston

安全協調員 Safety Coordinator

塔夫特 William Howard Taft

老羅斯福 Theodore Roosevelt
威爾遜 Woodrow Wilson
「公鹿」黨（進步黨） Bull Moose party
茶壺山油田醜聞案 Teapot Dome oil scandal
艾伯特・福爾 Albert B. Fall
哈定 Warren Gamaliel Harding
艾爾克山 Elk Hill
愛德華・杜赫尼 Edward L. Doheny
赫伯特・克拉克・胡佛 Herbert Clark Hoover
福特劇院 Ford's Theater
羅莎・邦賀 Rosa Bonheur
斯坦頓 Edwin McMasters Stanton
《馬市》 *The Horse Fair*
鴿溪谷 Pigeon Creek Valley
斯普林菲爾德 Springfield
《斯普林菲爾德日報》 *Springfield Journal*
詹姆斯・席爾茲 James Shields
波多馬克軍團 Army of the Potomac
喬治・麥克萊倫 George B. McClellan
波普 Pope
伯恩賽德 Burnside
虎克 Hooker
米德 Meade
羅伯特・愛德華・李 Robert Edward Lee

蓋茨堡之役 Battle of Gettysburg

波托馬克 Potomac

羅伯特 Robert

理查德・哈丁・戴維斯 Richard Harding Davis

湯瑪斯・哈代 Thomas Hardy

托馬斯・查特頓 Thomas Chatterton

班傑明・富蘭克林 Benjamin Franklin

卡萊爾 Carlyle

鮑勃胡佛 Bob Hoover

詹森 Johnson

2

西格蒙德・佛洛伊德 Sigmund Freud

約翰・杜威 John Dewey

威廉・詹姆斯 William James

狄更斯 Dickens

克里斯多夫倫爵士 Sir Christopher Wren

穆爾魯尼 E. P. Mulrooney

約翰・赫伯特・迪林傑 John Herbert Dillinger

哥倫布 Christopher Columbus

葉卡捷琳娜二世 Catherine the Great

格蘭特夫人 Mrs. Grant

拜爾德少將 Admiral Richard E. Byrd

雨果 Victor Hugo

艾達・麥金利 Ida S. McKinley
約翰・海伊 John Milton Hay
瑪麗˙蘭哈特 Mary Roberts Rinehart
查爾斯・舒瓦伯 Charles Schwab
安德魯・卡內基 Andrew Carnegie
約翰・洛克菲勒 John D. Rockefeller
愛德華・貝德福 Edward T. Bedford
佛羅倫茲・齊格飛 Florenz Ziegfeld
阿爾夫萊德・蘭特 Alfred Lunt
《重聚維也納》 *Reunion in Vienna*
保羅・哈維 Paul Harvey
故事的全貌 The Rest of the Story
史提夫・莫里斯 Stevie Morris
史提夫・汪達 Stevie Wonder
班傑明・迪斯雷利 Benjamin Disraeli
阿爾瓦羅・奥布雷貢 Alvaro Obregón
查普爾特佩克 Chapultepec
愛默生 Ralph Waldo Emerson

3

勞合・喬治 Lloyd George
《影響人類的行為》 *Influencing Human Behavior*
哈里・奥弗斯特里特 Harry A. Overstreet
亨利・福特 Henry Ford

通用汽車 General Motors

通用電氣 General Electric

森林小丘 Forest Hills

歐文・楊格 Owen D. Young

威廉・溫特 William Winter

第二篇

1

拿破崙 Napoleon

約瑟芬 Josephine

阿德勒 Alfred Adler

《生活對你的意義》 *What Life Should Mean to You*

霍華・薩斯頓 Howard Thurston

詹姆士・愛默士 James E. Amos

《西奥多・羅斯福：僕從的英雄》 *Theodore Roosevelt, Hero of His Valet*

牡蠣灣 Oyster Bay

亞契・巴特 Archie Butt

查爾斯・艾略特 Charles William Eliot

布魯克林藝術與科學協會 Brooklyn Institute of Arts and Sciences

凱瑟琳・諾里斯 Kathleen Norris

赫斯特 Fannie Hurst

塔貝爾 Ida Tarbell

艾伯特・派森・杜溫 Albert Payson Terhune

休斯 Rupert Hughes

德皇威廉二世 German Kaiser

查爾斯・沃爾特 Charles R. Walters

普布里利亞・西魯斯 Publilius Syrus

《回歸宗教》 *The Return to Religion*

林克 Henry C. Link

2

莫里斯・雪佛萊 Maurice Chevalier

斯坦哈特 Steinhardt

瑪麗・畢克馥 Mary Pickford

范朋克 Douglas Fairbanks

法蘭克・貝特格 Frank Bettger

阿爾伯特・哈伯德 Elbert Hubbard

3

羅克蘭郡 Rockland County

吉姆・法利 Jim Farley

艾格・湯姆森 J. Edgar Thomson

喬治・普爾曼 George Pullman

巴納姆 P. T. Barnum

西利 C. H. Seeley

張伯倫 W. F. Chamberlain

阿爾及爾 Algiers

4

伍福特 Jack Woodford

《異鄉人之戀》 *Strangers in Love*

德特莫 Julian F. Detmer

德特莫羊毛公司 Detmer Woolen Company

愛德華・博克 Edward Bok

詹姆斯・加菲爾德 James Abram Garfield

奧利佛・溫德爾・霍姆斯 Oliver Wendell Holmes

朗費羅 Henry W. Longfellow

露意莎・梅・奧爾柯特 Louisa May Alcott

薛曼將軍 General Sherman

傑佛遜・戴維斯 Jefferson Davis

馬可遜 Isaac F. Marcosson

尼可拉斯・巴特勒 Nicholas Murray Butler

威廉・萊溫 William Lyon Phelps

愛德華・查利夫 Edward L. Chalif

亨利・杜維諾依 Henry G. Duvernoy

6

杜威 John Dewey

瑣羅亞斯德 zoroaster

霍爾・凱恩 Hall Caine

羅賽蒂 Dante Gabriel Rossetti

帕卡德汽車 Packard car

喬治・伊士曼 George Eastman

庫伯恩音樂廳 8Kilbourn Hall

高級座椅公司 Superior Seating Company

詹姆斯・亞當森 James Adamson

米拉米契河 Miramichi River

第三篇

1

羅斯・史密斯爵士 Sir Ross Smith

法蘭克・賈蒙 Frank Gammond

派翠克・奧海爾 Patrick J. O'Haire

懷特汽車公司 White Motor Company

威廉・傑伊 William Jay

小威廉・吉布斯・麥卡杜 William Gibbs McAdoo, Jr.

帕森斯 Frederick S. Parsons

查斯特菲爾德勛爵 Lord Chesterfield

2

魯賓遜 James Harvey Robinson

霍勒斯・格里利 Horace Greeley

3

費迪南・華倫 Ferdinand E. Warren

皮克特衝鋒 Pickett's Charge

4

羅伯特・布萊克 Robert F. Black

丹尼爾・韋伯斯特 Daniel Webster

斯特勞布 0. L. Straub

克羅伊斯 Croesus

5

詹姆斯・艾柏森 James Eberson

格林威治儲蓄銀行 Greenwich Savings Bank

約瑟夫・艾利森 Joseph Allison

蘇格拉底式辯證法 Socratic method

6

拉羅什福柯 Francois de La Rochefoucauld

7

阿道夫・塞茨 Adolph Seltz

尤金・威森 Eugene Wesson

愛德華・豪斯 Edward M. House

亞瑟・何登・史密斯 Arthur D. Howden Smith
《星期六晚郵報》 *The Saturday Evening Post*
新布倫瑞克 New Brunswick

8

肯尼斯・古德 Kenneth M. Goode
《如何點人成金》 *How to Turn People Into Gold*

9

《小婦人》 *Little Women*
《倫理服務》 *Ethics in Service*
胡洛克 Sol Hurok
夏里亞賓 Chaliapin
伊莎朵拉・鄧肯 Isadora Duncan
帕芙洛娃 Pavlova
蓋茲 I. Gates

10

傑西・詹姆斯 Jesse James
卡尼鎮 Kearney
約翰・皮爾龐特・摩根 John Pierpont Morgan
法瑞爾 Hamilton J. Farrell
諾斯克利夫 Northcliffe
居魯士・柯蒂斯 Cyrus H. K. Curtis

《婦女家庭雜誌》 *Ladies' Home Journal*

詹姆斯・湯瑪士 James L. Thomas

11

《費城晚報》 Philadelphia Evening Bulletin

《一天》 *One Day*

《美國週刊》 *US Weekly*

詹姆斯・博因頓 James B. Boynton

12

湯瑪斯・普拉特 Thomas Collier Platt

艾爾弗雷德・史密斯 Al Smith

《辛辛監獄兩萬年》 *20,000 Years in Sing Sing*

哈維・費爾斯通 Harvey S. Firestone

第四篇

1

柯立芝 Calvin Coolidge

畢克斯貝夫人 Mrs. Bixby

約瑟夫・胡克 Joseph Hooker

安布羅斯・伯恩賽德 Ambrose Burnside

華克公司 Wark Company

卡伍 W. P. Gaw

2

亨利・畢傑 Henry Ward Beecher

阿博德 Lyman Abbott

《北美評論》 *The North American Review*

3

約瑟芬・卡內基 Josephine Carnegie

伯恩哈德・馮・比洛親王 Prince Bernhard von Bülow

威廉二世 Wilhelm II-Wilhelm

《每日電訊報》 *Daily Telegraph*

羅伯特爵士 Lord Roberts

波耳人 Boers

4

艾達・塔貝爾 Ida Tarbell

歐文・楊格 Owen D. Young

丹・桑塔雷利 Dan Santarelli

伊恩・麥克唐納 Ian Macdonald

5

查爾斯・史坦梅茲 Charles Steinmetz

紐瓦克 Newark

凱末爾 Mustafa Kemal Atatürk

6

巴洛 Pete Barlow

那不勒斯 Naples

恩里科・卡羅素 Enrico Caruso

查爾斯・狄更斯 Charles Dickens

喬治・威爾斯 H. G. Wells

7

《一生的紀念：我與梅特林克的生活》 *My Life with Maeterlinck*

喬潔特・李布朗 Georgette Leblanc

8

埃立・克卜生 Ely Culbertson

約瑟芬・狄隆 Josephine Dillon

9

威廉・吉布斯・麥卡杜 William Gibbs McAdoo

伊萊休・魯特 Elihu Root

查爾斯・埃文斯・休斯 Charles Evans Hughes

亨利・卡波特・洛奇 Henry Cabot Lodge

第五篇

肯・戴克 Ken R. Dyke

約翰斯曼威爾 Johns-Manville
高露潔棕欖皮特公司 Colgate- Palmolive Peet Company
美國全國廣告商協會 Association of National Advertisers
霍默・克洛伊 Homer Croy
阿姆塞爾 Albert B. Amsel

第六篇

1

歐珍妮・德・蒙提荷 Eugénie de Montijo
萊茵哈特 E.A. Rheinhardt
《拿破崙與歐珍妮・德・蒙提荷：帝國的悲喜劇》 *Napoleon and Eugenic: The Tragicomedy of an Empire*
托爾斯泰 Count Leo Tolstoy
《戰爭與和平》 *War and Peace*
《安娜・卡列尼娜》 *Anna Karenina*
赫恩登 Herndon
阿爾伯特・貝弗里奇 Albert J. Beveridge
雅各・歐莉 Jacob Early
貝西・漢堡 Bessie Hamburger

2

班傑明・迪斯雷利 Benjamin Disraeli
瑪麗安 Mary Anne

比肯斯菲爾德 Viscountess Beaconsfield

亨利·詹姆斯 Henry James

利蘭·福斯特·伍德 Leland Foster Wood

3

威廉·格萊斯頓 William Ewart Gladstone

李文斯敦·朗德 W. Livingston Larned

4

保羅·波普諾 Paul Popenoe

德克薩斯·貴南 Texas Guinan

勞埃德保險社 Lloyd's of London

沃納·巴克斯特 Warner Baxter

溫尼弗雷德·布萊森 Winifred Bryson

5

約瑟夫·薩巴斯 Joseph Sabbath

羅勃特·白朗寧 Robert Browning

雷諾 Reno

6

華爾特·達姆洛希 Walter Damrosch

詹姆斯·布萊恩 James Gillespie Blaine

多蘿西婭·迪克斯 Dorothy Dix

亨利・克雷・里斯內 Henry Clay Risner
〈論人類的盲目無知〉 On a Certain Blindness in Human Beings
屠格涅夫 Turgenev

7

凱瑟琳・貝蒙・戴維斯 Katherine Bement Davis
漢彌爾頓 G. V. Hamilton
約翰・華生 John Broadus Watson
奧利佛・巴特菲爾德 Oliver M. Butterfield
伊莎貝爾・哈頓 Isabel E. Hutton
《婚姻中的性技巧》 *The Sex Technique in Marriage*
《婚姻中的性生活》 *The Sexual Side of Marriage*
麥克斯・艾克納 Max Exner
《婚姻中的性因素》 *The Sex Factor in Marriage*
海倫娜・萊特 Helena Wright

附錄

《美國雜誌》 *American Magazine*

世紀經典 01

卡內基說話之道：如何贏取友誼與影響他人

作　　者　戴爾・卡內基
譯　　者　亦言
封面設計　季曉彤　**內文排版**　藍天圖物宣字社
副總編輯　林獻瑞　**責任編輯**　劉素芬

出 版 者　好人出版／遠足文化事業股份有限公司
新北市新店區民權路108之2號9樓
電話02-2218-1417　傳真02-8667-1065
發　　行　遠足文化事業股份有限公司（讀書共和國出版集團）
新北市新店區民權路108之2號9樓
電話02-2218-1417 傳真02-8667-1065
電子信箱service@bookrep.com.tw　網址http://www.bookrep.com.tw
郵撥帳號 19504465 遠足文化事業股份有限公司
讀書共和國客服信箱：service@bookrep.com.tw
讀書共和國網路書店：www.bookrep.com.tw
團體訂購請洽業務部(02) 2218-1417 分機1124
法律顧問　華洋法律事務所　蘇文生律師
印　　製　成陽印刷股份有限公司　電話02-2265-1491

初　　版　2020年10月7日　**定價**450元
初版13刷　2024年1月10日
ISBN　978-986-98693-1-7

國家圖書館出版品預行編目資料

卡內基說話之道：如何贏取友誼與影響他人／戴爾・卡內基作. --
初版. -- 新北市：好人出版：遠足文化發行, 2020.04
面；　公分. --（世紀經典；1）
譯自：What life should mean to you
ISBN　978-986-98693-1-7（精裝）

1. 成功法 2. 說話藝術 3. 人際關係

177.2　　　　109003168

讀者回函QR Code
期待知道您的想法